大操盘手之期货波段为王

郑浪涛 著

地震出版社
Seismological Press

图书在版编目（CIP）数据

大操盘手之期货波段为王／郑浪涛著. —北京：地震出版社，2017.5

ISBN 978-7-5028-3755-6

Ⅰ. ①大… Ⅱ. ①郑… Ⅲ. ①期货交易—基本知识 Ⅳ. ①F830.9

中国版本图书馆 CIP 数据核字(2017)第 044583 号

地震版 XM3956

大操盘手之期货波段为王

郑浪涛 著

责任编辑：薛广盈 吴桂洪

责任校对：凌 樱

出版发行：地震出版社

北京市海淀区民族大学南路 9 号　　邮编：100081

发行部：68423031　68467993　　传真：88421706

门市部：68467991　　传真：68467991

总编室：68462709　68423029　　传真：68455221

证券图书事业部:68426052　68470332

http://www.dzpress.com.cn

E-mail:zqbj68426052@163.com

经销：全国各地新华书店

印刷：三河市嵩川印刷有限公司

版(印)次：2017 年 5 月第一版　2017 年 5 月第一次印刷

开本：787×1092　1/16

字数：192 千字

印张：10.75

书号：ISBN 978-7-5028-3755-6/F(4395)

定价：36.00 元

技术之砖，规则之门，信念之杯。

定量不危，定向不乱，定位防搓，定心守信。

月周博翻翻，日线熬三五，分时缠双破，隔夜五条件。

前　言

期货交易的所有问题，基本上可以分为四大类：定量、定向、定位和定心。定量，即用多少钱进行交易？用多少钱做一手？最大亏损定为多少？定向，即如何确定交易方向？是做多还是做空？定位，即如何确定开仓和平仓的具体位置？如何保证不踏空大行情？定心，即如何保证按交易规则和交易策略执行？如何保证三五次亏损之后仍然不违反交易规则？如何连续暴赚之后能够冷静地全身而退？

本书为您简明直观地解答上述期货交易的所有问题，并简述其中的规律、规则，即四维定律。

第一章直效规则，主要论述了期货直效交易规则的简明作用，如何根据交易规则快速地确定交易方向和开仓位置，什么时候应该空仓等待，以及如何做到按信号执行不动心。

第二章四最三选，主要论述了如何选择日内交易品种、短线交易品种和长线交易品种，如何选择战术交易品种和战略交易品种，以及如何规避风险较大的品种。

第三章双向定级，主要论述了如何正确选择交易级别，所选交易级别太小或者太大必然带来的问题。

第四章定量不危，主要论述了仓位大小对交易成败的决定作用，如何有效控制亏损，如何有效限定交易次数，从而使交易者立于不败之地。

第五章定向不乱，主要论述了直效交易定向法则，包括做多定向法则，做空定向法则。做多定向法则包括拐点缠多法则和多头缠多法则，做空定向法则包括拐点缠空法则和空头缠空法则，以及顺大四分法则与直效交易定向法则的统一论证。

第六章双破选开，主要论述了开仓区间的确定和开仓 K 线的确定，包括大双破、小双破和双夹双破，如何优选开仓信号；顺势抢点法则与双破选开的统一论证；持仓长短与交易级别大小的确认规则。

第七章最值拐平，主要论述了短线交易和日内交易平仓的技巧，包括最 K 线提前平仓、最值阴线提前平仓、最值阳线提前平仓、破操盘线平仓，以及持仓长短与结构形态之间的对应关系。

第八章定心守信，主要论述了规则定心、必胜定心，战略定心、战术定心。抛弃主观愿望，跟随实际走势，天地正道，无我为缠，做好当下，胜在长远。

本书主要讲述的是直效交易规则，而K线、均线、成交量是交易规则最直接最有效的载体，因此，本书摒弃所有其它的技术指标，包括MACD和KDJ，只专注于K线组合变化、均线排列变化及成交量峰谷转换。

大多数交易理论，仅仅停留在理论阶段，或者仅是点滴的交易感悟，距实盘应用还有很大距离。还有不少理论或方法，讲得格外神秘或离谱，误导了不少读者，不仅浪费读者钱财，更浪费读者的宝贵时间和精力。

很多人从事期货交易多年，知识渊博，阅历丰富，感悟深刻，总觉得圣杯就在眼前，而失望却如影随形。东方欲晓，何惧雾缭绕。十年面壁，只在此山中，一声棒喝，心在天外天。

本书是根据笔者《直效交易》及相关应用软件和培训手册选编而成，其中有不少的专用名词，交易规则，交易模型，是笔者内部培训所用，读者阅读、使用的过程中有什么意见和建议，可以通过以下联系方式与笔者进行沟通交流。

电子邮箱：xt696@163.com，QQ:619719090

也可扫二维码加微信公众号：直效交易

郑浪涛

2016年10月

目　录

第一章　直效规则

期货直效交易规则的总诀，是四维定律，即定量不危，定向不乱，定位防搓，定心守信。

第一节　规则定天下

规则，无论是自然界，还是人类社会，顺之则井然有序，逆之则祸乱频出。

一，短线交易，唯快不破

短线交易，是指持仓时间较短，一般不超过一个星期。日内交易，是指当日开仓、当日平仓、不留隔夜仓的交易方式。日内交易捕捉入市后能够快速脱离入市成本的交易机会，入市之后如果不能马上获利，就准备迅速离场。因为这种交易方式持仓时间短，所以承受的市场波动的风险较低。

期货交易探讨的所有问题，基本可归为四大类，即定量、定向、定位、定心（详见《突破八阵图——直效期货》第二章四维定律）。定量不危，定向不乱，定位防搓，定心守信。其修练程度及格局大小，决定了期货交易的成败。

有三幅实战图谱，图1-1、图1-2、图1-3，图中A、B、C三点是做多还是做空？是立即开仓还是观望等待？临盘您能30秒内快速决策吗？30秒！

图1-1　沪镍1701合约2016.08.11—2016.08.12(15分钟)K线图。

关于A点交易策略，一种观点认为均线空头排列，应做空，等下破MA5开仓；另一种观点认为经过几波下跌，短期明显超跌，且M1与A构成双底，A点上破MA5，应抢点做多。

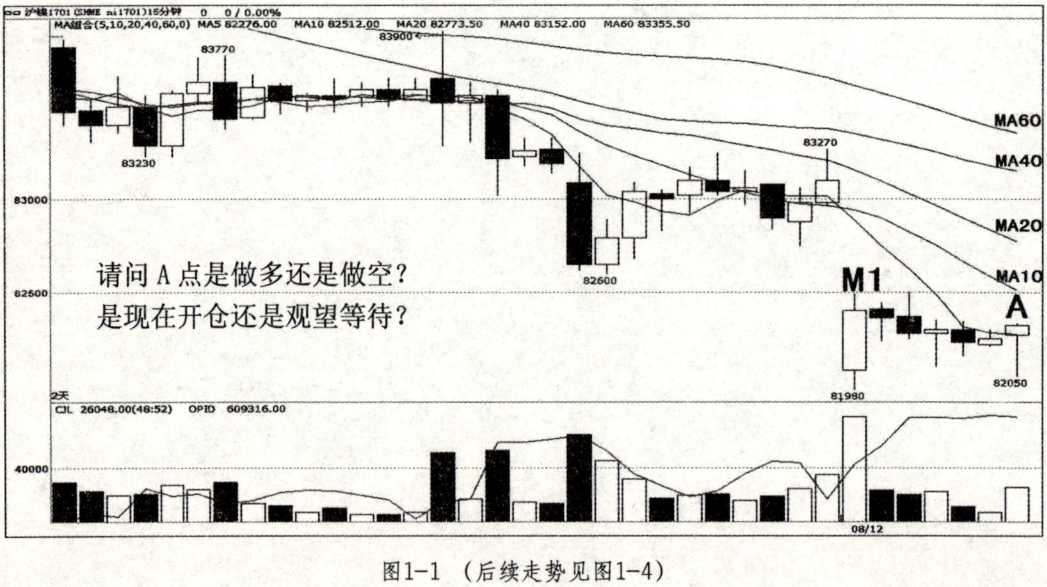

图1-1 （后续走势见图1-4）

图1-2　豆油1701合约2016.08.10—2016.08.15(15分钟)K线图。

关于B点交易策略，甲认为M1与B构成双顶，应做空；乙认为均线黏合向上发散，会有两三波上攻，应做多。

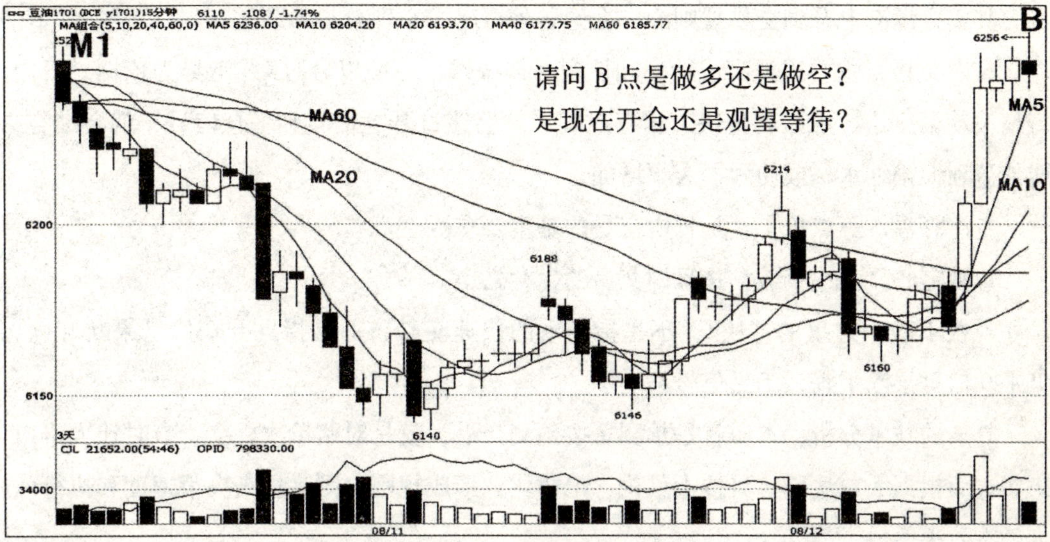

图1-2 （后续走势见图1-5）

图1-3　玻璃1701合约2016.08.12—2016.08.16(15分钟)K线图。

关于C点交易策略，一种观点认为均线压顶应做空，择机开空单；一种观点认为三角形整理，C点一阳穿两线，应做多。

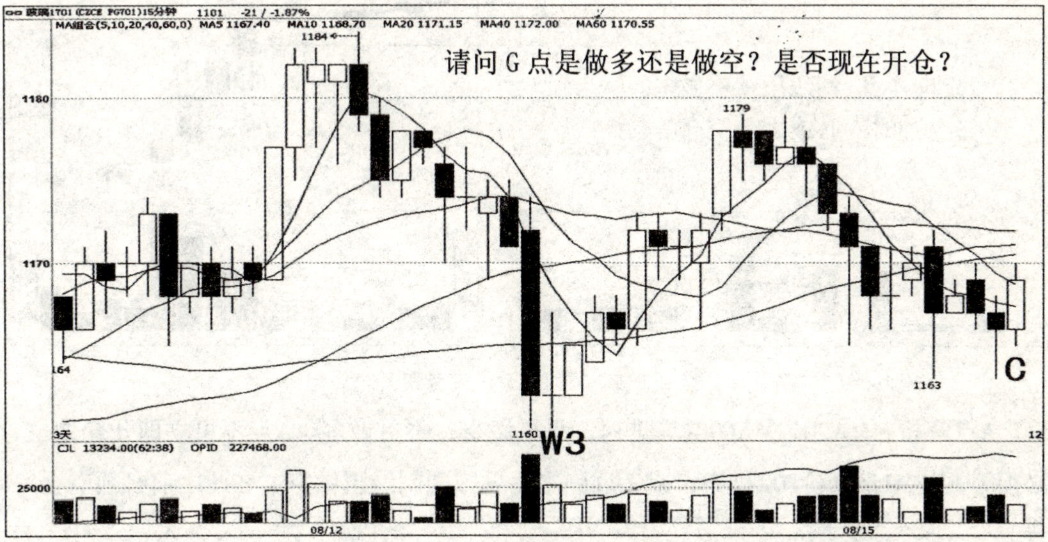

图1-3 （后续走势见图1-6）

30秒钟，回答图1-1、图1-2和图1-3的提问，并作出相应的交易策略。

认为时间太短，无法决断的，类同分析师，不参考专家意见不踏实。

认为条件不够，无法决断的，类同研究员，不调研供求关系不踏实。

其实，没有上升到交易规则的，无论哪种情况，心理总是不踏实。

日内交易，主要以提高成功率和控制亏损赚钱，一般以分时K线走势为依据。日内行情波动幅度小，涨跌转化快，稍有迟疑，就会错过开仓信号和平仓信号，就会踏空，或使盈利大幅缩水，或使亏损大幅增加。

专注盯盘，等点抢点，是日内交易的基本要求。

规则定心，唯快不破，是日内交易的生存之道。

唯快不破，这里的“快”，不是指频繁的快速交易，而是指见开仓信号果断开仓，见平仓信号果断平仓，不见信号不动手。

复杂的技术分析，本质就是预测。按预测交易，就是对赌单次机会，有时让人难以决策。而根据大数法则，将技术量化、纪律化，形成规则，则是提高决策速度和执行效率的有效手段。

图1-4　沪镍1701合约2016.08.12—2016.08.15（15分钟）K线图

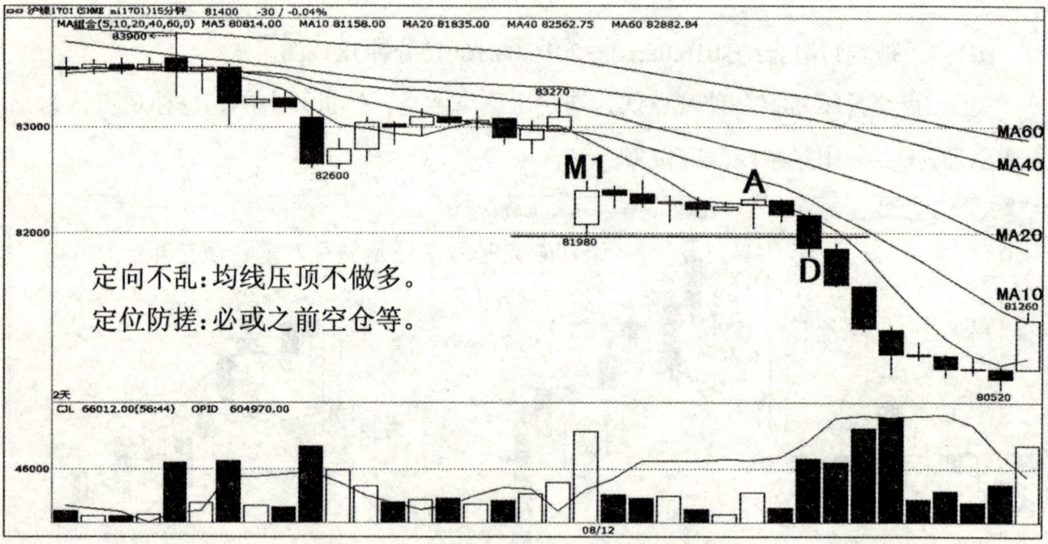

图1-4 （图1-1后续走势图）

A点解析：MA20、MA60空头排列，只可做空，不可做多。A点不可立即开仓做空，必须等下破M1最低价D点做空，或者反弹之后见归顺阴线再做空，在此之前必须空仓等待。

图1-5　豆油1701合约2016.08.11—2016.08.15(15分钟)K线图

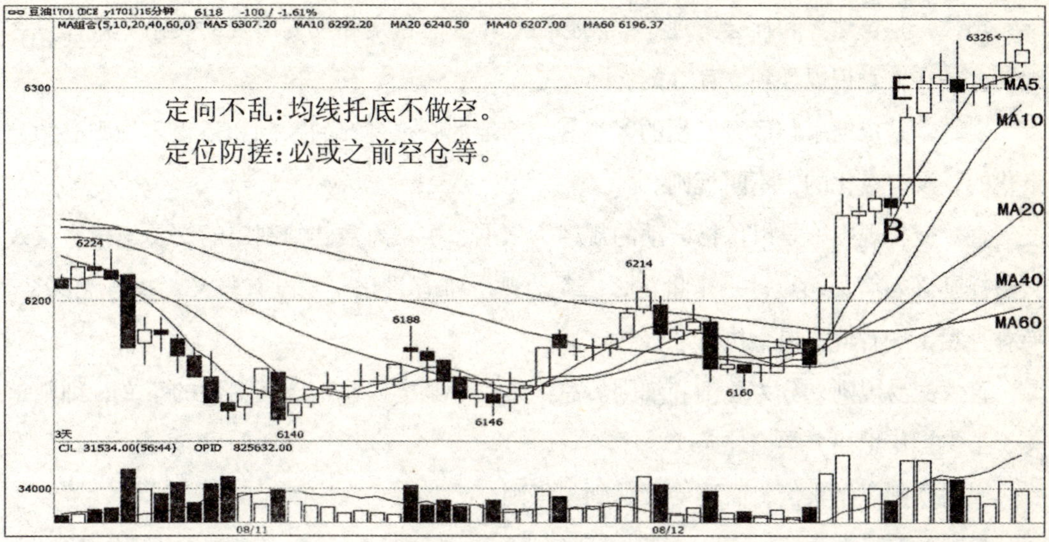

图1-5 （图1-2后续走势图）

B点解析：MA20、MA60多头排列，只可做多，不可做空。上破B点最高价形成双夹双破开多单。

图1-6　玻璃1701合约2016.08.12—2016.08.15(15分钟)K线图

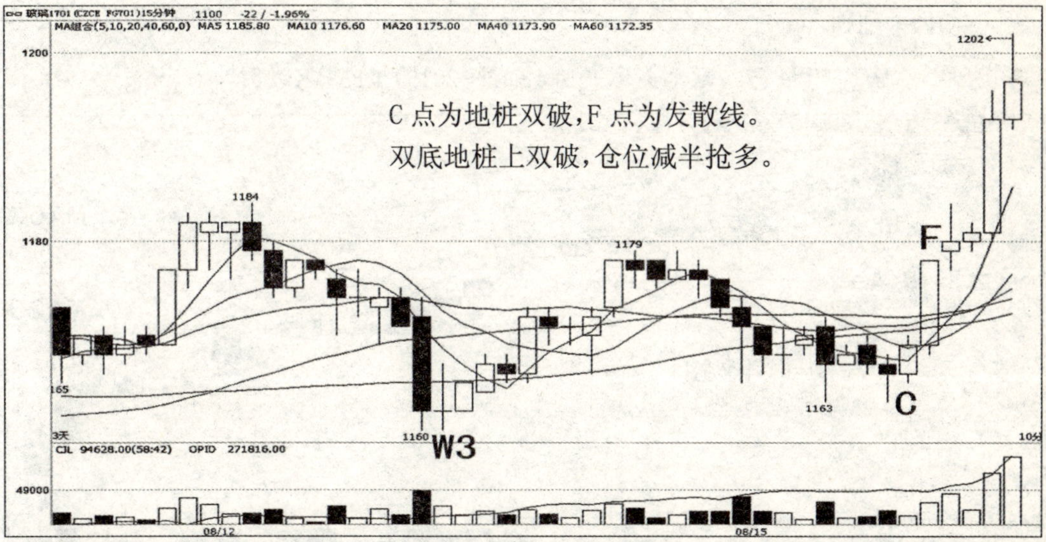

图1-6 （图1-3后续走势）

C点解析：C点为地桩上双破，且与W3构成大双底，形成双底地桩、短黏破长形态，临盘即可开多单，跌破C点最低价止损。C点也可看作三角形整理的临界点，F点大双破，也是开仓做多的好时机。

二、规则定心，不乱于形

规律，是自然界和社会诸现象之间必然、本质、稳定和反复出现的关系。规律是客观的，是在人意识以外独立存在的。

规则，是依据事物运行发展的客观规律制定的必须遵守的条例和章程。规则必须是量化的，没有量化的，不叫规则。

直效交易规则，是以价格波动的规律为依据、根据大数法则制定的交易纪律。直效交易规则必须满足两点，一是量化，二是直观。唯有量化，才没有歧义，执行无纠结。唯有直观，一看就明白，执行才轻松。

直效交易规则，分为总则和细则。总则是关于某类操作纪律概括性的条文，细则是关于某类操作纪律分类论述条文。

根据规则应用实例，简述一下总则与细则。

总则：顺势而为。

做空定向细则：六二压顶不做多，即20日均线、60日均线空头排列，且价格在20日均线之下，要么做空，要么休息，不可做多。

做多定向细则：六二托底不做空，即20日均线、60日均线多头排列，且价格在20日均线之上，要么做多，要么休息，不可做空。

(一)做空细则

图1-7　欧元美元2014.12.12—2015.01.23日K线图

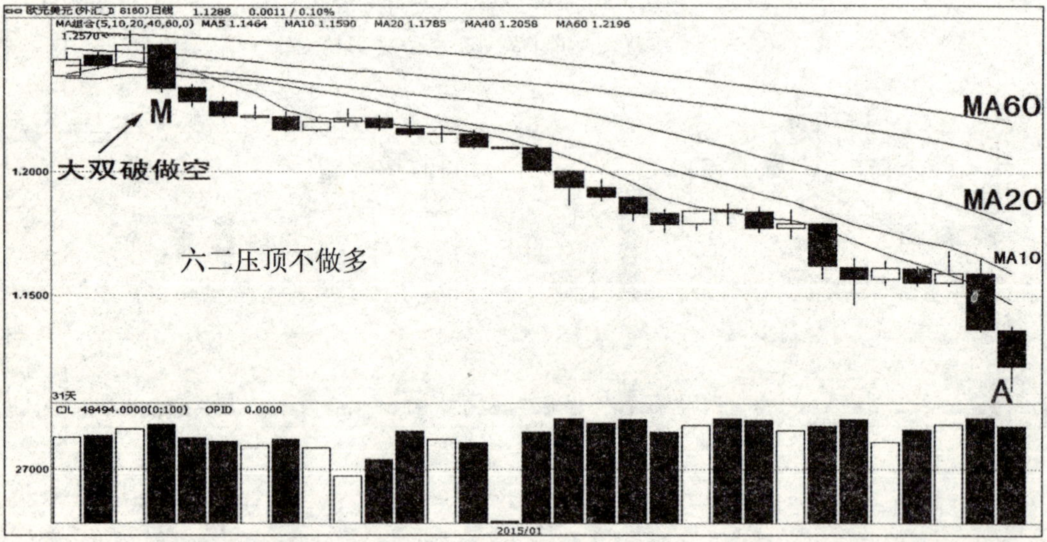

图1-7

图1-7解析：M点至A点，60日均线、20日均线空头排列，交易方向为做空；M点大双破，可抢点做空，至A点，其间反弹较弱，双破守线做空是为上策。利用A点超跌反弹做多的，是不守规则乱于形。

(二)做多细则

图1-8　英镑美元2006.04.07—2006.05.19日K线图

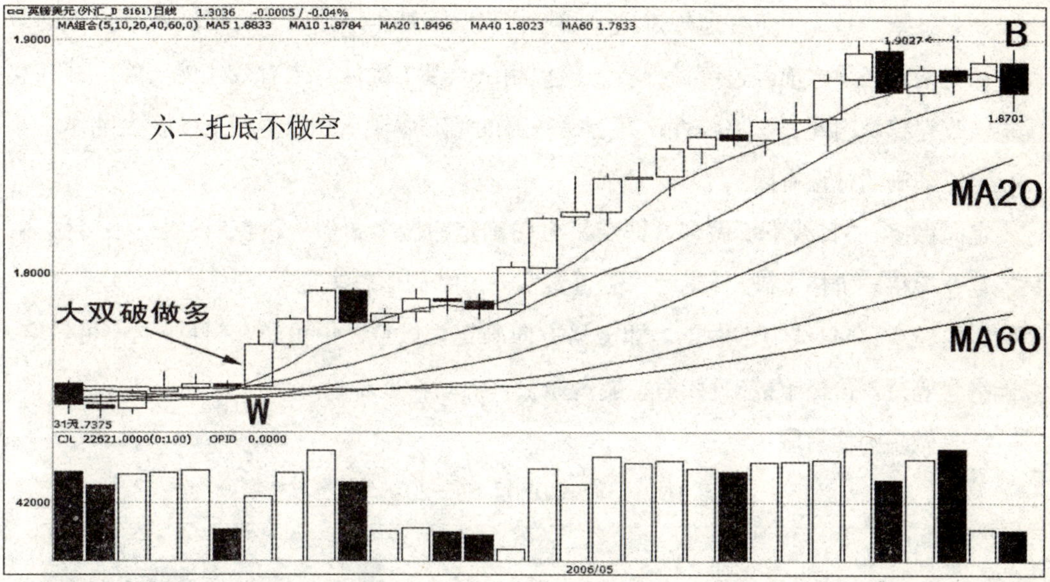

图1-8

图1-8解析：W点至B点，60日均线、20日均线多头排列，交易方向为做多；W点均线托底上双破，可抢点做多，至B点，其间回调较小，双破守线是为上策。利用B点抢空的，是不守规则乱于形。

规则是理念的量化，是系统的骨架，是交易纪律。一个成熟的交易体系基本由四类规则构成：定量规则，定向规则，定位规则，定心口诀。

顺势而为四分法则：顺大避小，两点必缠；顺大逆小，归顺回补；顺大顺小，共振必抢；顺小逆大，翻多翻空(见《突破八阵图——直效期货》)。

顺势抢点法则：中线走多，五阳做多，三线平仓；中线走空，三线做空，五阳平仓(见《突破八阵图——直效期货》)。

四区决策法则：盲区不入，见信而入；雷区不逆，破势可逆；共振必抢，首线开仓；背驰必防，次第减仓(见《突破八阵图——直效期货》)。

三、规则无级，弹性有限

规则无级，指本规则适用各个级别，包括月K线、周K线、日K线、60分钟K线、15分钟K线、5分钟K线等。交易员按某种级别操作，就必须按该级别严格执行规则。好比开车上路，无论是哪一条路，驾驶员都不得逆向行使。等级越高的公路，逆向行使，危害越大。

弹性有限，指规则的补充条款数量有限，而且，绝大多数规则不准设立补充条款。

补充条款，是为了更好地规避风险和把握机会而特别制定的特殊情况特殊处理的章程。补充条款必须之前经过统计分析、模拟测试，基本确认行之有效才能实施，并在实践中修改完善。因此，交易弹性，并不是一时的信心爆棚或恐惧绝望下的临盘乱作。

定位细则的弹性有限：

定向做多，5日线下不做多。即交易方向确定为做多，但价格在5日线下不可做多，只能空仓等待。价格上破5日线后，能否做多，由结构形态决定。

定向做空，5日线上不做空。即交易方向确定为做空，但价格在5日线上不可做空，只能空仓等待。价格下破5日线后，能否做空，由结构形态决定。

(一)做多弹性有限

图1–9　热卷1610合约2016.04.27—2016.05.25日K线图

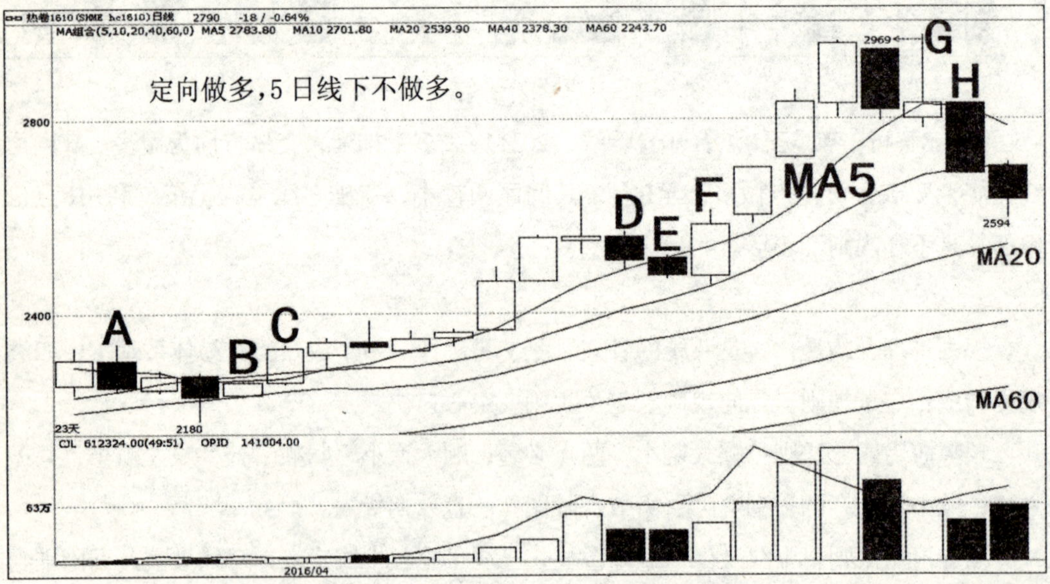

图1–9

图1–9解析：规则定心，不乱于形。

定向不乱：60日、20日均线多头排列，确定日K级别交易方向为做多。因此A点至H

点之间，要么做多，要么休息，不可做空。

5日线下不做多：A点至B点、E点、H点，均位于5日线下，都不可做多。而C点至D点、F点至G点，见伍顶之后，多单可降维平仓，为弹性之处。

(二)做空弹性有限

图1-10　A50当月2015.07.23—2015.08.26日K线图

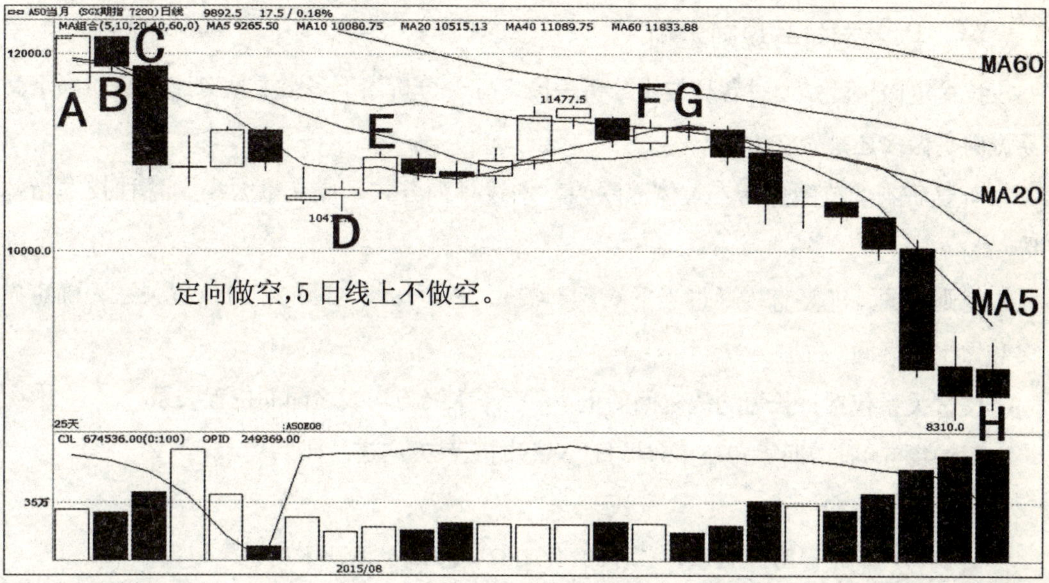

图1-10

图1-10解析：规则定心，不乱于形。

定向不乱：60日、20日均线空头排列，确定日K级别交易方向为做空。因此A点至H点之间，要么做空，要么休息，不可做多。A点、B点位于20日线上，不可做空。

5日线上不做空：A点、E点至F点，均位于5日线上，都不可做空。而C点至D点、G点至H点，见伍底，空单可降维平仓，为弹性之处。

在没有达到稳定赚钱之前，多讲规则，少讲弹性，初学者更是如此。

从短期来看，讲弹性，抓住了机会，提高了效率；从长期来讲，讲弹性，增加了不确定性，人性之恶被骄纵，隐患倍增。

从长远来讲，交易只讲规则，不讲弹性，更容易成功。

第二节　扫一眼定向

四维定律规定级别均线定向，就是确定本操作级别当下多空趋势，是做多还是做空。定向的方法基本有两种，即通过技术分析定向和通过交易规则定向。扫一眼，就是要严格训练，熟能生巧，快速定向。技术不练透不是能力。

一、技术定向与规则定向

技术定向，就是通过各种技术分析手段，综合分析当下多空力量对比，从而确定交易方向是做多还是做空。

所要研判的范围包括：整体涨跌幅、均线排列方式、成交量大小、各种技术指标等。

规则定向，就是直接通过当下K线与均线、长短均线之间的相对位置关系，确定做多和做空的区间。

位置关系包括：长短均线之间的上下关系，K线与均线之间的位置关系。

对沪深300股指期货2015年5月5日(A点)的交易方向进行研判：

(一)技术定向

图1-11　IF当月2014.07.07—2015.05.05日K线图

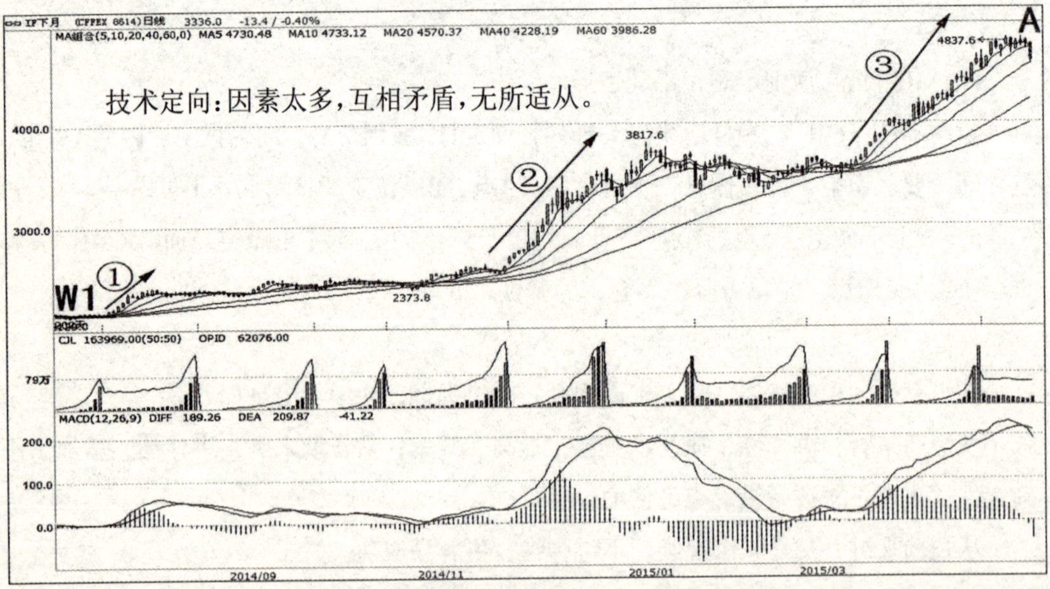

图1-11 （与图1-12同为A点之前走势图）

图1-11解析：以技术分析为主。

从W1到A点，整体涨幅超过两倍，中线明显超涨，回调整理的可能性较大，继续上涨阻力明显增大。

从W1到A点，经过三波上涨三波整理，见顶的可能性较大，但也不排除延伸浪的出现。

均线多头排列，明显多方强势，但均线之间乖离率较大，整体超涨。

A点为大阴线杀跌，且跌破10日均线，空方明显走强。

MACD仍在0轴之上，仍为多头市场，但DIF与DEA高位死叉，必须预防快速杀跌，多头应以逐步减仓为宜。

以上分析，主观性太强，操作性差。

(二)规则定向

图1-12 IF当月2015.03.05—2015.05.05日K线图

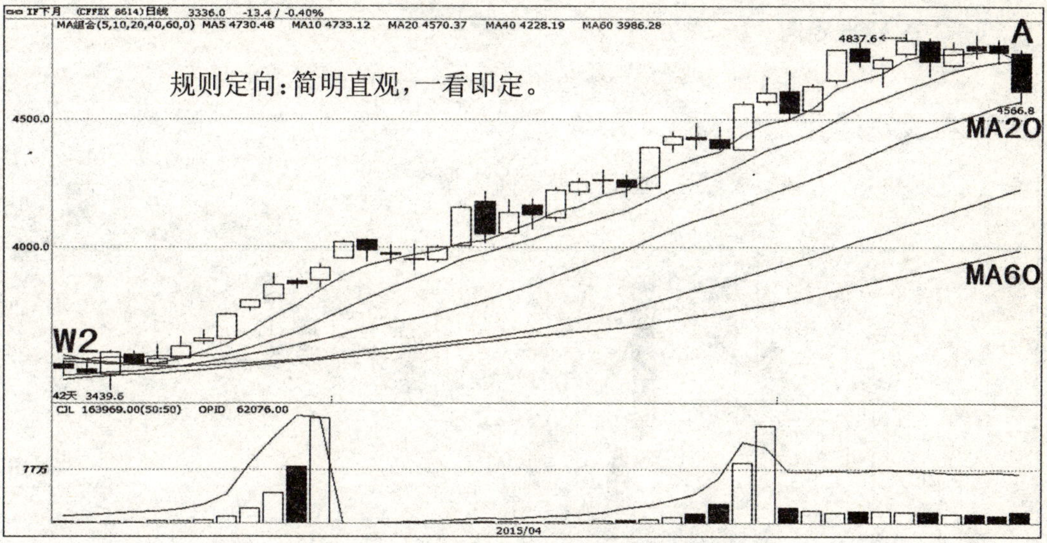

图1-12 （与图1-11同为A点之前的走势图）

图1-12解析：完全按直效交易规则执行。

定向做多：60日、20日均线多头排列，价格A点仍在20日线上。

5日线下不做多：A点位于5日线下，不可做多，等上破5日线再做多。

以上分析，客观，精确，不模棱两可。

通过图1-11与图1-12的分析比较，规则定向远比技术定向更快更准确，且下手更为坚决果断。

二、高级定向与本级定向

级别是按某种规律或规则生成的具有共同结构特征的K线组合。不同级别具有不同的稳定性与灵敏性，是确定交易方向和开仓、平仓位置的首要依据。

期货交易，首先定交易方向，是做多还是做空。其次是确定开仓平仓位置。

据四级定向法则(见《突破八阵图——直效期货》)，四级定向指定向级与定位级。确定交易方向的级别，为定向级，确定开平仓位置的级别，为定位级。一般高级作为定向级，低级作为定位级。

高级定向：定向级与定位级不是同一级别，定向级高于定位级。比如，采用日K线定向，15分钟K线定位。

本级定向：定向级与定位级是同一级别。比如采用1小时K线同时定向和定位，或者采用15分钟K线同时定向和定位。

对螺纹1610合约2016年8月18日(A点)的交易方向进行研判：

(一)按日K线定向

图1-13　螺纹1610合约2016.06.29—2016.08.18日K线

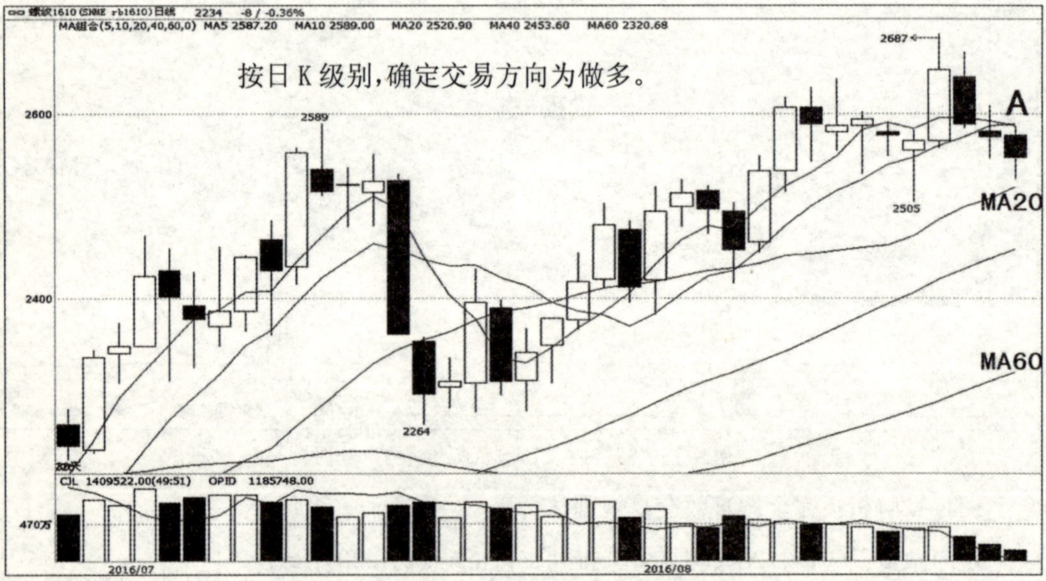

图1-13　(与图1-14同为A点之前的走势图)

图1-13解析：日K线中A点的交易方向。

按日K线定向：20日、60日均线多头排列，且A点位于20日均线之上，符合六二托底不做空规则，即要么做多，要么休息，决不做空。

日K线见三连阴，为伍底，见地桩或上双破之后可做多。

(二)按15分钟K线定向

图1-14 螺纹1610合约2016.8.16—2016.8.18(15分钟)K线图

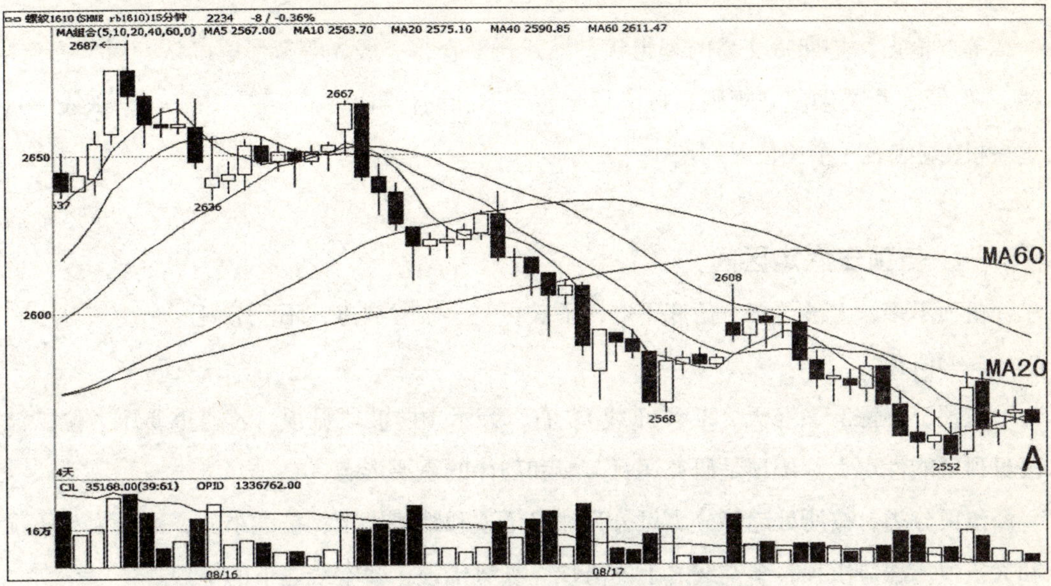

图1-14 （与图1-13同为A点之前的走势图）

图1-14解析：15分钟K线中A点的交易方向。

按15分钟K线定向：MA20、MA60空头排列，且A点位于MA20之下，符合六二压顶不做多规则。即要么做空，要么休息，决不做多。

15分钟K线三波下跌，地桩上双破震荡筑底可能性较大。

通过图1-13与图1-14的分析比较，对于同一点A，按日K线定向和15分钟K线定向，交易方向完全相反：按日K线定向，只能逢低做多；按15分钟K线定向，只能逢高做空。

若按日K线定向，同时按日K线定位，则日K线定向为本级定向；若按日K线定向，15 分钟K线定位，则日K线定向为高级定向。

若按15分钟K线定向，同时按15分钟K线定位，则15分钟K线定向为本级定向；若按15 分钟K线定位，而按日K线定向，则为高级定向。

高级定向的优点，对大趋势的把握更好，特别是中长线交易，以高级定向对全局的掌控更好；高级定向的缺点，对于短线交易来说，会错过一些比较明显的获利机会。

本级定向的优点，定向与定位为同级别，更为简明，对于日内交易，低级别本级定向，效率更高；低级别本级定向，对于中长线交易，信号过多。

第三节　熬三五抢点

等点抢点，是期货交易的理想状态。开仓平仓，一般先等待形态确认，后抢拐点K线。“熬”，指必须坚守规则，按信号交易，不冲动行事。“三五”，指三五根K线，这里一根K线代表一个单位时间。

一、伍顶伍底定区间

伍顶不多，上破再多。伍底不空，下破再空。宁亏数点，不乱节奏。

(一)伍顶

伍顶，上涨3天、5天、8天（K线)左右，警示预防波段见顶。若遇重要压力位，波段见顶可能性更大。伍顶是研究运行节奏和韵律的重要形态。

伍顶分类，按所处趋势分，可分为涨势伍顶和跌势伍顶；按大小分，可分为小伍顶和大伍顶。涨势伍顶，多空线之上的伍顶。跌势伍顶，多空线之下的伍顶。

小伍顶，上涨天数少于5天或者5根K线。大伍顶，上涨天数至少5天或者5根K线。

1. 涨势伍顶

图1-15　沪铝1610合约2016.03.31—2016.05.04日K线

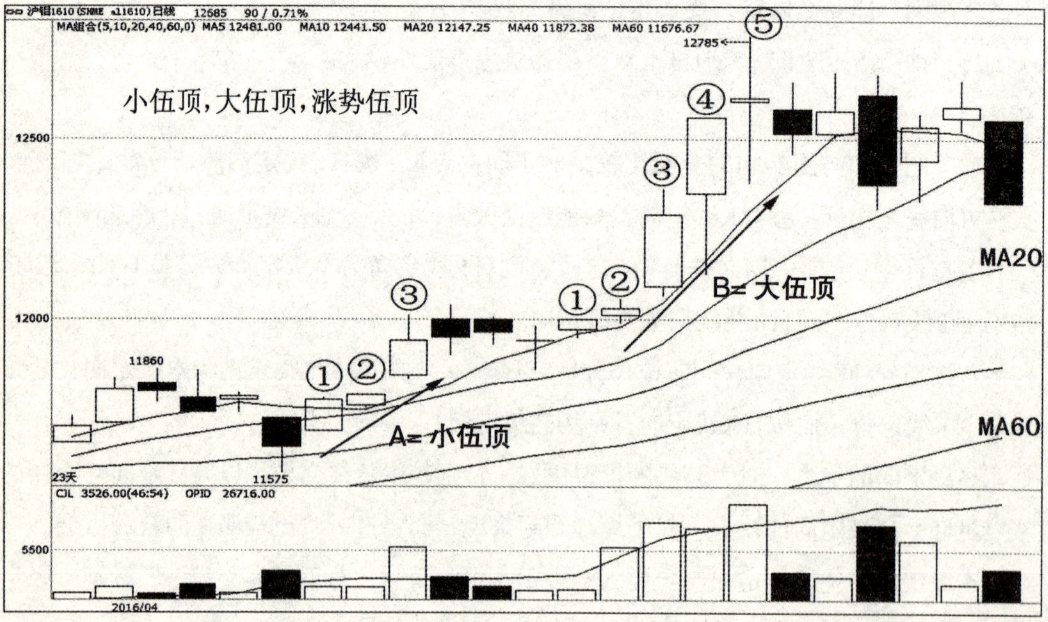

图1-15

图1-15解析：小伍顶和大伍顶区分，涨势伍顶和跌势伍顶的区分。

趋势确认：20日、60日均线多头排列，且价格位于20日均线之上，本趋势为涨势，其间出现的伍顶，均是涨势伍顶。

大小确认：A段上涨3天，为小伍顶。B段上涨5天，为大伍顶。

2. 跌势伍顶

图1-16 铁矿1609合约2015.10.27—2015.12.23日K线

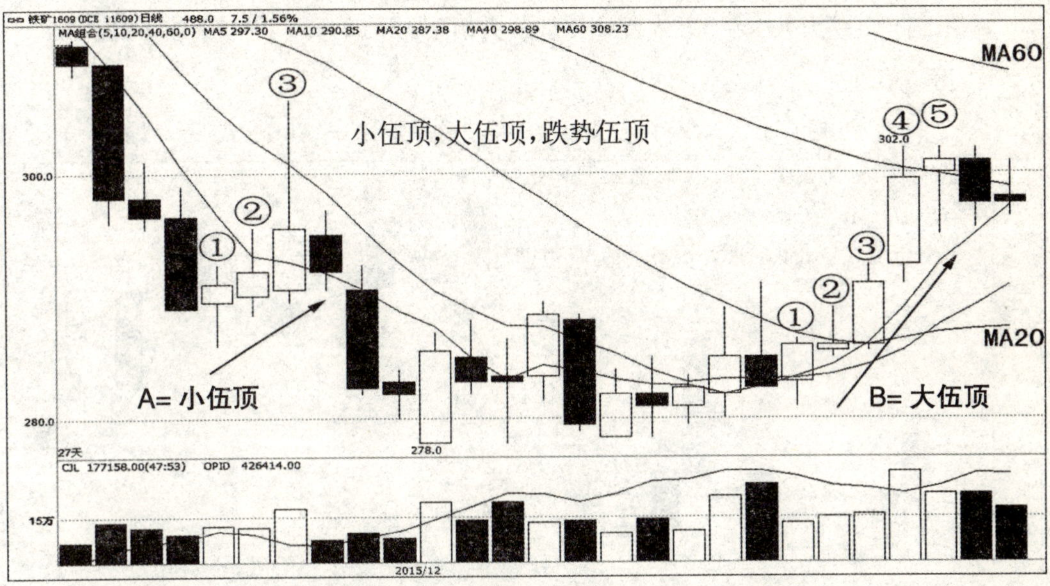

图1-16

图1-16解析：小伍顶和大伍顶区分，涨势伍顶和跌势伍顶的区分。

趋势确认：20日、60日均线空头排列，且价格位于20日均线之下，本趋势为跌势，其间出现的伍顶，均是跌势伍顶。

大小确认：A段上涨3天，为小伍顶。B段上涨5天，为大伍顶。

(1)大伍顶实战应用。

三波超跌大伍顶：若下双破，预防短期快速下跌，也可能陷入较长时间的震荡整理。若之后出现拐点双预警，必须预防趋势由空转多。

三波超涨大伍顶，预防加速冲顶。若下双破，预防短期快速下跌。

(2)小伍顶实战应用。

无论是涨势中还是跌势中，小伍顶都是多空相对平衡的表现，一般原有趋势保持不变。跌势中见小伍顶，下破做空是较好的时机。

（二）伍底

伍底，下跌3天、5天、8天（K线）左右，警示预防波段见底。若遇重要支撑位，波段见底可能性更大。伍底是研究运行节奏和韵律的重要形态。

伍底分类，按所处趋势分，可分为涨势伍底和跌势伍底；按大小分，可分为小伍底和大伍底。

涨势伍底，多空线之上的伍底。跌势伍顶，多空线之下的伍底。

小伍底，下跌天数少于5天或者5根K线。大伍底，下跌天数至少5天或者5根K线。

1. 涨势伍底

图1-17　沪金1612合约2016.04.11—2016.05.24日K线

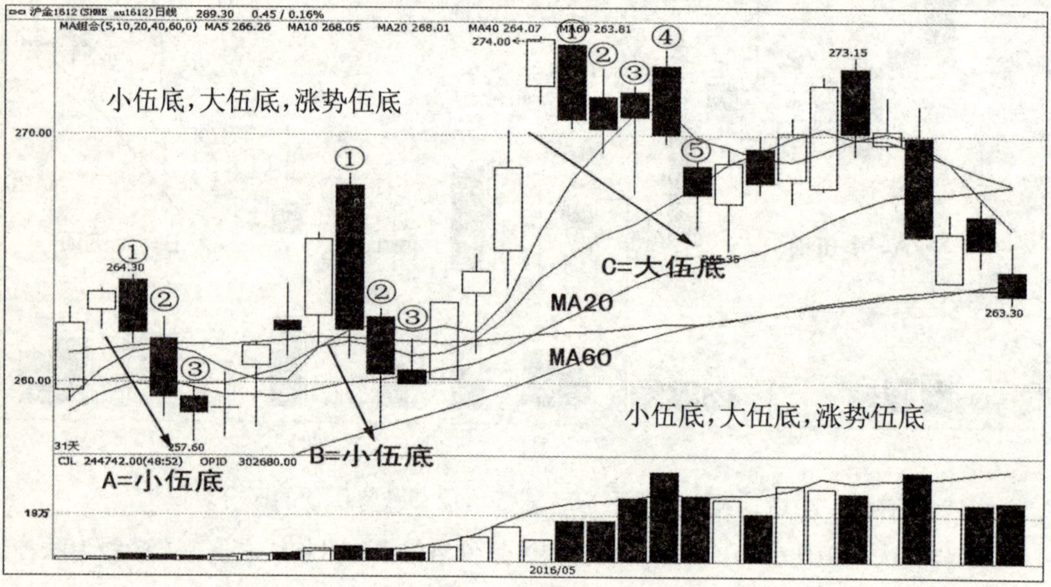

图1-17

图1-17解析：小伍底和大伍底区分，涨势伍底和跌势伍底的区分。

趋势确认：20日、60日均线多头排列，且价格位于20日均线之上，本趋势为涨势，其间出现的伍底，均是涨势伍底。

大小确认：A段、B段均下跌3天，为小伍底。C段下跌5天，为大伍底。

伍底之后的走势：

A段小伍底之后，继续上攻创新高，回调不创新低。

B段小伍底之后，继续上攻创新高，回调不创新低。

C段大伍底之后，继续上攻不创新高，之后大阴线下破20日线，为破势阴线，趋势由多转空。

2. 跌势伍底

图1-18　欧元美元2005.05.09—2005.06.22日K线

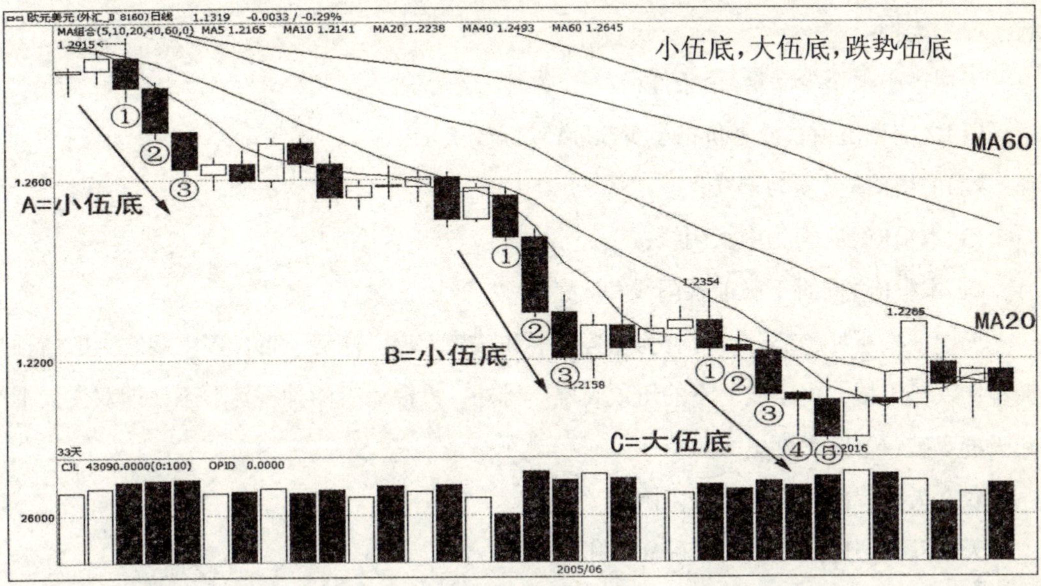

图1-18

图1-18解析：小伍底和大伍底区分，涨势伍底和跌势伍底的区分。

趋势确认：20日、60日均线空头排列，且价格位于20日均线之下，本趋势为跌势，其间出现的伍底，均是跌势伍底。

大小确认：A段、B段：均下跌3天，为小伍底；C段下跌5天，为大伍底。

伍底之后的走势：

A段小伍底之后，横盘整理，继续下跌创新低。

B段小伍底之后，横盘整理，继续下跌创新低。

C段大伍底之后，反弹幅度超过上波跌幅的50%，陷入较长时间的震荡。

(1)大伍底实战应用。

三波超涨大伍底：若快速上冲，预防形成双头，也可能陷入较长时间的震荡整理。若之后出现拐点双预警，必须预防趋势由多转空。

三波超跌大伍底，预防加速赶底。若上双破，预防短期快速上涨。

(2)小伍底实战应用。

无论是涨势中还是跌势中，小伍底都是多空相对平衡的表现，一般原有趋势保持不变。涨势中见小伍底，上破做多是较好的时机。

二、天棍地桩定拐点

天棍地桩是标志性K线，也是伍顶伍底的确认K线，至少构成波段拐点。

(一)天棍

天棍，必须至少满足4个条件：

(1)之前见伍顶，或者价格至少在MA5之上；

(2)前根K线必须为阳线；

(3)本根K线必须为中大阴线；

(4)本根K线同时下破前根阳线和MA5。

天棍，按所处趋势分，可分为涨势天棍和跌势天棍。涨势天棍，多空线之上的伍顶天棍；跌势天棍，多空线之下的伍顶天棍。另外，天棍还有两种特殊形态，即双夹天棍和天棍双破，下跌力度更大。

双夹天棍，两阴夹一阳或多阳。

天棍双破，即天棍同时下破MA5和MA10。

1. 涨势天棍

图1-19　菜粕1701合约2016.05.13—2016.07.07日K线

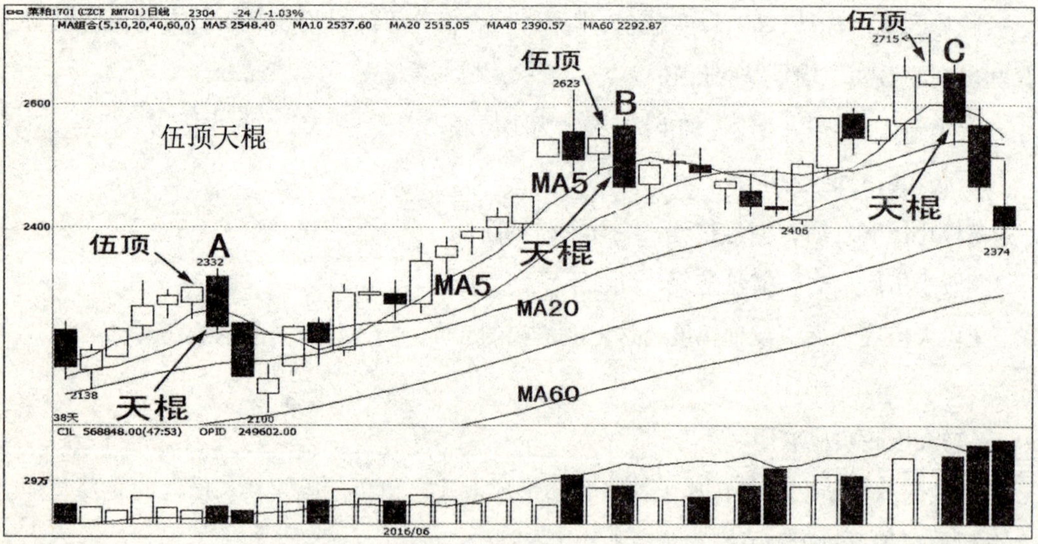

图1-19

图1-19解析：

趋势确认：20日、60日均线多头排列，且C点之前价格位于20日均线之上，本趋势为涨势，其间出现的天棍，均是涨势天棍。

A点，B点，C点：之前皆为伍顶，且同时下破前根阳线和5日均线，为中阴线，均为天棍。

B点为双夹天棍，下跌时间长。

2. 跌势天棍

图1-20　英镑美元2015.11.13—2016.01.01日K线

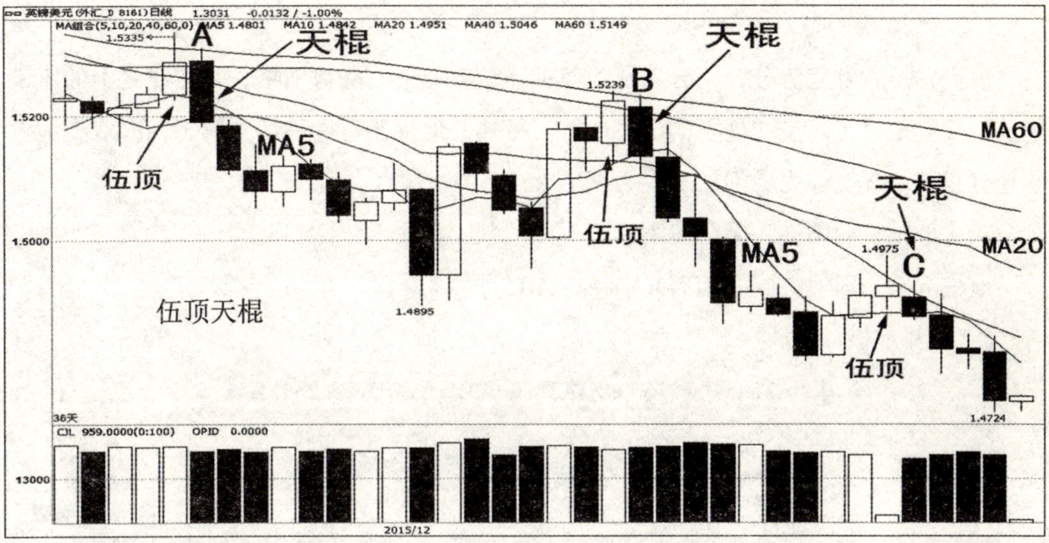

图1-20

图1-20解析：

趋势确认：20日、60日均线空头排列，且价格位于20日均线之下，本趋势为跌势，其间出现的天棍，均是跌势天棍。

A点，B点，C点三点：之前皆为伍顶，同时下破前根阳线和5日均线，为中阴线，均为天棍。

A点之前最阳线，C点之前为弱三阳。

A点为天棍双破，B点为双夹天棍，均为做空的好时机。

3. 天棍实战应用

(1)在涨势中，伍顶天棍一般用于多单减仓或平仓，不反向做空。但经过3波上涨之后，见天棍，必须预防趋势由多转空。

(2)在跌势中，伍顶天棍，是做空的好时机。

(3)若中长期均线压顶，见双顶，之后见天棍，下跌幅度一般较大。

(4)若天棍为双夹天棍或者天棍双破，下跌力度更大。

（二）地桩

地桩，必须至少满足4个条件：

（1）之前见伍底，或者至少跌破MA5；

（2）前根K线必须为阴线；

（3）本根K线必须为中大阳线；

（4）本根K线同时上破前根阴线和MA5。

地桩，按所处趋势分，可分为涨势地桩和跌势地桩。涨势地桩，多空线之上的伍底地桩；跌势地桩，多空线之下的伍底地桩。另外，地桩还有两种特殊形态，即双夹地桩和地桩双破。其支撑力更强，上攻力度更大。

双夹地桩，两阳夹一阴或多阴。

地桩双破，即地桩同时上破MA5和MA10。

1. 涨势地桩

图1-21　铁矿1609合约2016.02.19—2016.03.23日K线

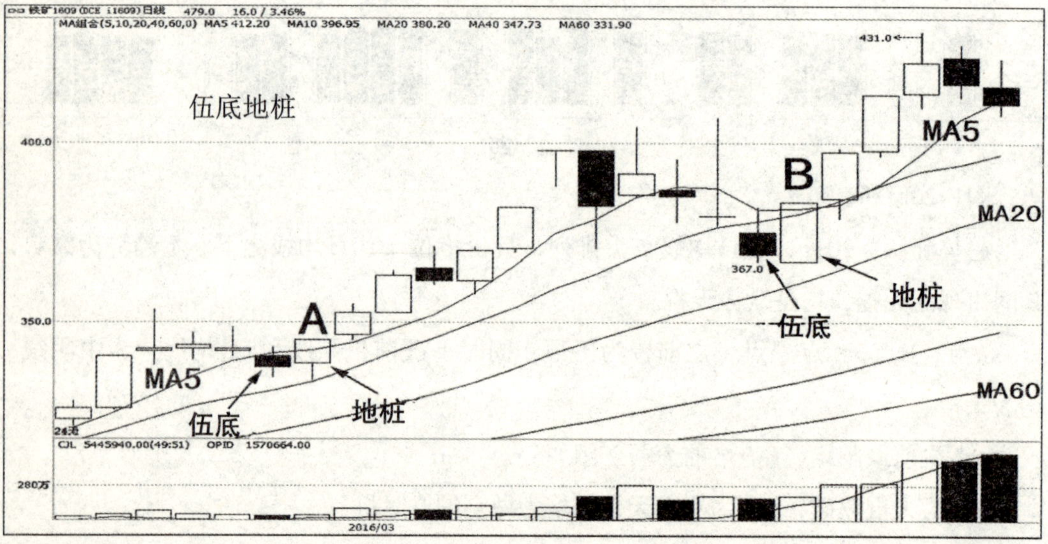

图1-21

图1-21解析：

趋势确认：20日、60日均线多头排列，且价格位于20日均线之上，本趋势为涨势，其间出现的地桩，均是涨势地桩。

A点，B点：之前皆调整3～5天，且跌破5日均线，皆为伍底。A、B且同时上破前根阴线和5日均线，为中阳线，均为地桩。

A点为双夹地桩，B点为地桩双破，上攻力度更大。

2. 跌势地桩

图1-22　M-道琼主2015.12.21—2016.02.18日K线

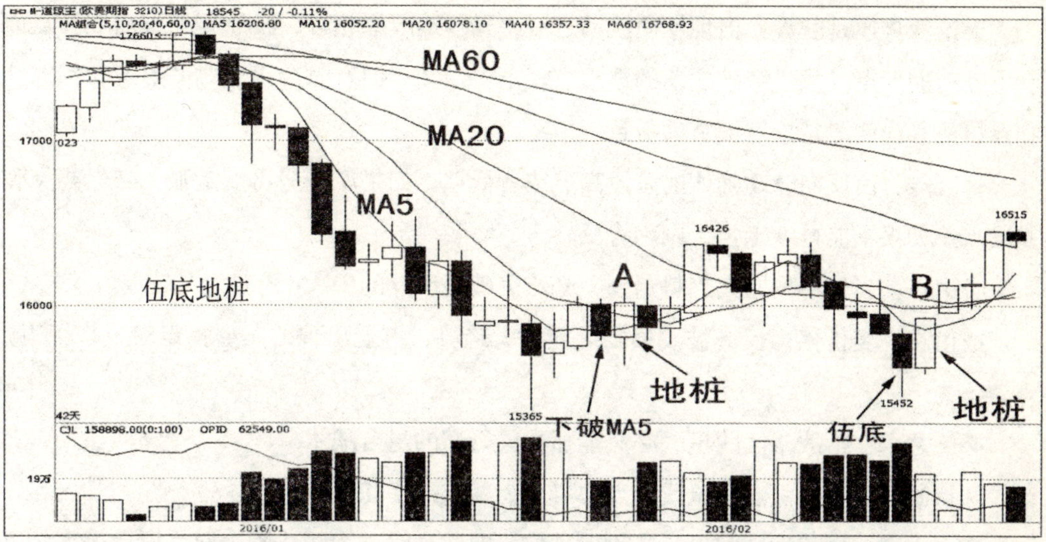

图1-22

图1-22解析：

趋势确认：20日、60日均线空头排列，且B点之前价格位于20日均线之下，趋势为跌势，其间出现的地桩，均是跌势地桩。

A点之前，长下影扫单线。B点之前，伍底大双底，A点、B点同时上破前根阴线和5日均线，为中阳线，均为地桩。

A点为双夹地桩双破，B点为连阴阳(见《突破八阵图——直效期货》)。

3. 地桩实战应用

(1)在涨势中，见伍底地桩，多单开仓或加仓。

(2)在跌势中，见伍底地桩，空单减仓或平仓，不反向做多。经过3波下跌之后，见双底地桩，特别是地桩上双破，必须预防趋势由空转多。

(3)若中长期均线托底，见双底地桩，上涨幅度一般较大。

(4)若地桩为双夹地桩或者地桩双破，上攻力度更大。

天棍地桩，是标志性K线，常常构成重要的拐点。跌势中，见伍顶天棍做空，特别是天棍下双破；涨势中，见伍底地桩做多，特别是地桩上双破。都是不可错过的机会。

三、必由或由缠两点

首开点，只有两点：一个是必由点，一个是或由点。

无论涨势还是跌势，出现反向波动之后，只要继续原趋势，必然要上破前期高点或者下破前期低点，只是突破之前的整理方式不得而知，但有时会出现典型形态和标志性拐点，而必或四律是抢点细节的极致。

基准点：由反向波动确认的阶段高点或者低点。如果原趋势再度走强，必然要突破基准点。如果不能再度走强，则趋势反转。

必由点：当价格按原大趋势走强，必然突破基准点的中大K线，为突破点。

或由点：当价格由反向波动回归之前的大趋势，可能出现的典型拐点K线，为归顺点。

必缠之术：指战略区间里，必然能抓住大行情的组合战术。

两点必缠：守必由点，抢或由点，可分为两点缠多和两点缠空。

守必由点：指战略区间里，当价格破位反向波动时，为防止资金曲线回撤过大，可先平仓，然后空仓等待，见必由点再开仓。

抢或由点：指战略区间里，当价格破位反向波动时，若出现典型归顺K线，即见或由点，可提前开仓，不必等必由点开仓。

(一)两点缠多

图1-23　欧元英镑2015.12.02—2016.01.15日K线图

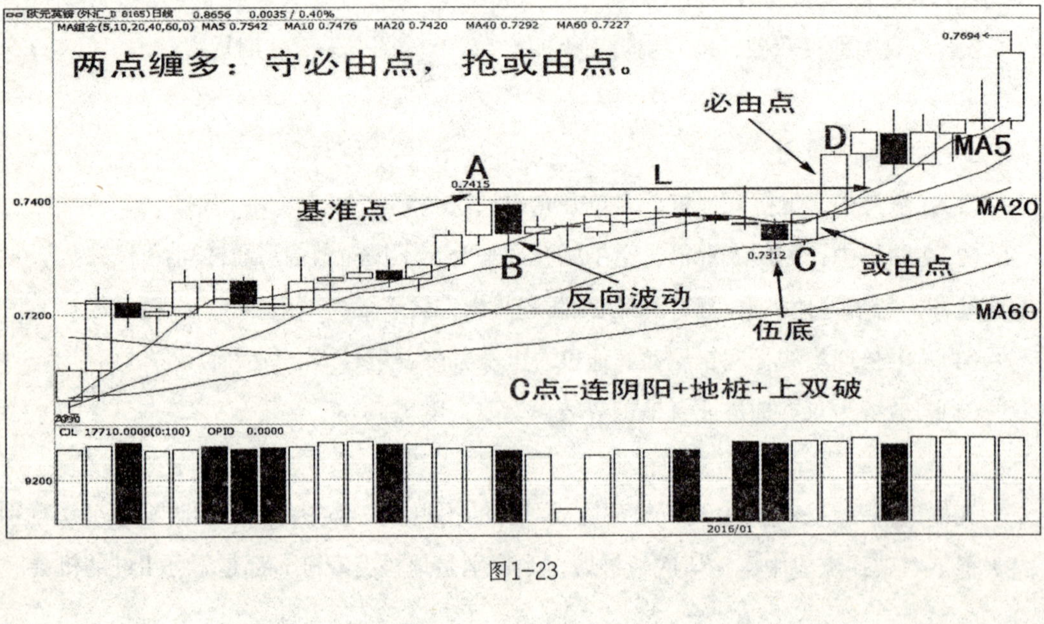

图1-23

图1-23解析：

战略做多区间：20日、60日均线多头排列，价格在20日均线之上。

定基准点：B点盘中虚破MA5，多单可先平仓，确认A点为基准点。

守必由点：若多方再次走强，则价格必须上破基准点。若价格始终不能上破基准点，则趋势必然发生改变，B点之后多单平仓不会遭受重大损失。

抢或由点：C点之前为伍底，C点为连阴阳、地桩、上双破。C点构成或由点，可提前开仓做多，此时不必再等必由点开仓。

C点之后快速上攻，上破基准点A。

（二）两点缠空

图1-24　菜粕主连2015.10.28—2015.11.27日K线图

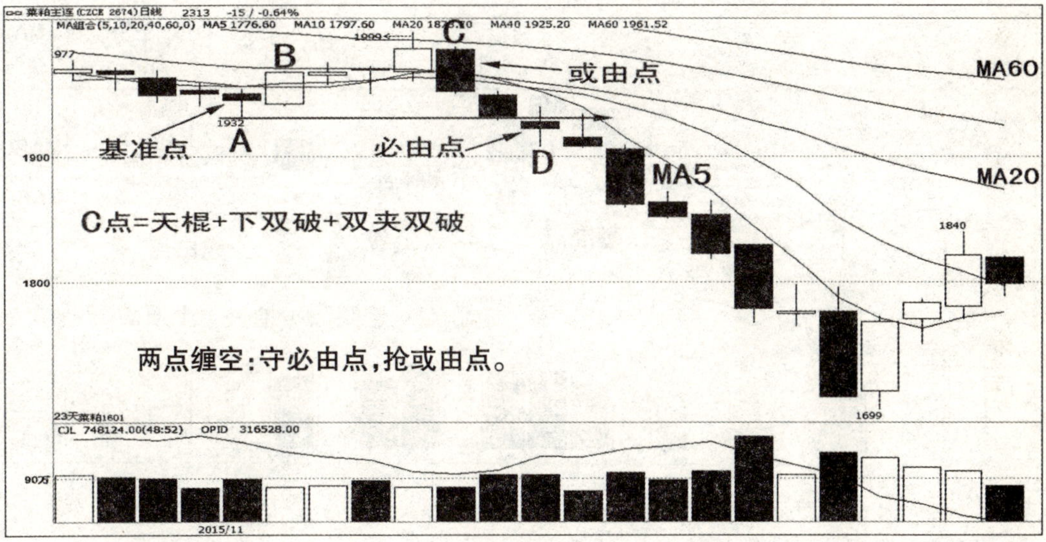

图1-24

图1-24解析：

战略做空区间：20日、60日均线空头排列，价格在20日均线之下。

定基准点：B点开始反弹，上破MA5，空单可先平仓，确认A点为基准点。

守必由点：若空方再次走强，则价格必须下破基准点。若价格始终不能下破基准点，则趋势必然发生改变，B点之后空单平仓不会遭受重大损失。

抢或由点：C点之前为伍顶，C点为天棍、下双破、双夹双破。C点构成或由点，可提前开仓做空，此时不必再等必由点开仓。

C点之后快速下跌，下破基准点A，开始加速下跌。

四、必或之前空仓等

必或之前空仓等：当价格破位反向波动时，必须清仓观望，空仓等待，直到出现必由点、或由点再回补。必，指必由点；或，指或由点。

必或之前空仓等，强调的是顺势而为，不在涨势中抢回调做空，不在跌势中抢反弹做多，不贪蝇头小利而违规操作。

空仓区间，至少包括三种区间：跌势反弹非翻多区间、涨势回调非翻空区间，久盘黏合非发散区间。

(一)涨势：必或之前空仓等

图1-25　IF当月2015.02.09—2015.03.18日K线

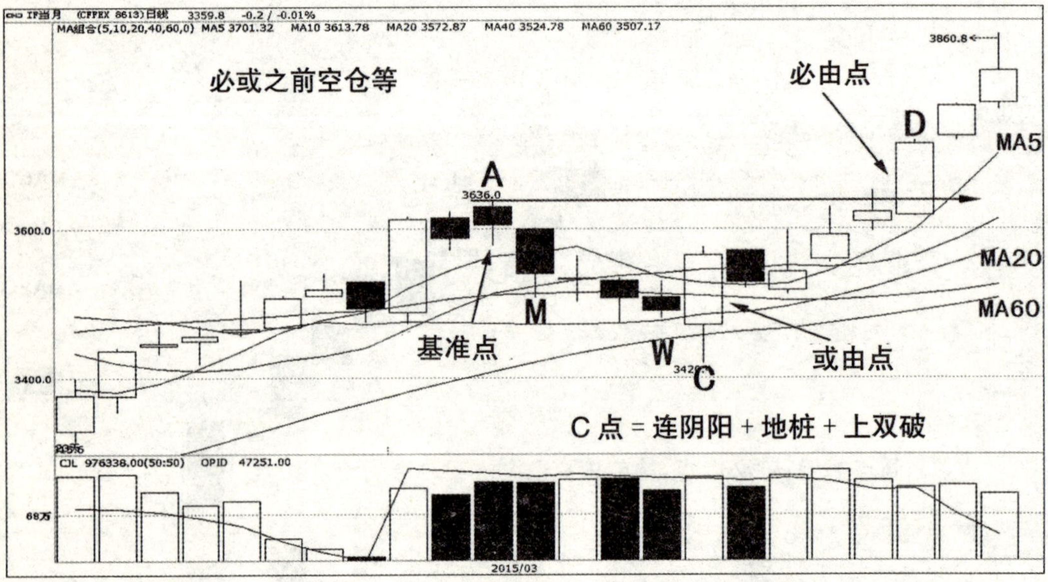

图1-25

图1-25解析：

战略做多区间：20日、60日均线多头排列，价格在20日均线之上。

定基准点：M点下破MA5，多单可先平仓，确认A点为基准点。

守必由点：若多方再次走强，则价格必须上破基准点。若价格始终不能上破基准点，则趋势必然发生改变，M点之后多单平仓不会遭受重大损失。

抢或由点：C点之前为伍底，C点为连阴阳、地桩、上双破。C点构成或由点，可提前开仓做多，此时不必再等必由点开仓。

C点之后快速上攻，上破基准点A。

C点之前，M点—W点，5日线下不做多，必须空仓等待。

(二)跌势：必或之前空仓等

图1-26　欧元美元2014.11.27—2014.12.31日K线

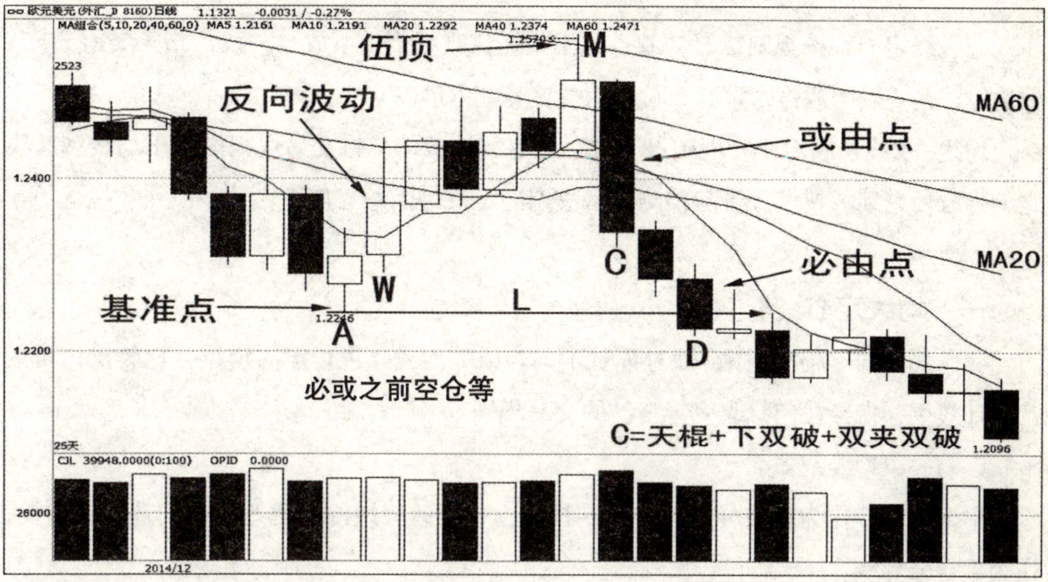

图1-26

图1-26解析：

战略做空区间：20日、60日均线空头排列，价格在20日均线之下。

定基准点：W点上破MA5，空单可先平仓，确认A点为基准点。

等必由点：若空方再次走强，则价格必须下破基准点。若价格始终不能下破基准点，则趋势必然发生改变，W点之后空单平仓不会遭受重大损失。

抢或由点：C点之前为伍顶，C点为天棍、下双破、双夹双破。C点构成或由点，可提前开仓做空，此时不必再等必由点开仓。

C点之后快速下跌，下破基准点A，开始加速下跌。

C点之前，W点—M点，5日线上不做空，必须空仓等待。

图1-25中M点—W点必须空仓等待，不许做空；图1-26中W点～M点必须空仓等待，不许做多。

必或之前空仓等，只有重大势，不贪小利，才能坐而不乱。

第四节　缠一线定心

缠一线定心，按规则执行。缠，这里指抓住交易信号不放；一线，指某类K线或某根均线，是规则的载体；定心，信号为凭，专注入静。

均线、K线是制定交易规则最直观、最有效的载体，将交易规则内植于均线和K线之上，取代繁琐的技术分析与预测，解决定向定位的困惑与焦虑。

一、均线定心

我们选择同一幅K线图，通过设置不同参数的均线，进行定向定位，比较操作难度及统计效果，指导我们修改完善自己的交易规则。

(一)一根均线定多空

中期均线，作为多空分界线，稳定性更强，对趋势跟踪性更好。我们选20日均线，作为多空分界线。

图1-27　IF当月2015.03.27—2015.07.02日K线

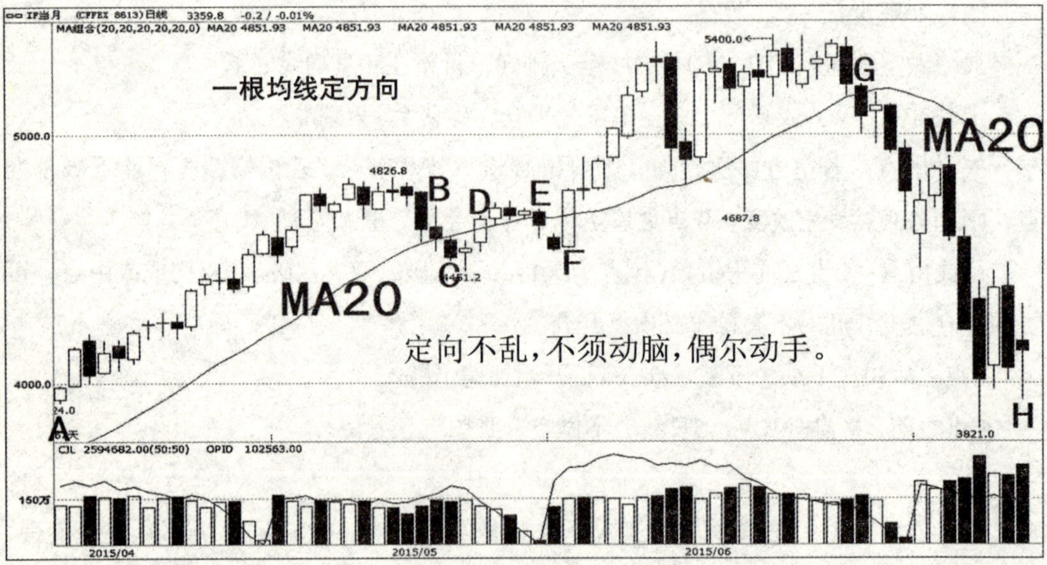

图1-27

图1-27解析：为简化分析，避免困惑，假设我们作如下规定：

上破20日线做多，下破20日线做空。规定每次只交易1手。

A—H，从上涨到下跌，基本回到原价位。通过统计分析，我们不难发现，整体盈利相当可观，却避免了复杂的分析预测。直效规则远比分析预测实用。

(二)一根均线定位置

图1-28 IF当月2015.03.27—2015.07.02日K线

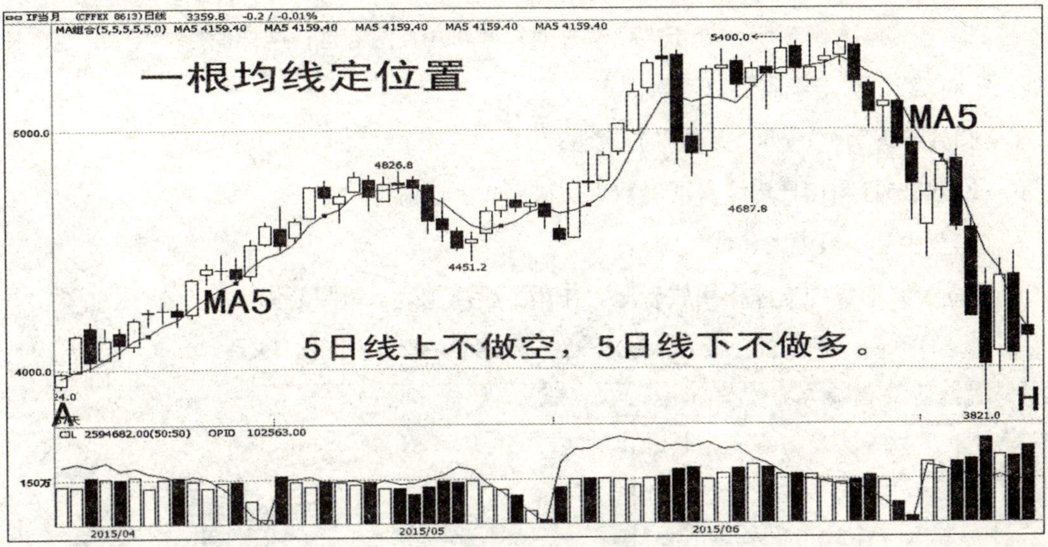

图1-28

图1-28解析：仍然每次只交易1手。实际效果不错，但操作相当频繁。

(三)通道定向和定位

图1-29 IF当月2015.03.27—2015.07.02日K线

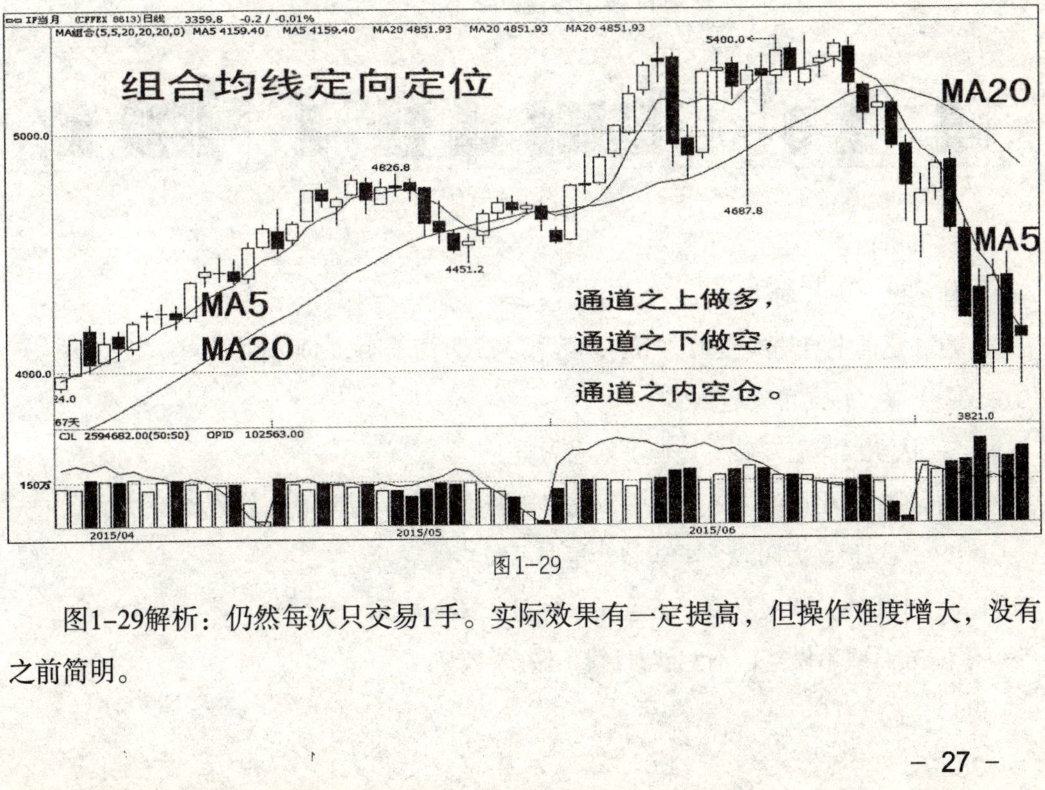

图1-29

图1-29解析：仍然每次只交易1手。实际效果有一定提高，但操作难度增大，没有之前简明。

二、K线定心

（一）一根K线定多空

只有当多空方向不明、处于震荡整理时，才可由K线定向。这样的K线，为之定向K线。定向K线一般至少满足以下条件：

（1）处于震荡整理期，突破方向不明；

（2）双破5日和10日均线，或者双夹突破5日均线；

（3）至少是一根中大K线。

定向K线形成的支撑作用或者压力作用，距离越远，效果越差。

图1-30　棕榈1609合约2016.05.20—2016.07.14日K线

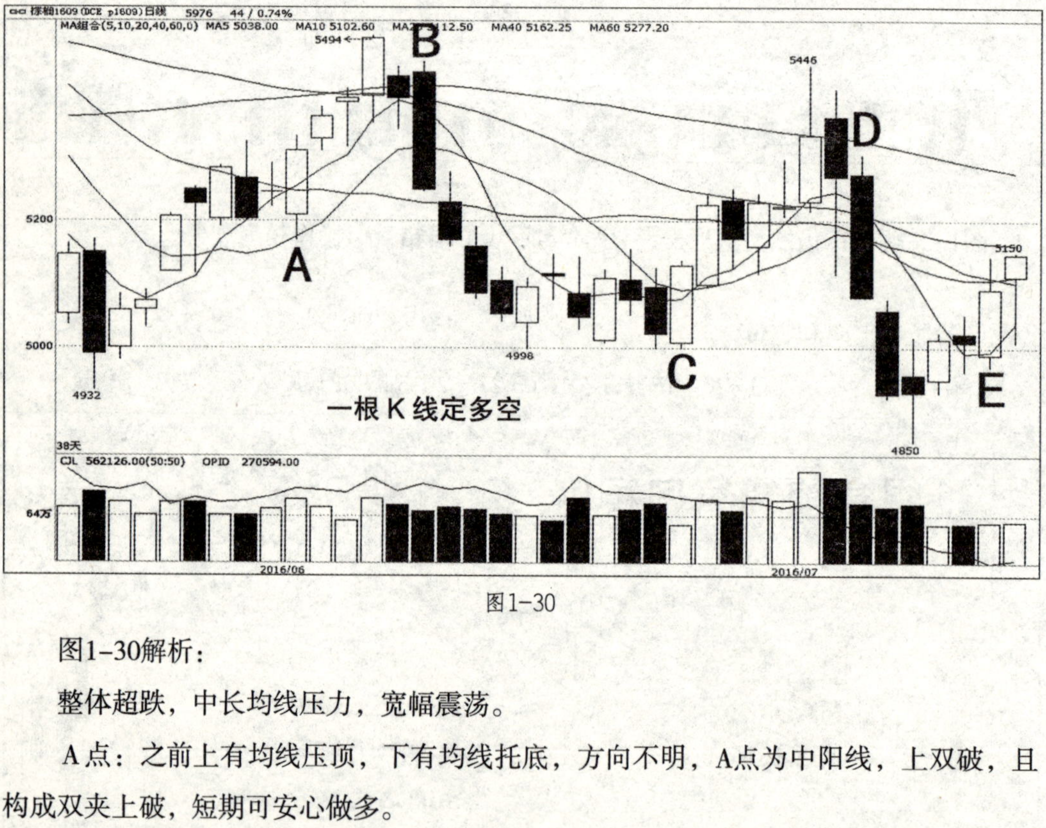

图1-30

图1-30解析：

整体超跌，中长均线压力，宽幅震荡。

A点：之前上有均线压顶，下有均线托底，方向不明，A点为中阳线，上双破，且构成双夹上破，短期可安心做多。

B点：大阴线，下双破，短期可安心做空。

C点：地桩，中阳线，上双破，双夹双破，大双底，短期可安心做多。

D点：大双顶，大阴线，下双破，短期可安心做空。

E点：中阳线，双夹双破，三重底，短期可安心做多。

不下破5日线不做空，不上破5日线不做多，双破更好。

(二)一根K线定拐点

K线必须为中大K线，且为标志性K线，如天棍地桩，双破，双夹双破等。

图1-31 焦炭1701合约2016.07.11—2016.08.18日K线

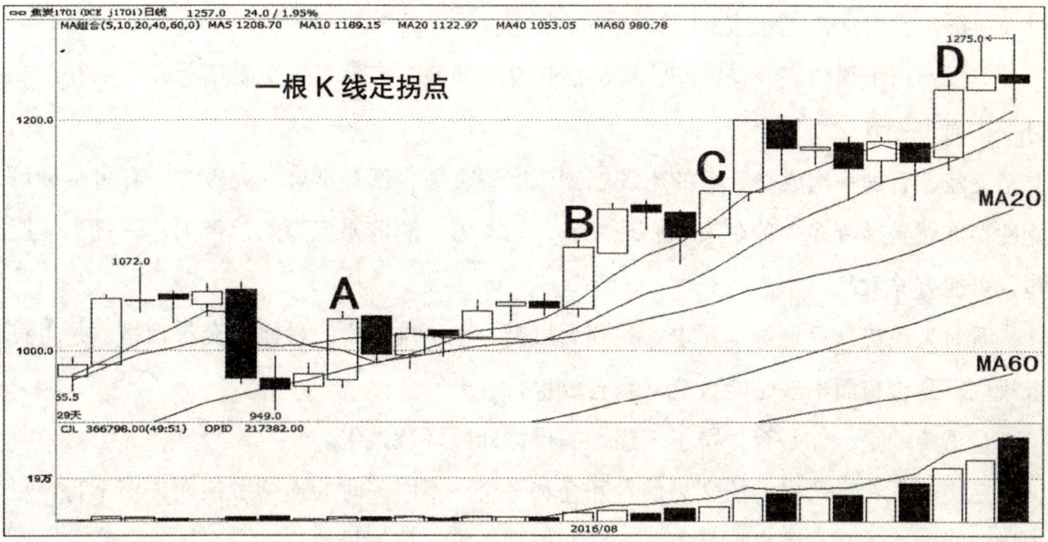

图1-31

图1-31解析：明显多头趋势。A点上双破，止跌作用明显；B点突破前波高点；C点、D点，双夹双破。四点可安心做多。

图1-32 沪铜主连2014.11.18—2015.01.12日K线

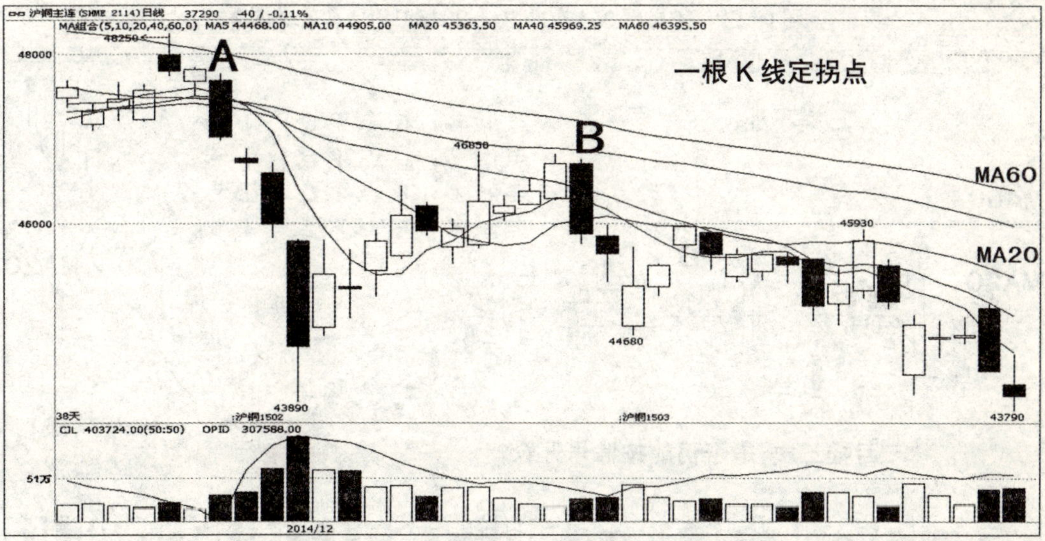

图1-32

图1-32解析：明显空头趋势，A点、B点天棍下双破，可安心做空。

三、三搓不乱

搓，指单次的不确定性。你所预期的事，可能发生，也可能不发生。比如，出现突破走势，若开仓，很可能暴赚，也可能是假突破。若不开仓，可以避免亏损，也可能错过大机会。有时让人无法适从，甚至心生焦虑。

三搓：指伍顶伍底开仓区间，突破信号真真假假，交易者按交易信号开仓平仓，有时一击而中，有时反复止损。

突破，有的一次成功，有的出现二到三次假突破，都是常事。突破方式有多少种可能性，你就必须有多少种对策和心理准备，切不可一厢情愿想当然，否则，一旦事与愿违，可能方寸大乱。

看对大趋势，只是基本要求；看到大机会，也不难。难的是你的交易策略，是否符合规则，是否疏而不漏，能否能得到有效执行。

最重要的是，你是否受得了三搓，搓得你开始怀疑人生。

三搓不乱：指严格的按交易信号开仓和平仓，不因一时的连续亏损而失信不行，也不因一时的连续暴利而自行其事，始终按规则办事，按信号执行。

为捕捉某种可能的大机会，按规定信号介入，如果连续亏损几次，你是否会信心动摇，从而不再按信号交易。

一跳踏空：短黏长翘，跳空上涨和加速上涨，不敢追高抢多；短黏长压，跳空下跌和加速下跌，不敢追低抢空。两者皆因恐惧不能按交易信号执行。

图1-33 IF当月2012.08.30—2013.01.04日K线图

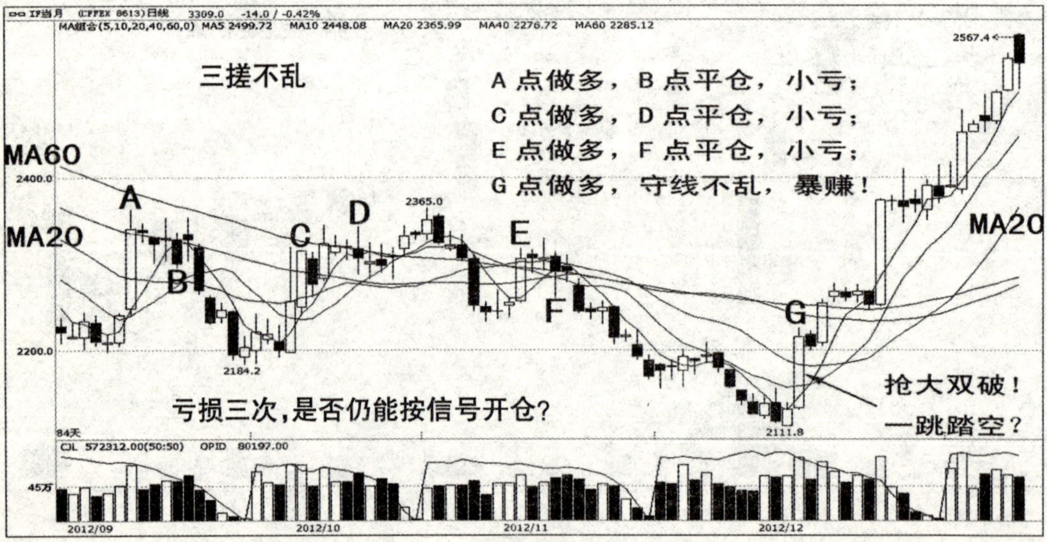

图1-33

图1-33解析：

交易策略：A点之前，沪深300期指，中线超跌，短线超跌。从A点开始，筑底反攻迹象明显，捕捉其见底反攻的大机会。

介入方式，按上破20日均线捕捉大机会。若10日均线由空转多，则守5日均线。若20日均线由空转多，则守10日均线。60日均线由空转多，则守20日均线。

A点开仓，B点平仓，小亏。

C点开仓，D点平仓，小亏。

E点开仓，F点平仓，小亏。

G点开仓，持仓守线，暴赚！

B点、D点、F点，下破5日均线平仓之后，再见开仓信号，是否仍会开仓呢？开仓之后，是否因为之前的多次亏损，早已成为惊弓之鸟，稍有盈利或者一见盈利缩水就慌乱平仓，根本不敢守线不动呢？

没有大双破，就没有大行情。没有大行情，就抵消不了三搓的亏损。因此，三搓不乱，必缠大双破。

缠大双破，赌大行情，三搓不乱，不动如山。这既是技术，也是规则，更是信念。

技术之砖，规则之门，信念之杯。砖，敲门砖；门，法门；杯，圣杯。仅有技术，没有规则体系，不算入门。

对于期货交易而言，规则至少包括三大规则，即定量规则、开仓规则和平仓规则。没过三重门，谈何入门？

我不知道明天会怎么样，但我知道今天必须怎么做。交易的丛林是黑暗的，迷雾慢慢，危机重重，我们唯有潜行伏猎，首先确保不被消灭，才能寻机捕猎。顺势顺线，定量定心，三搓三到，等点抢点——这，就是直效交易的黑暗法则！

第二章　四最三选

选择合适的交易品种，可以达到事半功倍的效果。战术双选，有机可乘，不失当下；战略双选，机不可失，志在长远。

第一节　“三选三不选”

不同的交易品种(合约)具有不同的特性，其走势千差万别。根据个人的性格特征和交易系统，选择合适的交易品种或者合约，如将军选择战场，死生之地，不可不慎。

一、“三选”

三选：选择流动性好的品种(合约)，选择波动性大的品种(合约)，选择节奏感强的品种(合约)。

(一)选择流动性好的品种(合约)

日内交易，一般用1分钟K线图检验流动性。

流动性好：所交易的合约，每分钟平均成交手数，不小于平均单次开仓手数的60倍。

流动性差：所交易的合约，每分钟平均成交手数，小于平均单次开仓手数的20倍。

一般而言，平均每分钟成交手数小于100手的，不适合日内交易。

下面我们通过实例图讲解流动性的好与坏。

图2-1　螺纹1610合约2016.08.09(1分钟)K线图

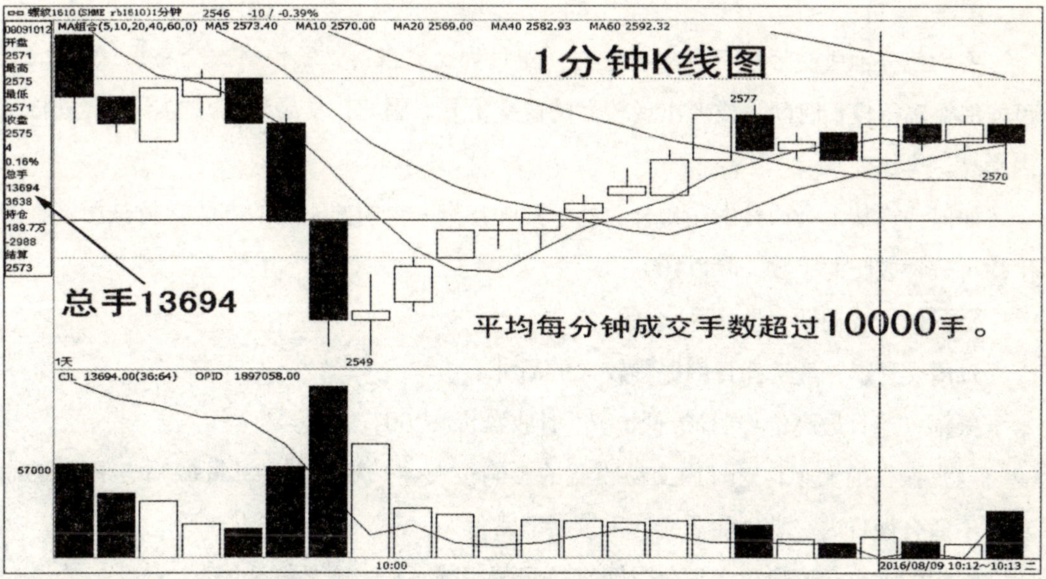

图2-1

图2-1解析：

平均每分钟成交手数超过10000手，对日内交易来讲，一次交易100手，成交很轻松，是理想的日内交易品种(合约)。

另外对比一下成交量小的品种，如图2-2所示。

图2-2　IF1609合约2016.08.09(1分钟)K线图

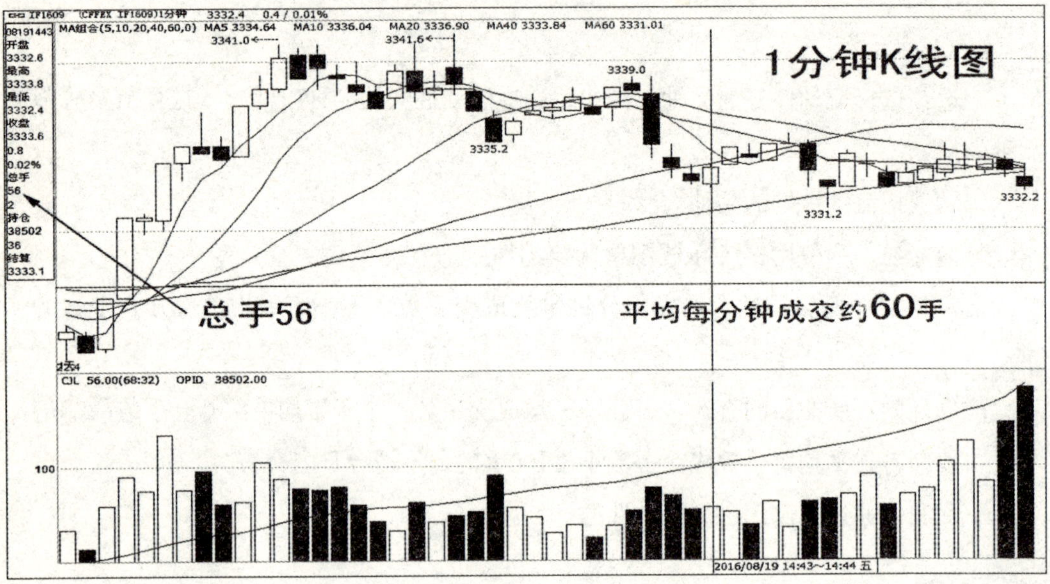

图2-2

图2-2解析：

平均每分钟成交手数只有60手左右，对日内交易来讲，哪怕每次交易只1手，成交可能都要等待较长时间，或者出现较大的成交价差。因此，本品种(合约)不适合进行日内交易。

如何计算某个合约日内交易合适的手数呢？有一个简便实用的方法，就是用该合约平均每分钟成交的手数，除以100。

(二)选择波动性大的品种(合约)

日内交易，一般选择日内振幅较大的品种。

振幅=(当日最高价-当日最低价)/上日收盘价×100%。

当日振幅的大小，对日内交易收益的影响很大。一般而言，日常振幅小于2%的品种，不适合做日内交易，除非交易手续费非常低。

振幅的大小，可通过当日分时图直接观测相减而来，不必复杂运算。

振幅≈当日最高点涨幅(%)-当日最低点涨幅(%)。

若在0轴线之下，涨幅为负值，0轴线之上，涨幅为正值。

经常出现中大K线的品种(合约)一般振幅也较大。

选择经常出现中大K线、无频繁跳空的品种即可。

商品期货日内交易，使用3倍杠杆，相对安全，K线实体涨跌幅超过2%，都可算作中大K线。比如，沪铜，橡胶，沥青，螺纹等。

下面我们通过一幅实例图，直观感受日内品种的K线结构。

图2-3　橡胶1609合约2016.04.07—2016.05.18日K线

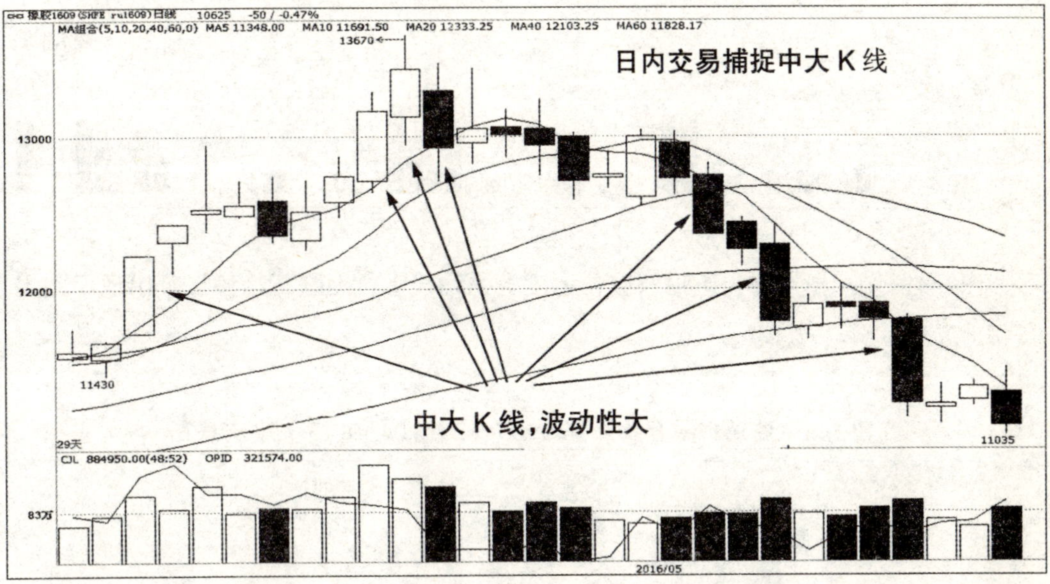

图2-3

图2-3解析：

橡胶振幅大，经常出现涨跌幅超过2%的中大K线，是理想的日内交易品种，通过15分钟K线图，捕捉日内长波，是比较有效的方法。

波动性小的品种，没有投机的价值。

(三)选择节奏感强的品种(合约)

用15分钟K线检验节奏感。若级别太小，稳定性太差，则毫无节奏可言。

节奏感强，稳定性较好，伍顶伍底转换流畅自然，经常出现串阳串阴，拐点K线多为标志性K线，如天棍地桩、双破、双夹双破等。

串阳，指连续3根或3根以上阳线。串阴，指连续3根或3根以上阴线。

拐点的空间位置和形态结构决定节奏，空间位置由均线排列方式决定，形态结构由K线组合方式决定。拐点力度越大，节奏越强。

图2-4　沥青1609合约2016.08.16—2016.08.18(15分钟)K线图

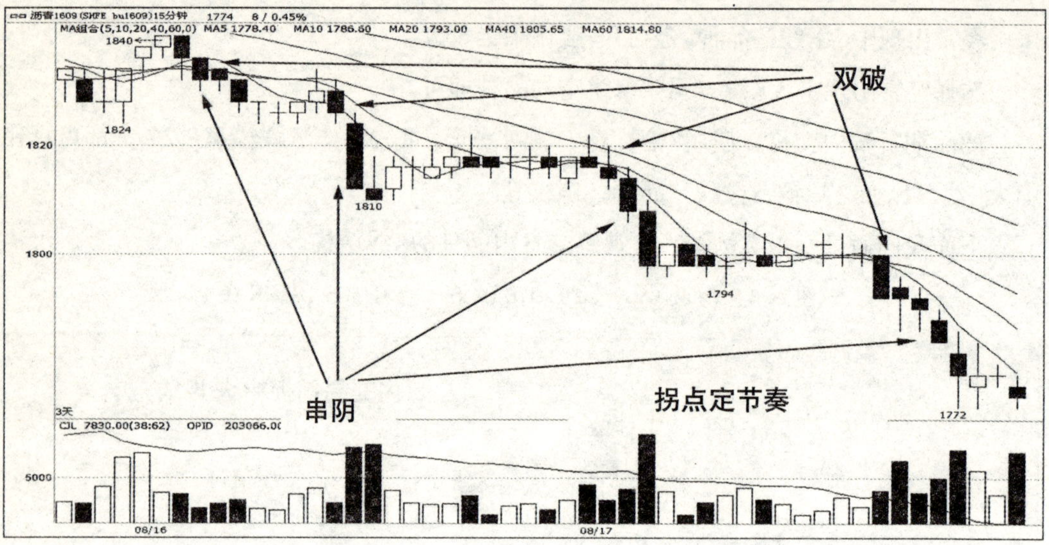

图2-4

图2-4解析：拐点均为伍顶双破，力度大，均线下行助跌，趋势强，出现串阴多，反搓力度小，做空较轻松。

图2-5　玻璃1701合约2016.08.17—2016.08.19(15分钟)K线图

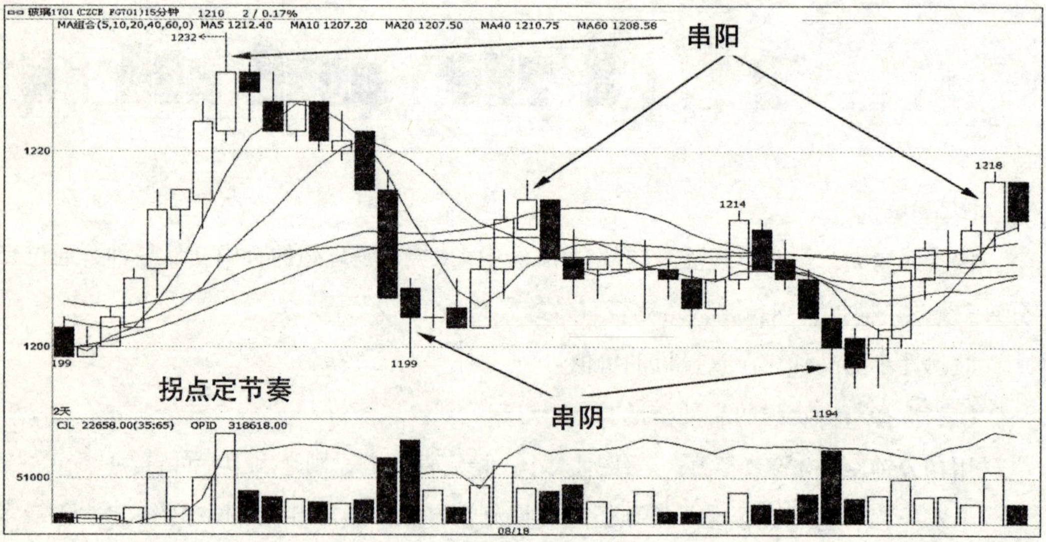

图2-5

图2-5解析：伍顶伍底自然转换，串阳串阴交叉出现。典型拐点决定之后的走势节奏。

拐点力度的大小与之前趋势强弱密切相关，但不完全受制于趋势。

二、“三不选”

三不选：频繁跳空的品种(合约)不选，窄幅震荡的品种(合约)不选，忽涨忽跌的品种(合约)不选。

(一)频繁跳空的品种(合约)不选

频繁跳空，一是走势不连贯，开盘之后半个小时的走势更不好把握；二是绝大多数情况下，会使当日的振幅明显变小，日内交易获利机会不大。

(二)窄幅震荡的品种(合约)不选

震荡幅度小，获利空间有限，即使交易正确，除去手续费等，也所剩无几。即使做对的概率较大，也损失了机会成本。

(三)忽涨忽跌的品种(合约)不选

日内交易每次盈利有限，如果出现忽涨忽跌，无法及时平仓，会造成很大损失，风险无法控制。

频繁跳空，一跳踏空。赌大双破，守10日线，隔夜交易，或为正道。

图2-6　沪金1612合约2016.06.02—2016.08.08日K线

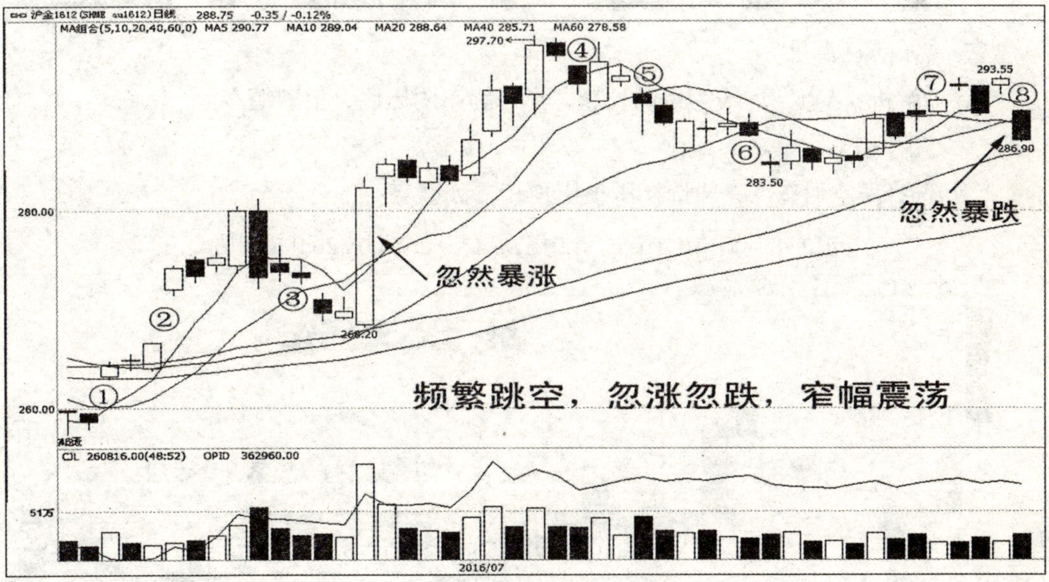

图2-6

图2-6解析：

①—⑧：跳空缺口。频繁跳空，当日振幅明显缩小。由于影响沪金涨跌的因素太多，忽涨忽跌不好把握。另外出现窄幅震荡的时间很多，往往是劳而无功。

沪金类似品种，不太适合做日内交易。

三、战术双选

战术双选，指选择当下有交易机会的伍顶伍底形态和起动加速形态，包括均线排列形态和K线组合形态，是日线双选、分时博利的有效手段。

（一）选择做多形态，一般选择托底伍底，上破缠多。

图2-7　玉米1701合约2016.04.13—2016.05.26日K线图

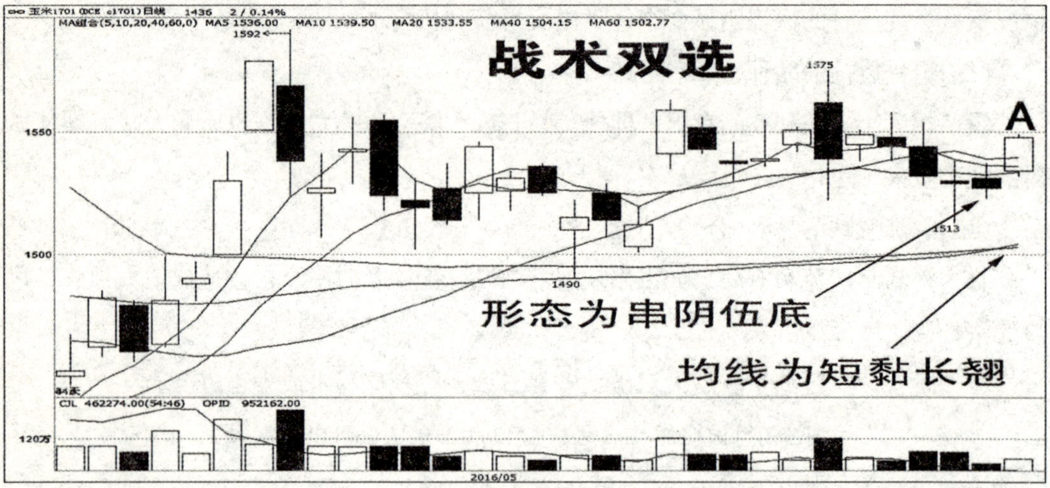

图2-7

图2-7解析：A点，均线为短黏长翘，形态为串阴伍底，上破缠多。

（二）选择做空形态，一般选择压顶伍顶，下破缠空。

图2-8　沥青1701合约2016.04.13—2016.05.26日K线图

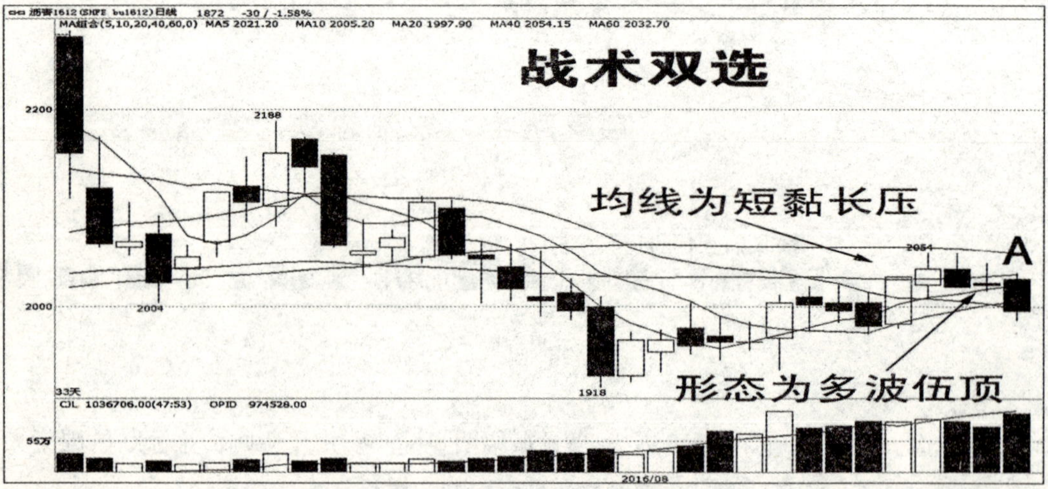

图2-8

图2-7解析：A点，均线为短黏长压，形态为三波伍顶，下破缠空。

第二节 “四最四不碰”

若同时可交易的品种(合约)较多，必须优中选优，强中选强。同时，必须远离一些危险性较大的品种。

一、“四最”

四最：选多头最强的品种(合约)做多，选空头最强的品种(合约)做空，选盘整最久的品种(合约)补做，选自己最熟悉的品种(合约)常做。

(一)选多头最强的品种(合约)做多

多头最强，是从多头强势的品种中选择更强的品种，即多头龙头战法。

多头五项比较：

(1)均线多空比较：至少60日均线托底，即走平上行，价格在60日线上。

(2)形态多空比较：结构形态为蓄势突破上行。

(3)拐点强弱比较：拐点K线多为标志性K线，如地桩双破、双夹双破等。

(4)节奏强弱比较：伍顶伍底转换流畅，常见串阳串阴。

(5)K线强弱比较：常见连续中大阳线，或者涨停板。

比较图2-9与图2-10合约选更强，时间均为2016.12.03—2016.02.18。

图2-9郑醇主连2015.12.03—2016.02.18日K线

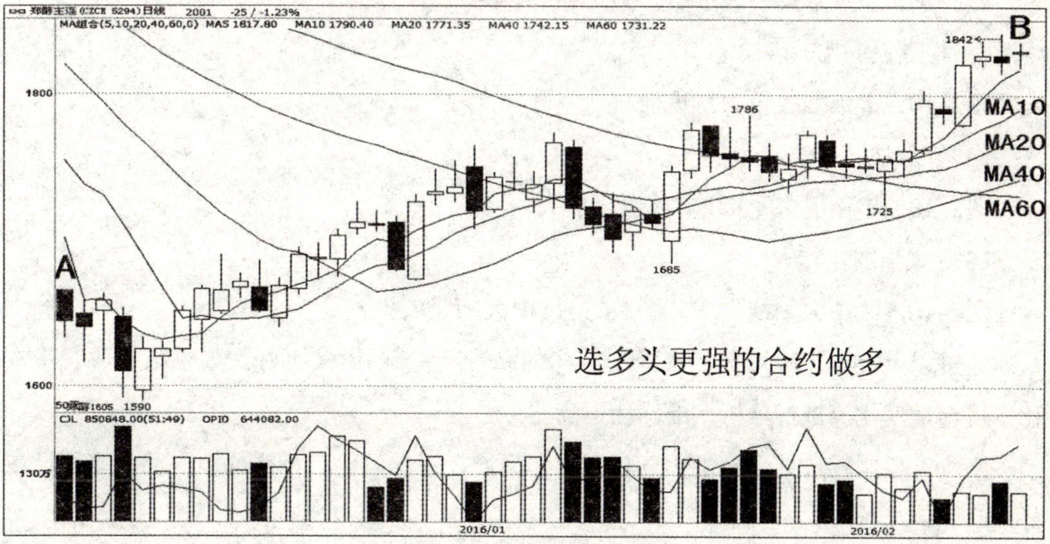

图2-9 （与图2-10进行强弱比较）

图2-10　铁矿主连2015.12.03—2016.02.18日K线

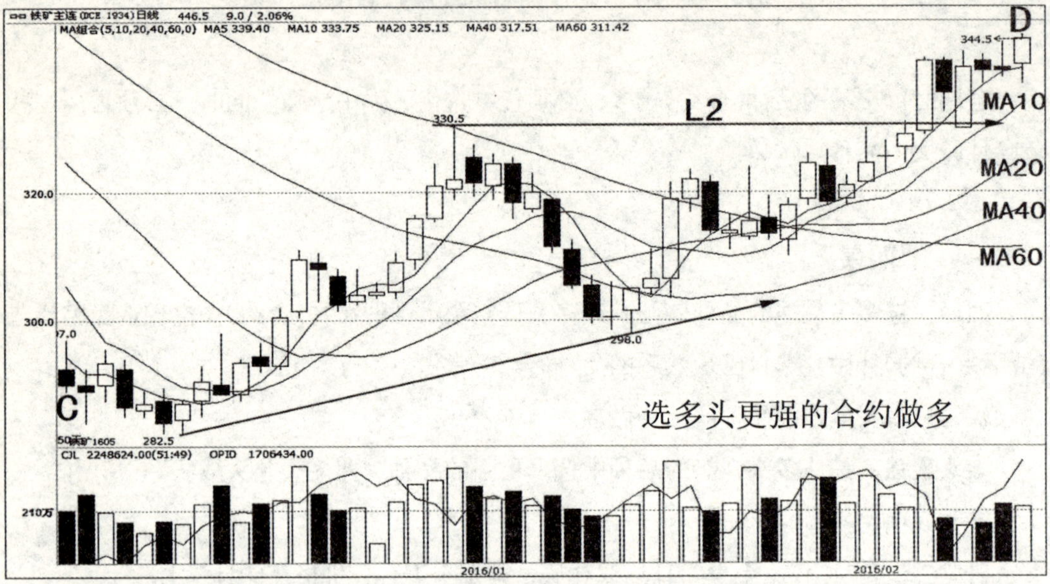

图2-10　（与图2-9进行强弱比较）

比较图2-9与图2-10，从中选出多头更强的品种做多。

(1)均线多空比较。

图2-9和图2-10均线都是多头排列，但图2-9中的60日均线仍然下行，图2-10的60日均线走平向上，图2-10更强。

(2)形态多空比较。

图2-10，多重双夹上破形态，图2-9相对弱些。

(3)拐点强弱比较。

图2-10，上破颈线位力量更强

(4)节奏强弱比较。

图2-10，串阳更多，K线实体对比更大。

(5)K线强弱比较。

图2-10连续中大阳线更多，图2-9连续中大阳线较少。

通过以上五点比较可知，选择图2-10的品种（铁矿)做多更好。如果结合成交量变化、持仓量变化等进行分析，准确性更高。

多头五项比较选更强，量化直观，操作简便，一学就会，一比就知，实盘应用性更好。

(二)选空头最强的品种(合约)做空

空头最强，是从空头强势的品种中选择更强的品种，即空头龙头战法。

空头五项比较：

(1)均线多空比较：至少跌破20日均线，且10日均线下行。

(2)形态多空比较：结构形态为蓄势突破下行。

(3)拐点强弱比较：拐点K线多为标志性K线，如天棍双破、双夹双破等。

(4)节奏强弱比较：伍顶伍底转换流畅，常见串阳串阴。

(5)K线强弱比较：常见连续中大阴线，或者跌停板。

关于空头五项比较与多头五项比较，最大区别是均线多空比较：

多头五项比较，要求60日均线托底，而空头五项比较，只要求跌破20日均线而10日均线下行。其原因是：

(1)既然是比较选择，条件就比一般的要求更严格，力求选出空头趋势更明确的品种(合约)。

(2)价格上涨的难度远大于价格下跌的难度。价格上涨需要积蓄更大的推力，否则很难连续上攻，陷入盘整的可能性较大。

(3)所选品种，必须空头趋势形成或者正在走强，而不是之前下跌时间较长、接近筑底反攻阶段。

比较图2-11与图2-12合约选更强，时间均为2016.03.07—2016.05.05。

图2-11 橡胶主连2016.03.07—2016.05.05日K线

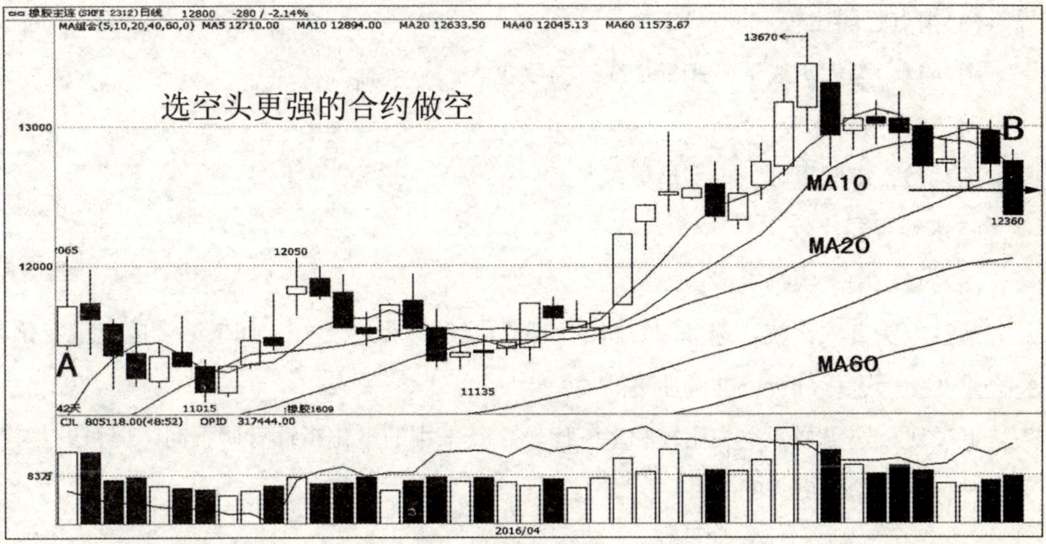

图2-11 （与图2-12进行强弱比较）

图2-12　沥青主连2016.03.07—2016.05.05日K线

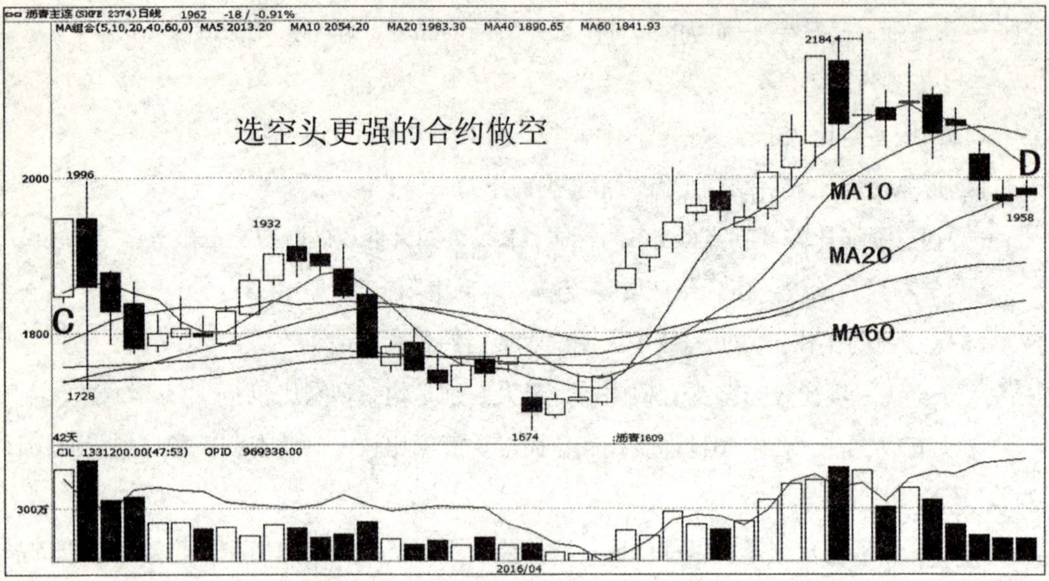

图2-12（与图2-11进行强弱比较）

比较图2-11与图2-12，从中选出空头更强的品种做空。

(1)均线多空比较。

图2-11与图2-12，价格均跌破20日均线，且10日均线明显下行。但图2-11中长均线之间乖离率更大，之前上涨幅度更大，之后下跌空间可能更大。

(2)形态多空比较。

图2-11，头肩顶形态更明显，下跌杀伤力更大。

(3)拐点强弱比较。

图2-11，为大阴线下破20日均线，力度更大。

(4)节奏强弱比较。

图2-12，串阴更多，十字星更多。

(5)K线强弱比较。

图2-11，中大阴线更多。

通过空头五项比较，选择图2-11的品种（橡胶）做空更好。如果结合成交量变化、持仓量变化等进行分析，准确性更高。

五项比较选更强，空头比较和多头比较，其采用的量化指标有所不同，但目的是避开盘整，选出趋势更强的品种。

(三)选盘整最久的品种(合约)补做

盘整时间越长，突破后爆发力越强，涨跌幅度越大。

图2-13　豆粕1609合约2015.11.04—2016.04.18日K线

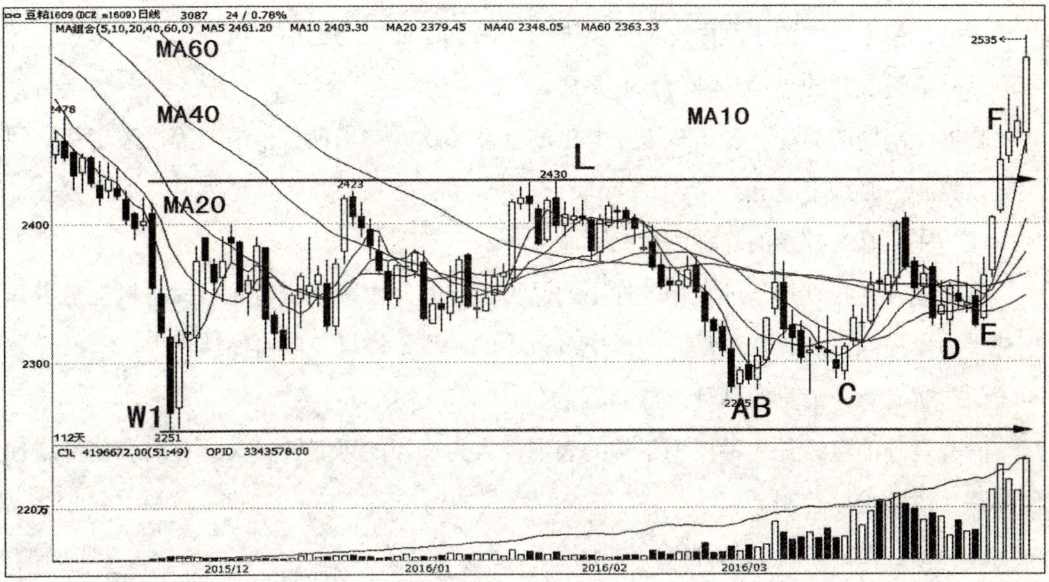

图2-13

图2-13解析：

从W1开始，到A点，区间震荡整理近4个月，价格不创新低，其间中大阳线出现的频率明显增大，是多方主动操作的结果。

A点之后，B点双夹地桩，上破20日均线，回调不创新低。

C点连阴阳地桩，上破60日线，回调不创新低。

D点上双破，E点双夹地桩上双破，至F点突破颈线位，周线大双破，一波浩浩荡荡的行情由此展开。

对于盘整时间长的品种，必须密切关注，特别是接近历史高位和历史低位，更是不能放过。一旦出现明显的突破形态，必须坚决果断入场操作。

不要没有耐心，不要天天东挑西选，牢牢地坚守大机会，才是正道。

(四)选自己最熟悉的品种(合约)常做

选自己最熟悉的品种（合约)进行交易，更轻松更有把握。当然，也必须按规定交易。

二、“四不碰”

四不碰：临近交割的异动品种(合约)不碰，庄家基本控盘的品种(合约)不碰，时有意外消息的品种(合约)不碰，不合拍经常亏的品种(合约)不碰。

不碰，指不因贪图小利而忘记风险进行交易，即使轻仓也不要做。

(一)临近交割的异动品种(合约)不碰

临近交割期的品种，若出现毫无章法的暴涨暴跌，如出现“秒杀”等极端走势，风险难以控制，必须平仓远离。

(二)庄家基本控盘的品种(合约)不碰

有些品种，特别是与外盘相关性小的品种，基本是由一个或者几个大机构控盘，其走势人为操控因素大，特别是一些成交量较小的品种，被操控的可能性更大。

(三)时有意外消息的品种(合约)不碰

时有意外消息，是一种极不正常的表现，人为操控的可能性更大，有时会使价格暴涨暴跌，风险难以控制。

(四)不合拍经常亏的品种(合约)不碰

每个交易品种，都有各自的个性波动规律。不同性格的人，适合操作的品种不同。对于与自己性格不合、常做常亏的品种，最好远离，不要自寻烦恼。

三、战略双选

战略双选，指按月线区间形态和供求关系两个方面进行筛选，选择具有战略做多或者战略做空机会的品种。

供求关系的剖析，必须有俯瞰全球的大视野、谋定天下的大格局，才能把握穿越时空的大趋势、大拐点，成为掌控时局的大操盘手。

战略筛选，主要是用月K线进行筛选，有时也用周K线。一般分为区间筛选和形态筛选。

按区间筛选：历史大底附近，历史大顶附近。

按形态筛移：伍底地桩，伍底上双破，伍顶天棍，伍顶下双破。

适合战略做多或者战略做空的品种，趋势一般会持续几个月甚至几年，是中长线博翻翻的好时机。

中长线做多，有的按技术面交易，有的按基本面交易，或者两者兼而有之。无论哪种方法，都不能违背交易规则。

图2-14　IF当月2011.02.28—2014.07.31月K线图

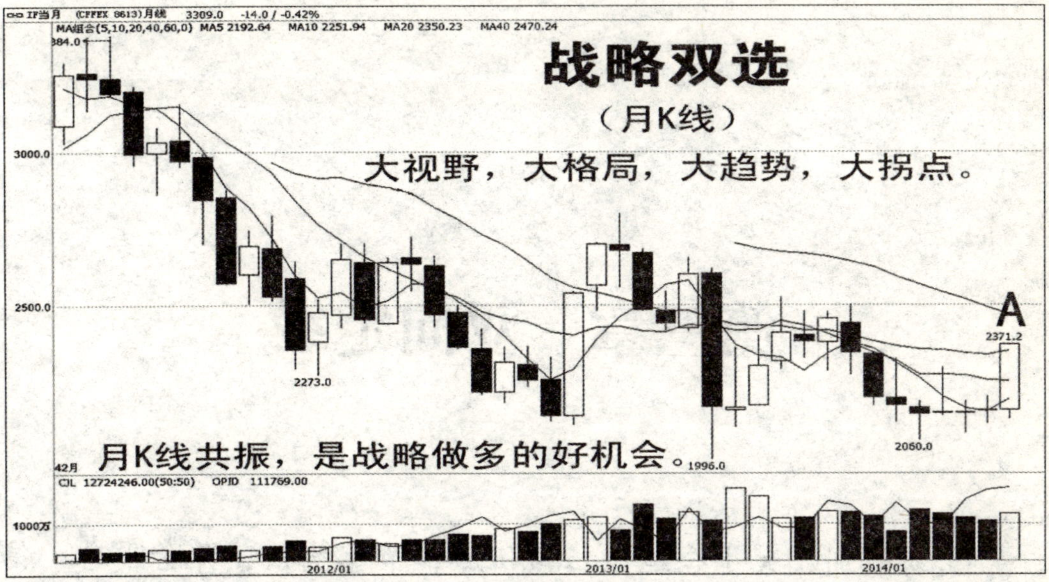

图2-14

图2-14解析：

1. 按月线区间形态解析

A点，见三重底，之前七连阴，A点为连阴阳、地桩，大双破，是不可放过的战略做多的好机会。

月线，大级别，能更好地把握大趋势和大拐点。

2. 按基本面进行解析

沪深300指数下跌至2200点左右，价值严重超跌，杀跌即有资金抄底，上涨暂无人追，形成区间长时间震荡，等到底仓建好，蓄势已足，政策吹暖，大风起，金鼓急。

无论是战术双选还是战略双选，级别不同，本质一样。短线重形态，长线重共振，都必须按规则执行。

第三章　双向定级

交易级别，大小合适；伍顶伍底，节奏明快；开仓平仓，信号明确；止损止盈，控制自如。

第一节　交易级别太小

短线交易和日内交易一般以分时级别作为交易级别。交易级别，用以指示开仓和平仓信号的K线级别。交易级别太小，则伍顶伍底太多，双破拐点太多，止盈获利太少。

一、伍顶伍底太多

如果交易级别太小，伍顶伍底频繁出现，不断虚破MA5甚至MA10，会增加操作的难度和心理压力。

交易方向为做多：

如果交易级别太小，不断地出现伍顶，会动摇做多的信心，做多策略难以执行，甚至出现违规交易。

交易方向为做空：

如果交易级别太小，不断地出现伍底，会动摇做空的信心，做空策略执行难度加大，甚至出现违规交易。

图3-1、图3-2、图3-3为同一合约同一天的不同级别走势图，请比较其走势差别。

图3-1　橡胶1701合约2016.08.22(15分钟)K线图

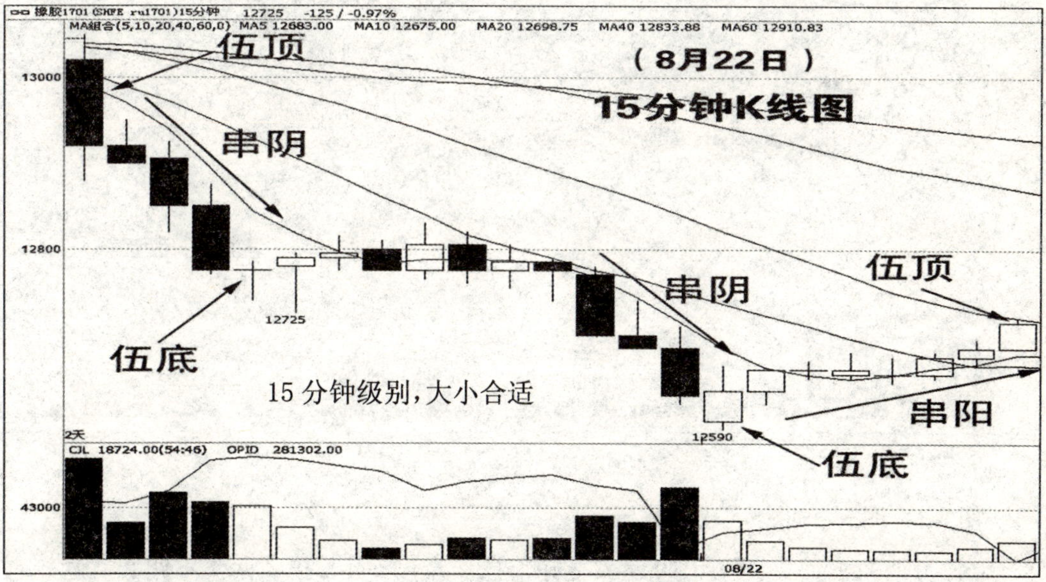

图3-1

图3-2　橡胶1701合约2016.08.22(5分钟)K线图

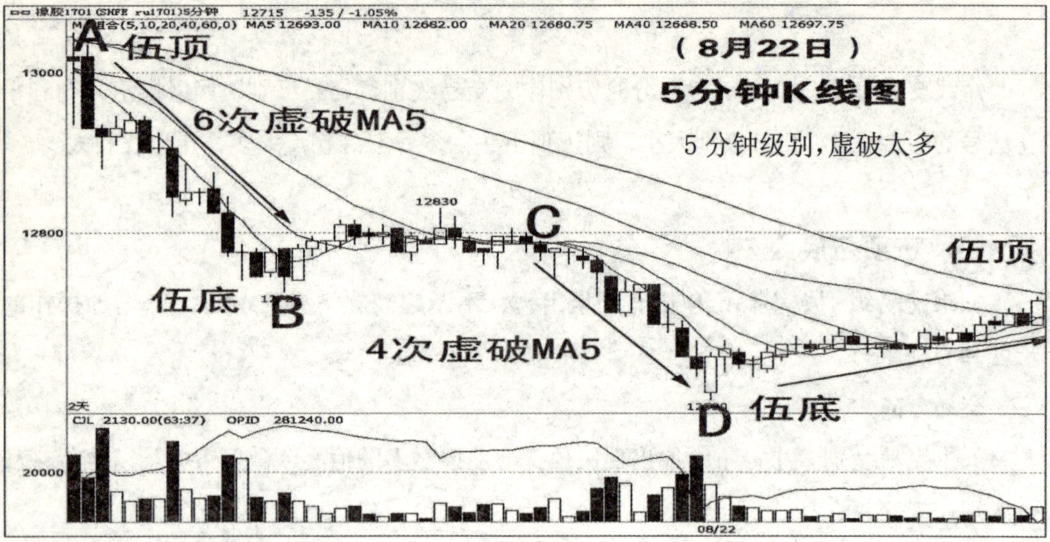

图3-2

图3-3　橡胶1701合约2016.08.22(3分钟)K线图

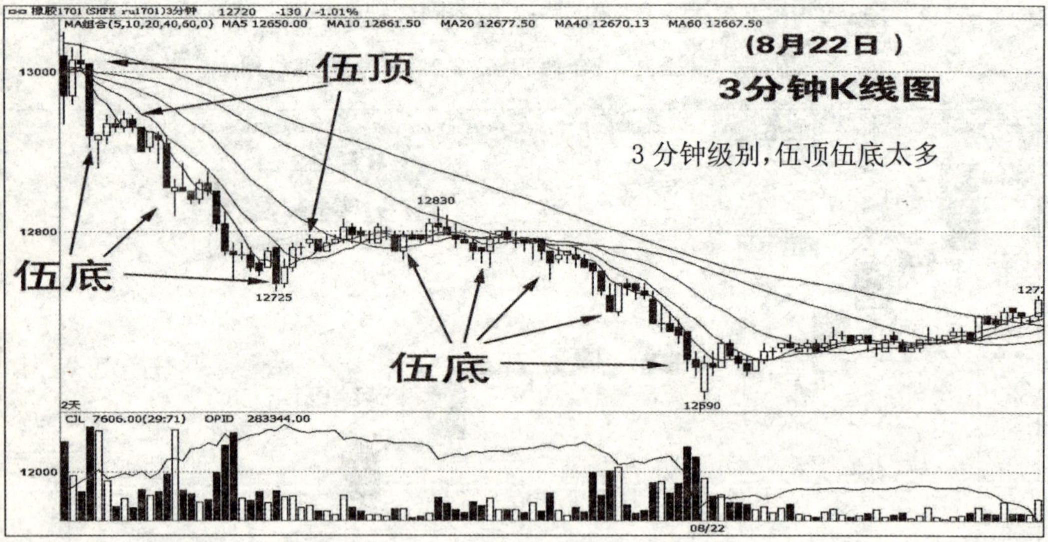

图3-3

图3-1、图3-2、图3-3比较分析：

图3-1两波下跌，两个串阴，节奏好，操作难度小；图3-2两波下跌，10次虚破MA5，操作难度增大；图3-3太多伍顶伍底，操作不好把握。

很显然，日内交易，按15分钟K线图操作，级别大小合适。

二、双破拐点太多

双破拐点，典型的开仓形态。级别越小，信号越多。

图3-4 铁矿1701合约2016.08.23(15分钟)K线图

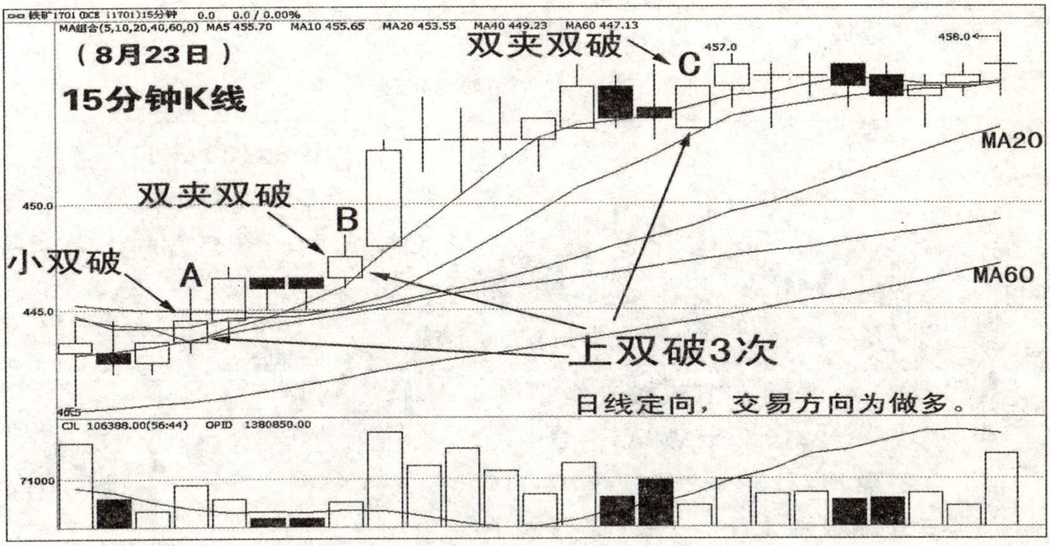

图3-4 （与图3-5为同一合约同一天不同级别走势）

图3-5 铁矿1701合约2016.08.23(5分钟)K线图

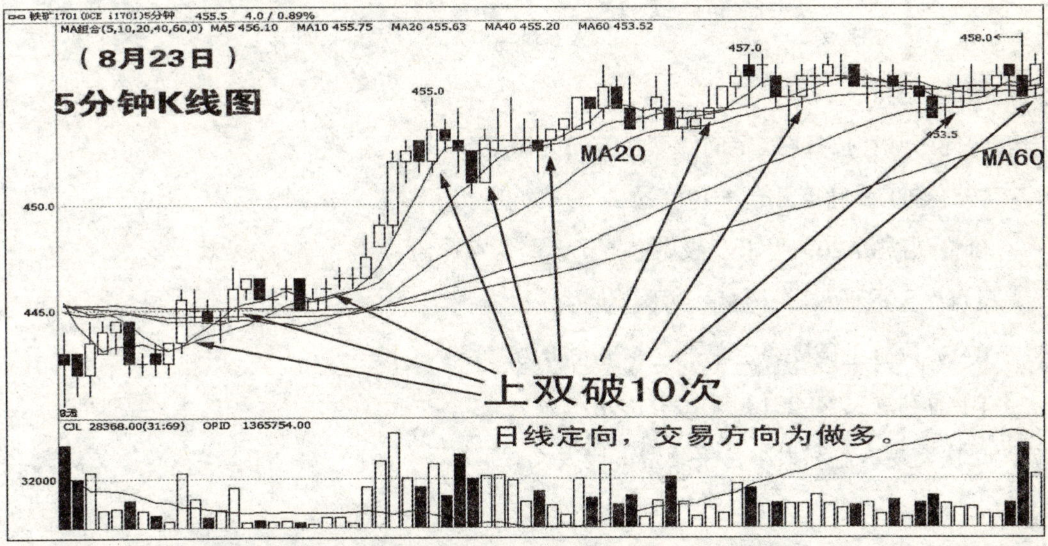

图3-5 （与图3-4为同一合约同一天不同级别走势）

图3-4与图3-5比较分析：图3-4出现上双破3次，图3-5出现上双破10次，同一合约同一天，图3-5信号多出现7次，操作难度明显增大。

日内交易，按15分钟K线图，上双破开仓，级别大小更合适。

三、止盈获利太小

如果交易级别太小，正常波动情况下，严格按开仓信号开仓，按平仓信号平仓，收益太小，手续费占比太大。

下面我们通过一幅实例图讲解交易级别与止盈获利的关系。

图3-6　菜粕1701合约2016.08.23(5分钟)K线图

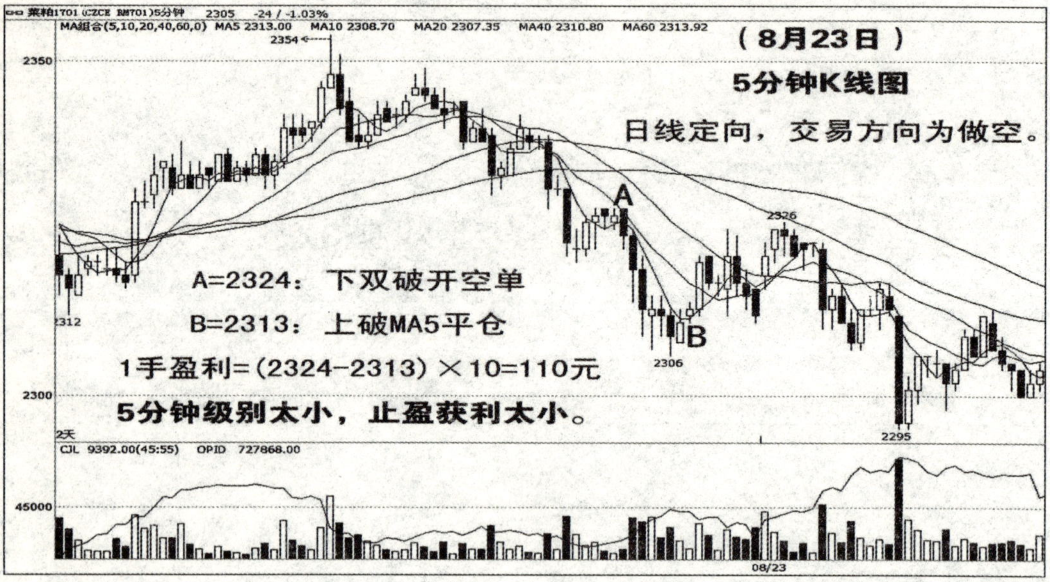

图3-6

图3-6解析：

定向不乱：按日K线定向，交易方向为做空。

按5分钟K线确定开仓平仓位置。

价格跌破MA20，见下双破做空。

A点，天棍下双破开空单，开仓价为2324。

B点，反弹上破MA5空单平仓，平仓价为2313。

1手盈利=(2324-2313)×10=110元。

单次交易，盈利太小，手续费占比太大。

交易级别太小，信号稳定性差，伍顶伍底转换太快，双破拐点太多，单次获利太小，手续费占比太大。

商品日内交易级别，一般可选15分钟K线图，短线交易级别，一般可选1小时级别。

第二节　交易级别太大

短线交易所选交易级别，一般当周要出现开仓信号和平仓信号。日内交易所选级别，一般要当日出现开仓信号，且当日出现平仓信号，2～3次为好。

一、伍顶伍底太少

如果交易级别太大，伍顶伍底太少，盯盘一整天，很难看见交易信号，时间一久，无所事事，则心情必然烦躁。

交易方向为做多：

如果交易级别太大，伍底很少出现甚至不出现，会动摇做多的信心，做多策略执行难度加大，甚至出现违规交易。

交易方向为做空：

如果交易级别太大，伍顶很少出现甚至不出现，会动摇做空的信心，做空策略执行难度加大，甚至出现违规交易。

出现一轮完整的伍顶伍底，一般需要12根K线左右。

图3-7、图3-8、图3-9为同一合约同一天的不同级别走势图，请比较其走势差别。

图3-7　棕榈1701合约2016.08.24（15分钟）K线图

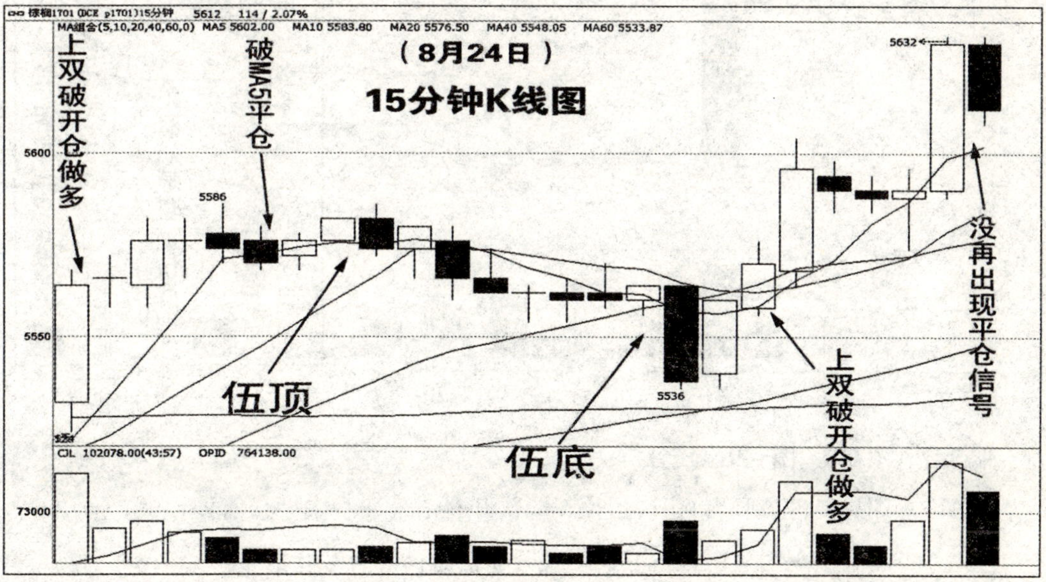

图3-7

图3-8　棕榈1701合约2016.08.24(30分钟)K线图

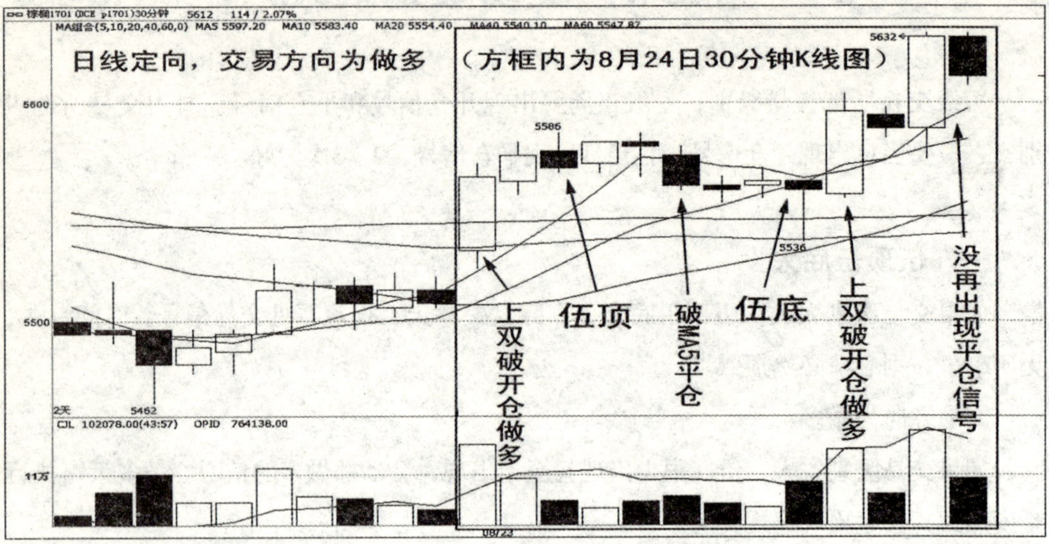

图3-8

图3-9　棕榈1701合约2016.08.24(1小时)K线图

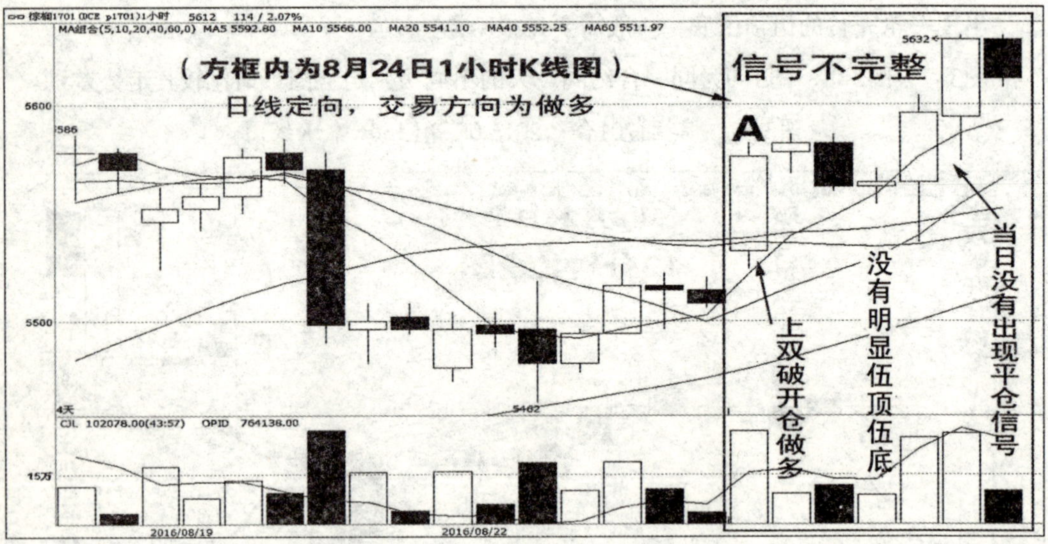

图3-9

图3-7、图3-8、图3-9比较分析：

图3-7、图3-8：出现两组伍底伍顶，两次开仓信号，一次平仓信号。

图3-9：没有出现明显伍顶伍底，出现开仓信号，没有平仓信号。

很显然，日内交易，选15分钟K线图较合适，短线交易，选1小时K线图较合适。

二、双破拐点太少

双破拐点，典型的开仓形态。级别越大，信号越少。

图3-10　焦炭1701合约2016.08.16(1小时)K线图

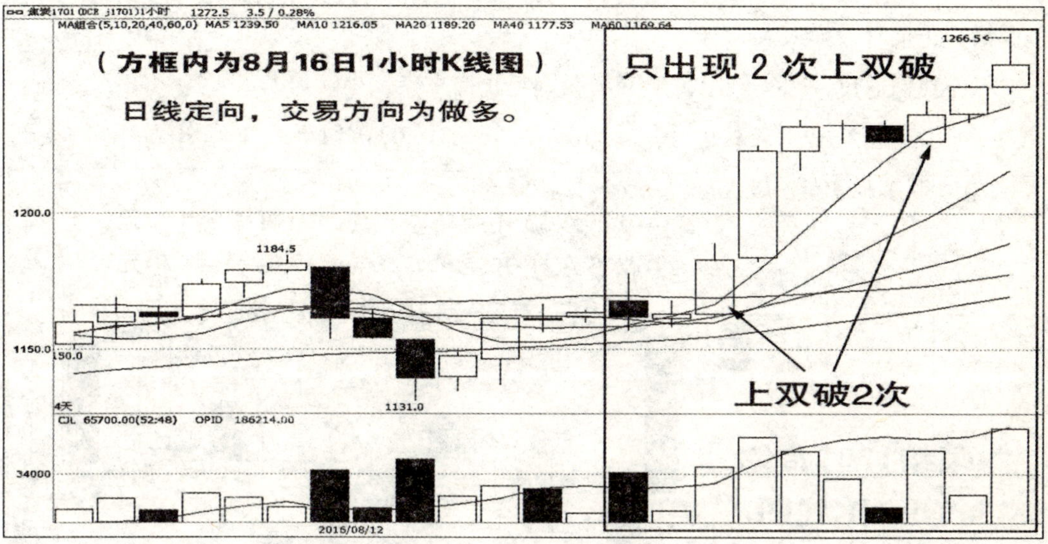

图3-10

图3-11　焦炭1701合约2016.08.16(15分钟)K线图

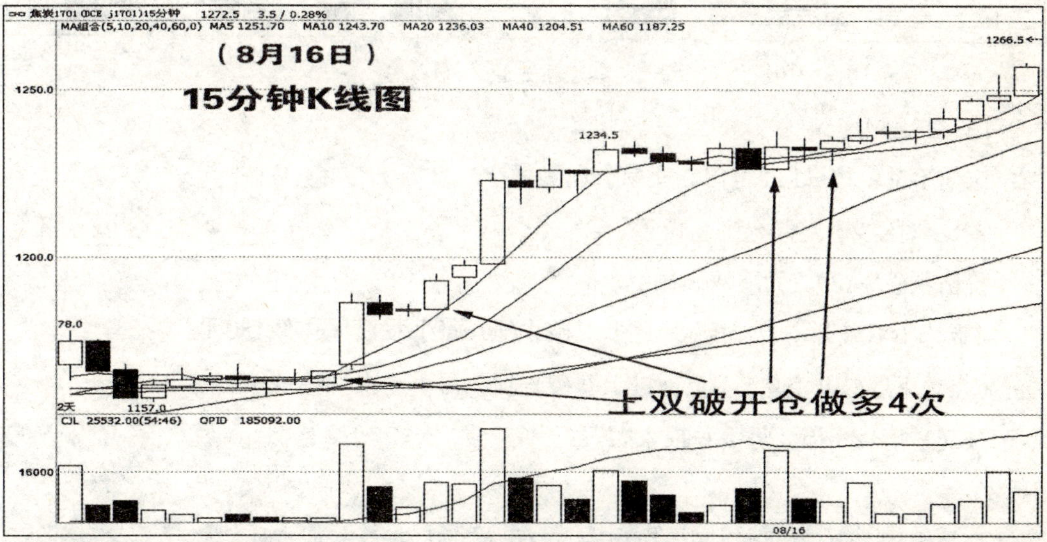

图3-11

图3-10与图3-11比较分析：图3-10出现上双破2次，图3-11出现上双破4次，平均每个时段都有一次交易机会。

日内交易，选15分钟K线图，短线交易，选1小时K线图。

三、止损亏损太大

如果交易级别太大，正常波动情况下，严格按开仓信号开仓，按平仓信号平仓，一旦做错，止损时亏损太大。

下面我们通过一幅实例图讲解交易级别与止损亏损大小的关系。

图3-12　菜粕1701合约2016.07.29—2016.08.04(1小时)K线图

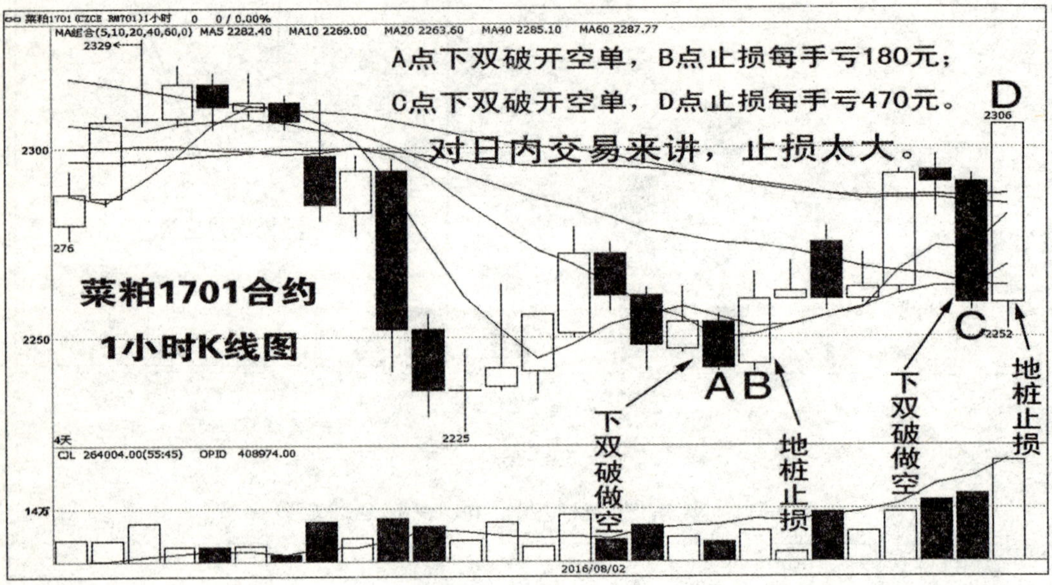

图3-12

图3-12解析：

定向不乱：按日K线定向，交易方向为做空。

按1小时K线确定开仓平仓位置。

价格跌破MA20，见下双破做空。

A点，下双破开空单，B点地桩上双破止损，每手亏损1根K线180元。

C点，下双破开空单，D点地桩上双破止损，每手亏损1根K线470元。

按交易信号止损，每手亏损太大。

交易级别太大，伍顶伍底转换太慢，双破拐点太少，止损亏损太大。

不同品种，选用的交易级别会有所不同。一般来讲，波动性小，选择较大级别。波动性大，选择较小级别。

第四章　定量不危

定量包括事前控制、事中控制和事后控制。用多少资金做，用多大仓位做，做多少品种。仓位控制是事前控制，是控制风险最有效的手段。止损是事后控制，越直观越容易执行。

第一节　最大仓位

仓位控制是控制风险最有效手段。最大仓位包括单个品种持仓的最大仓位和所有持仓的总仓位。只有保证持仓不超过最大仓位，遇极端情况才有回旋余地，否则，再好的策略和技术，都是纸上谈兵。

轻仓斗智，重仓失智。重仓赌运，死扛赌命。根据仓位的顺逆和仓位的大小，把开仓分为赌徒单和君王单。

一、赌徒单

赌徒单：凡是仓位过重，超过最大仓位的交易单，都是赌徒单。

总仓位超过40%的，都是赌徒单。逆势交易单，都是赌徒单。

什么是赌徒？重仓搏杀，是赌徒的特征。一夜暴富，是赌徒的目的。没有交易规则，只凭感觉交易，经常涨势中抢回调做空，跌势中抢反弹做多，孤注一掷，铤而走险。

赌徒，赌的是运气。顺风满帆，日赚千金。越亏越加，死扛赌命。没有人能在巨大的压力下总是保持理智、按规则交易，最终樯橹灰飞烟灭。

下面我们通过一幅实例图简析赌徒单的巨大风险。

图4-1　IF当月2015.05.20—2015.06.19日K线图

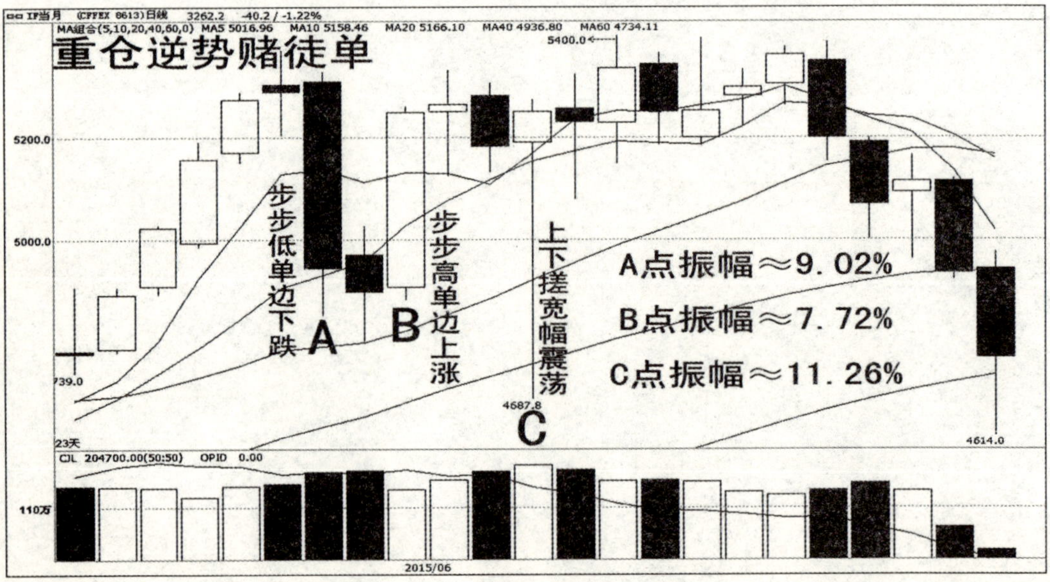

图4-1

图4-1解析：喜欢重仓满仓的，总有一刀你躲不过。

A点步步低单边下跌，当日振幅超过9.02%；B点步步高单边上涨，当日振幅超过7.72%；C点上下搓宽幅震荡，当日振幅超过11.26%。重仓满仓，躲得过A，躲不了B；躲得了A、B，躲不过C；躲得了初一，躲不过十五。

重仓满仓，一次遭剁，伤筋动骨，三番五次，销声匿迹。

二、君王单

一般而言，总仓位不超过30%，相对安全。

君王单：总仓位不超过20%、并且进行有效分散配置的顺势单，为君王单。

极轻的仓位，把期货当现货来做的，就是君王。

敬畏市场，尊重规律，遵守规则，严控仓位，始终按交易信号执行，即使短期出现剧烈的反向波动，也不会有爆仓的风险。

君王，重规则，重执行，重长效，固万世之基业。

君王防暴乱。戍卒叫，函谷举；楚人一炬，可怜焦土。

先为不可胜，以待敌之可胜。这样的人，就是君王。

图4-2　铁矿1609合约2016.04.08—2016.05.12日K线图

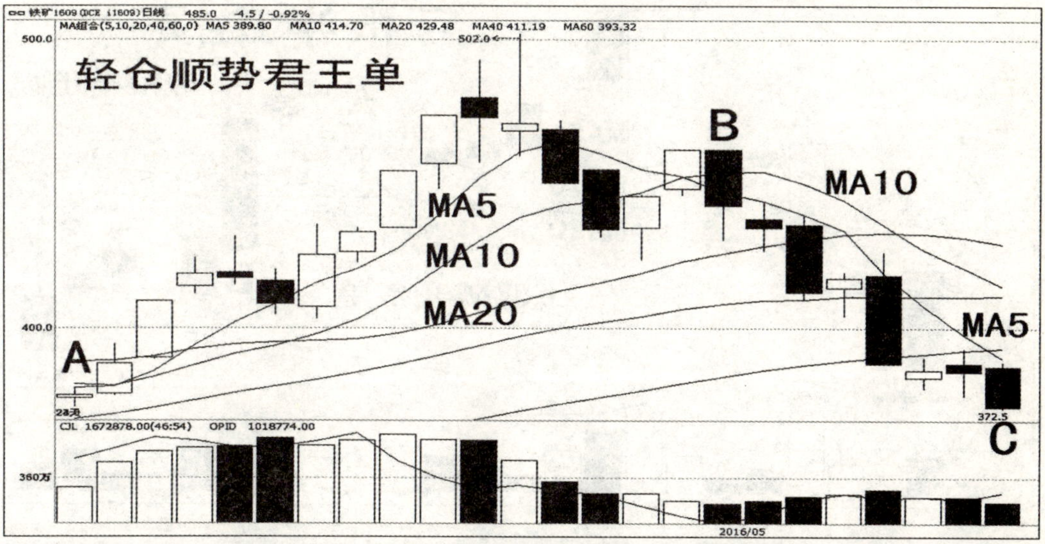

图4-2

图4-2解析：A点—B点—C点，单日振幅超过5%的次数较多。如果重仓交易，承受的压力很大，甚至可能出现大幅亏损。如果轻仓(比如20%仓位)守5日线交易，5日线上不做空，5日线下不做多，则可稳定赚钱。

第二节　最大亏损

单周最大亏损金额基本固定，一般不超过7%，否则当周不得再交易；单日最大亏损金额基本固定，一般不超过3%，否则当日不得再交易；单次最大亏损金额基本固定，一般不超过1%，否则必须斩仓，不可死扛。

固定每次交易金额，选择合适交易级别，以本级别一根半K线的平均市值不超过总金额的1%为限，则亏根半止损和亏双破止损，动手不动脑。

一、亏根半

亏根半：以开仓K线为标准，若价格反向波动，亏损一根半K线，必须立即斩仓出局。亏根半，包括涨势做多亏根半止损，跌势做空亏根半止损，盘整突破亏根半止损。盘整突破又分向上突破、向下突破两种。

亏根半止损：选好交易级别，将亏损金额用K线量化，按相对值平仓。

(一)涨势做多——亏根半止损

图4-3　棕榈1701合约2016.08.24—2016.08.25(15分钟)K线图

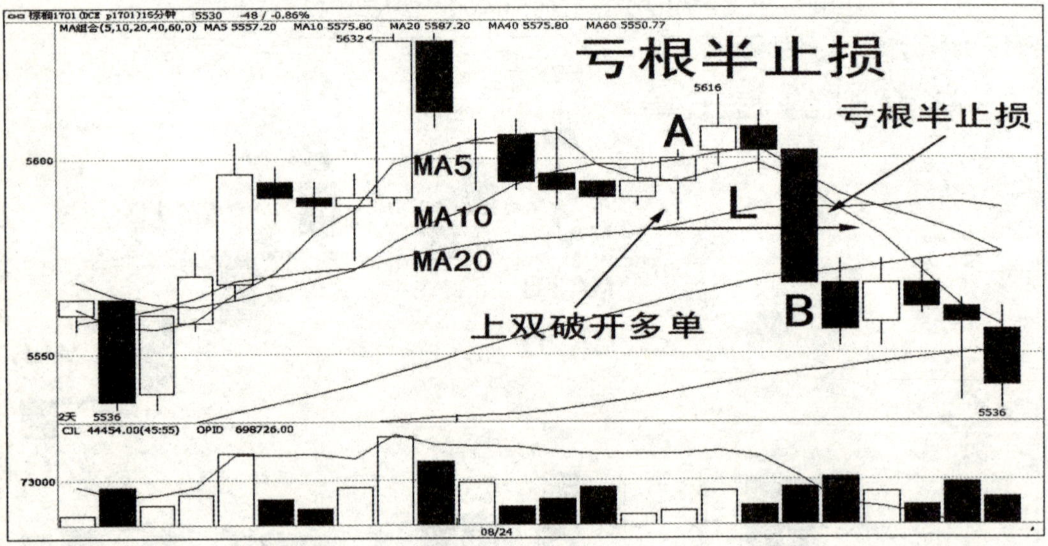

图4-3

图4-3解析：A点之前，中长期均线托底，交易方向为做多。A点上双破，抢点做多。L距A点开盘价大约半根K线，且小于A点最低价。小幅上涨后价格开始回调，至B点跌破L，必须止损。

(二)跌势做空——亏根半止损

图4-4 螺纹1609合约2016.04.19—2016.04.20(15分钟)K线图

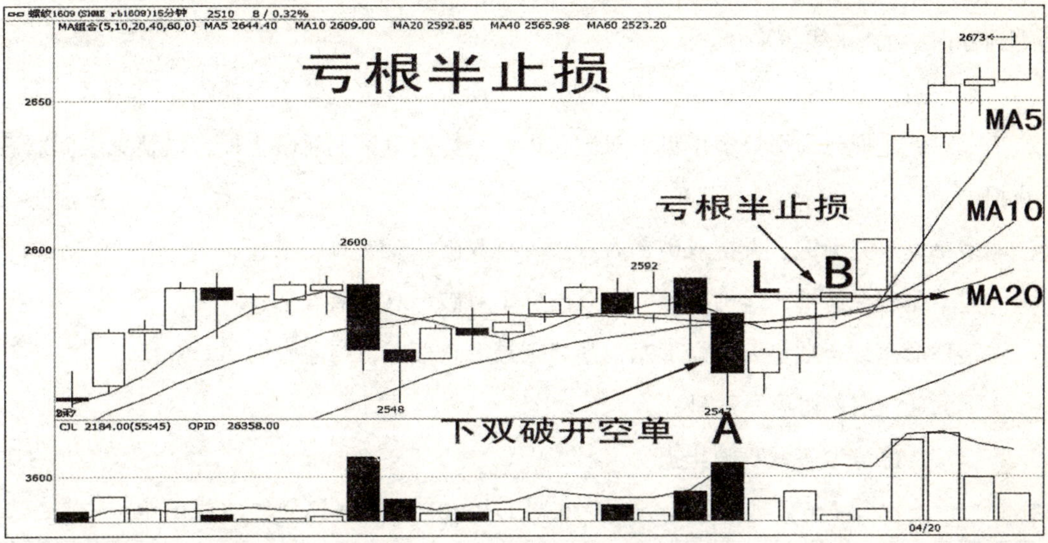

图4-4

图4-4解析：A点下双破开空单，至B点亏损一根半K线平仓。

(三)盘整突破——亏根半止损

图4-5 橡胶1701合约2016.08.08—2016.08.11(15分钟)日K线图

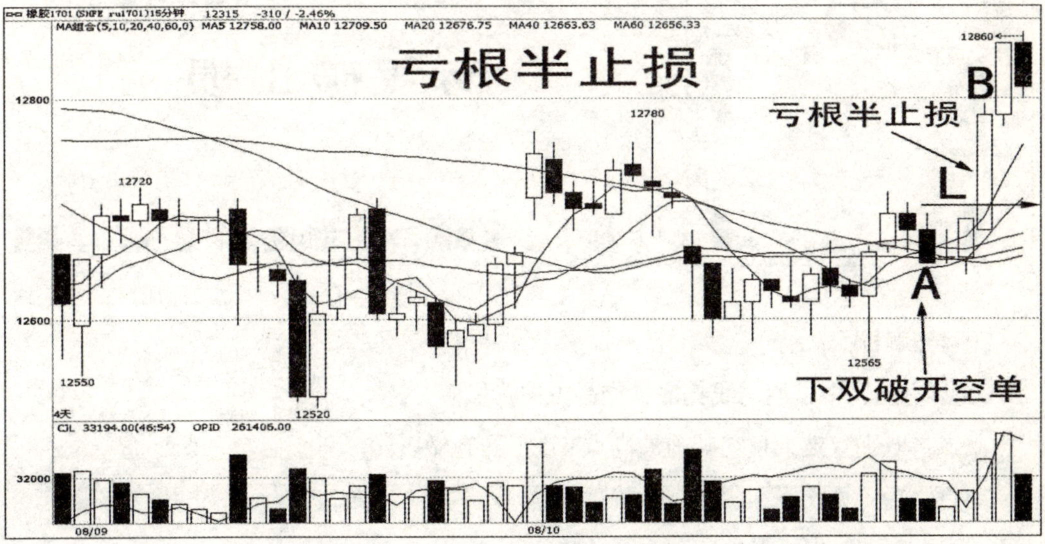

图4-5

图4-5解析：A点下双破开空单，之后反弹上破L，亏损一根半K线平仓。

二、亏双破

亏双破：开仓之后，如果出现反向双破形态，无论是否亏损，必须提前平仓，不必等到亏损一根半K线再平仓。

亏双破，是按形态平仓，也叫双破必走。预警压等按，动手不动脑。

亏双破止损分为涨势多单见下双破止损、跌势空单见上双破止损，盘整见反向双破止损。

多单见双夹天棍、天棍双破、大双破、小双破、双夹双破平仓。

空单见双夹地桩、地桩双破、大双破、小双破、双夹双破平仓。

某种形态，若顺势为开仓形态，逆势则是平仓形态，与盈亏无关。

下面通过实例讲解亏双破止损。

（一）涨势做多亏双破止损

图4-6　塑料1701合约2016.08.17—2016.08.19（15分钟）K线图

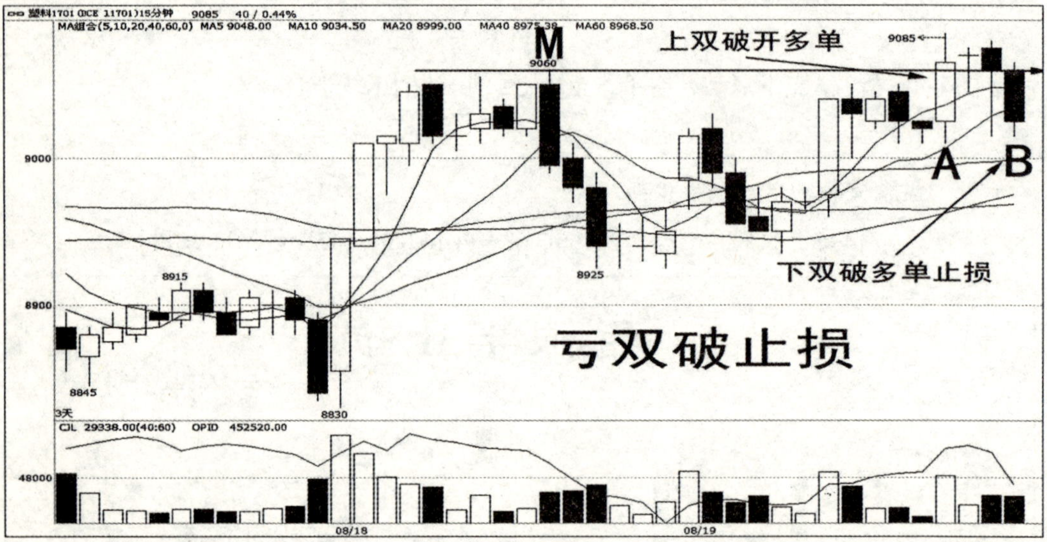

图4-6

图4-6解析：

交易方向：中长期均线托底，交易方向为做多。

A点：双夹双破，且突破前波高点M点，开仓做多。

A点之后，见长下影阴线，预警。

B点下双破，先平多单。动手不动脑。

B点平仓之后，亏损较小，没有等到亏损一根半K线再平仓，而是根据双破形态止损，可减小损失。

(二)跌势做空亏双破止损

图4-7　沥青1612合约2016.05.06—2016.05.10(15分钟)K线图

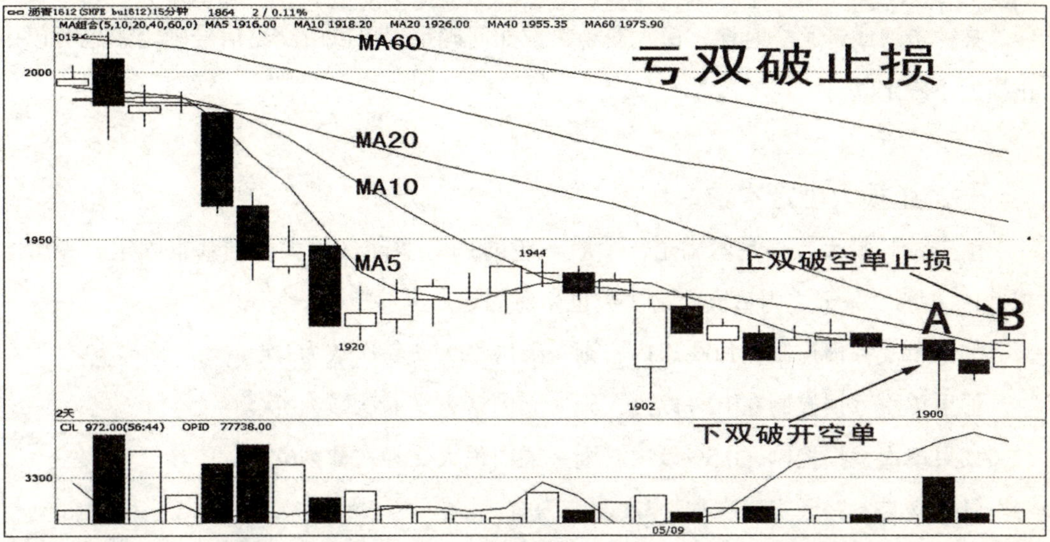

图4-7

图4-7解析：均线压顶做空，A点下双破开空单，B点上双破空单平仓。

(三)盘整突破亏双破止损

图4-8　PTA1701合约2016.06.17—2016.06.21(15分钟)K线图

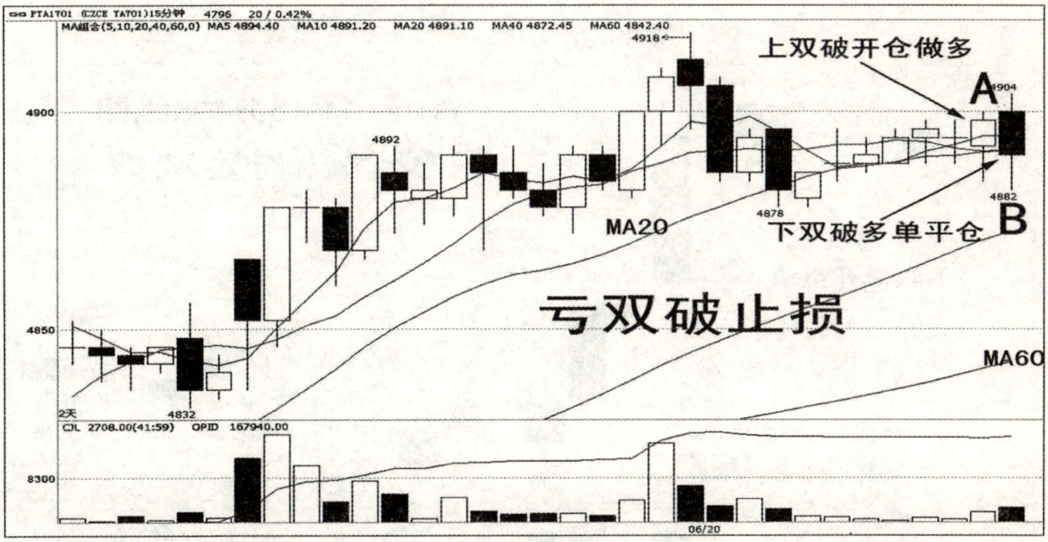

图4-8

图4-8解析：均线托底做多，A点上双破开仓做多，短暂冲高之后，B点下双破多单平仓。

第三节　最大次数

某种走势或者某个时期，最大交易次数如何确定，可以由交易信号确定，也可以由止损大小确定。

一、止损大小定次数

由于单日最大亏损基本固定，一般不超过3%，且单次最大亏损基本固定，一般不超过1%，那么一天之内最大交易次数也相对固定。

如果单次亏损控制在1.0%以内，则一天内最大交易次数为3次。

如果单次亏损控制在0.7%以内，则一天内最大交易次数为4次。

如果单次亏损控制在0.5%以内，则一天内最大交易次数为6次。

日内交易，一天交易次数，3次左右为宜。

二、交易信号定次数

确定合适的仓位，选择合适的交易级别，交易次数由交易信号确定即可。级别大小不同，信号多少不同。级别越大，信号越少，级别越小，信号越多。

下面我们通过两幅实例图比较信号的多少。

图4-9　沥青1612合约2016.08.25(15分钟)K线图

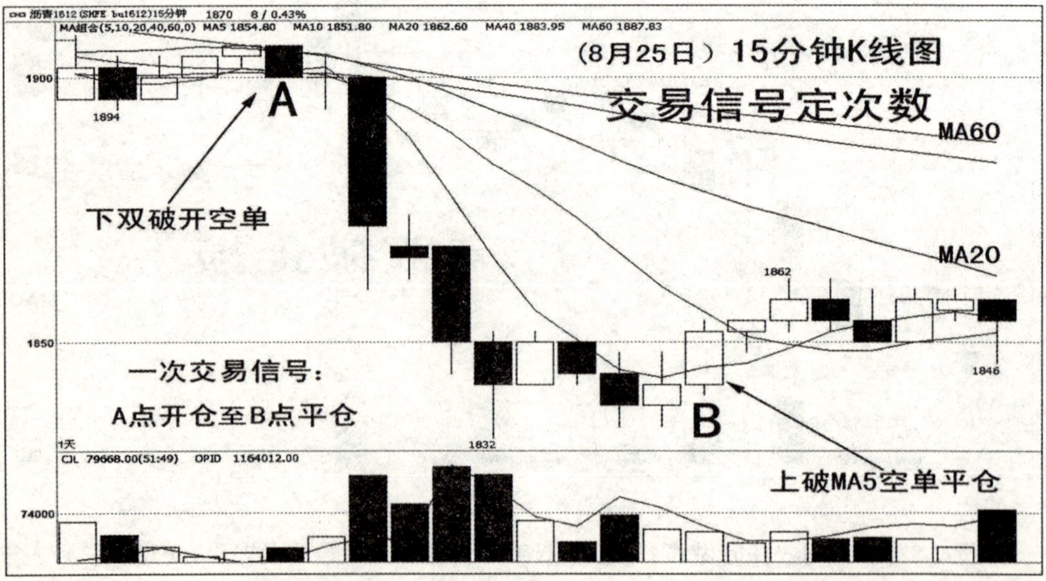

图4-9

图4-10　沥青1612合约2016.08.25(5分钟)K线图

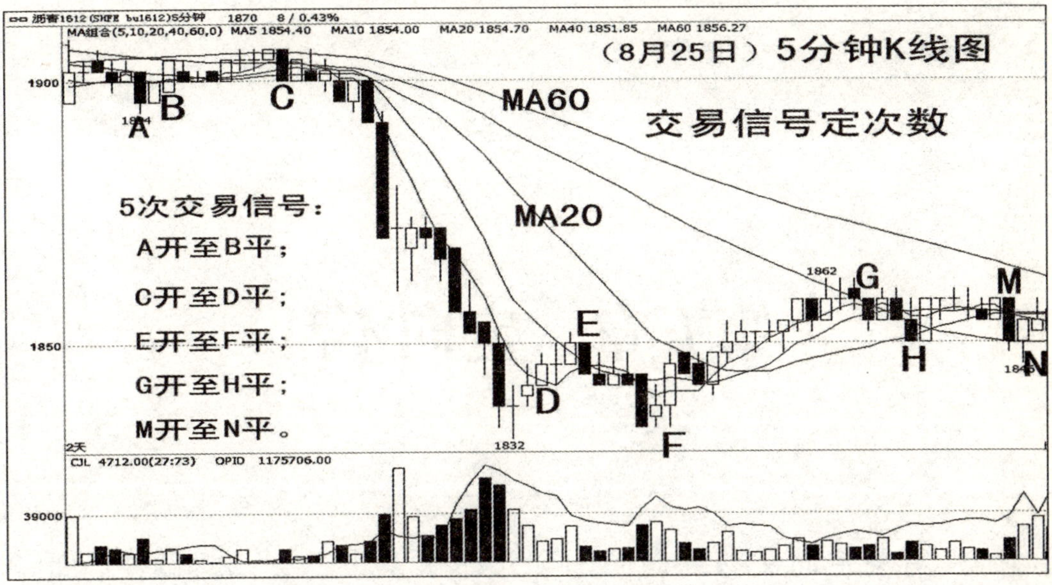

图4-10

比较图4-9与图4-10：均为沥青1612合约2016年8月25日K线图。

图4-9为15分钟K线图，只出现一次完整的开仓平仓信号。

图4-10为5分钟K线图，共出现5次完整的开仓平仓信号。

显然，级别若大于15分钟K线，信号过少，则无法按信号交易；级别若小于5分钟K线，信号过多，则交易过于频繁。

根据走势波动性、连续性、稳定性，日内交易最低级别，一般不低于15分钟K线。只有特殊情况下，才可能选5分钟K线。

仓位一致性：仓位不一致，重仓亏，轻仓赚，胜率再高也枉然。

加仓一致性：浮盈按固定比例加仓，按开仓信号加仓，使持仓总比例基本保持不变。一轮大行情，加仓次数，一般不超过3次。

第五章　定向不乱

没有坚定的交易方向，一会儿想做多，一会儿想做空，开仓平仓就会心生疑惑，就不可能捕捉到大行情。

第一节　缠多定向法则

直效交易定向法则，包括缠多定向法则和缠空定向法则。缠多定向法则，分为拐点缠多法则和多头缠多法则。

一、双破变轨，地桩发散，伍线缠多

拐点缠多法则：双破变轨，地桩发散，伍线缠多。

拐点双预警：暴涨预警和回调确认。

暴涨预警：两大阳线(或涨停板)上攻或者4连阳上攻，若上破20日均线或者颈线位，多方反击力强，必须预防由空转多。4连阳，指4天或4天以上阳线，其中至少有2根中大阳线。

回调确认：价格回调不破前一波低点，由中大阳线上破确认。

双破：一是上破20日均线和颈线位，二是上破60日均线。

变轨：20日均线上穿60日均线，由空头排列转变为多头排列。

地桩：中大阳线确认低点和止跌，一般为地桩、双破或者双夹双破。

发散：均线黏合之后，一根中大阳线带动均线向上发散，完成由空转多。

伍线缠多：5日线上，要么做多，要么休息，决不做空。

图5-1　PP1609合约2015.11.17—2016.02.25日K线图

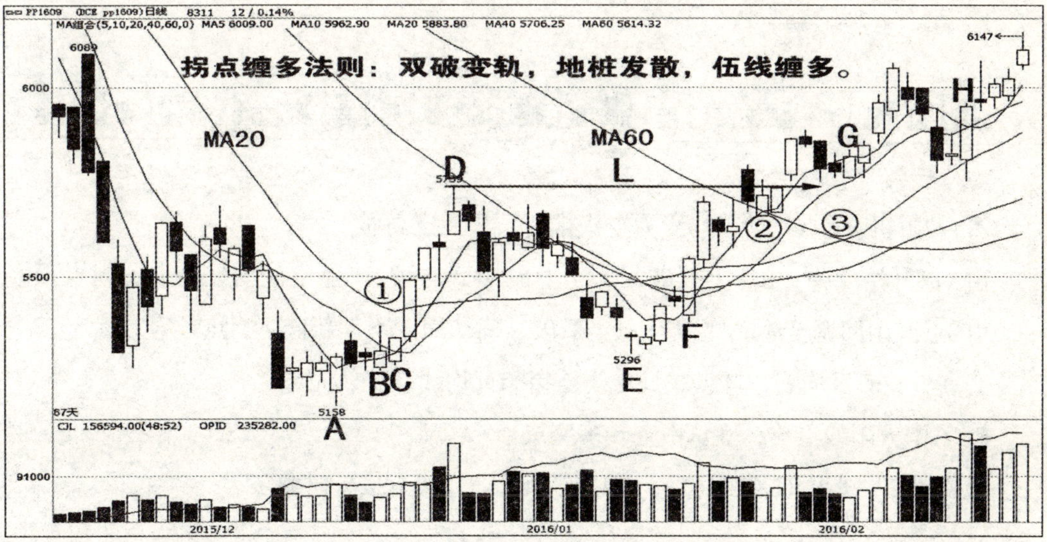

图5-1

图5-1解析：A点之前，均线为空头排列，只能逢高做空。

由A点开始反弹，B点双夹地桩，C点上双破。

①点大阳线上破20日均线，D点上破前波高点。拐点预警一。

由D点开始回调至E点，之后F点双夹上双破，确认回调不创新低。拐点预警二。

②点双夹上破60日均线，之后回调，G点连阴阳地桩，加速上攻。

③点20日均线上穿60日均线，变轨完成。

H点大阳线上双破，确认由空转多完成。

伍线缠多，必须双预警之后，由F点开始缠多。

图5-2 焦炭1609合约2015.11.18—2016.02.26日K线图

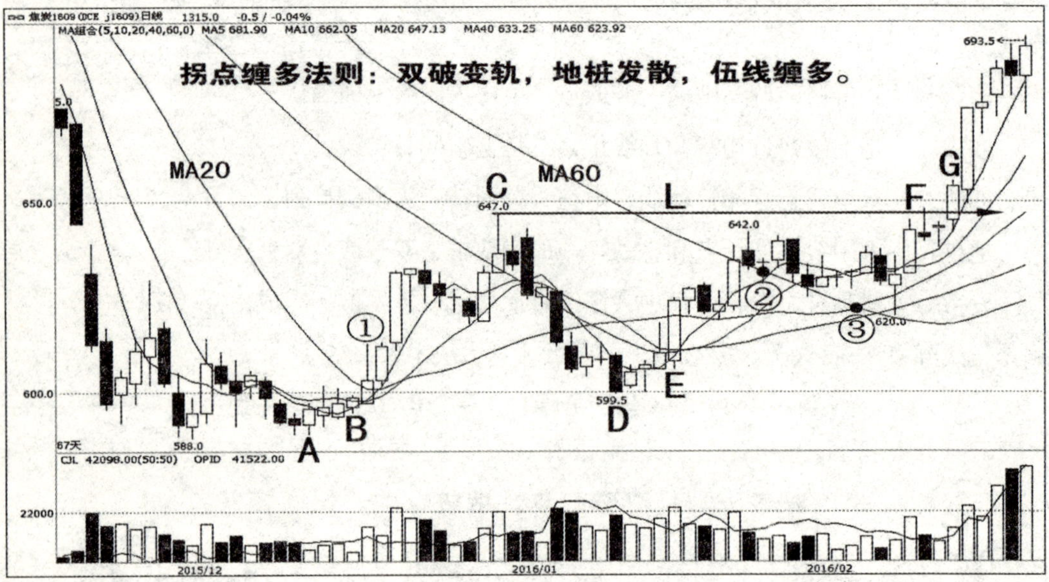

图5-2

图5-2解析：A点之前，均线为空头排列，只能逢高做空。

由A点开始反弹，B点上双破，①点上破20日均线，C点上破前波高点。拐点预警一。由C点开始回调至D点，之后E点上双破，确认回调不创新低。拐点预警二。

②点上破60日均线，③点20日均线上穿60日均线，变轨完成。

F、G中大阳线上攻，确认由空转多完成。

伍线缠多，必须双预警之后，由E点开始，5日线上按分时缠多。

二、六二多头，双线不破，伍线缠多

多头缠多法则：六二多头，双线不破，伍线缠多。

详解：60日、20日均线多头排列，只要价格不跌破10日均线，或者价格不跌破前根中大阳线的开盘线，价格上破5日均线缠多。

六二多头：60日均线、20日均线多头排列。

双线：指10日均线和中大阳线开盘线，也叫定心线。

双线不破：涨势回调，不跌破10日均线；横盘震荡，不跌破中大阳线的开盘线。

伍线缠多：5日线上，要么做多，要么休息，决不做空。

(一)涨势不下破10日均线，安心逢低做多

图5–3　棕榈1609合约2016.02.22—2016.04.05日K线图

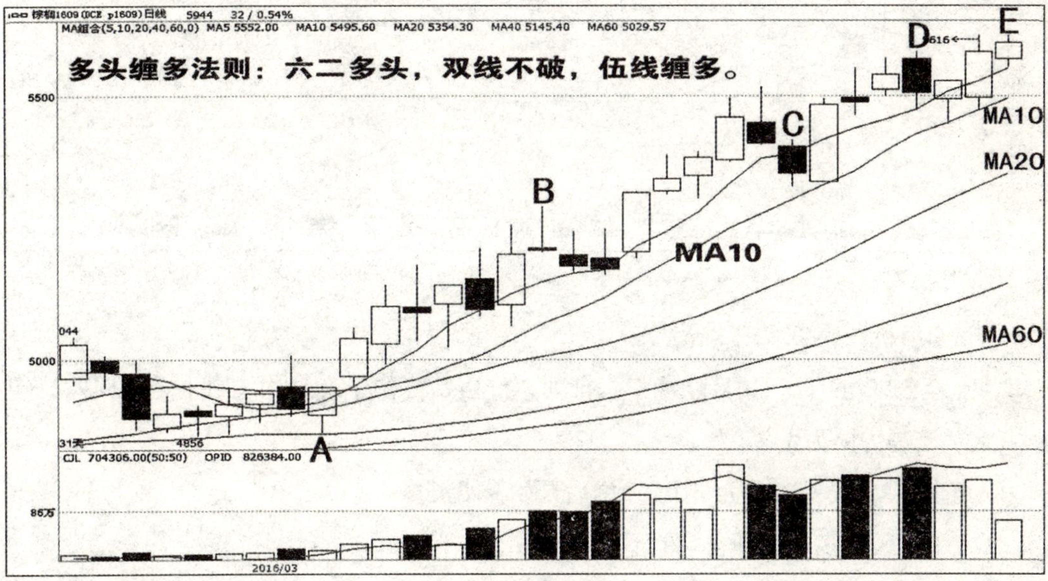

图5–3

图5–3解析：

A点之前，价格始终站稳20日均线，也叫20日均线托底。

A点至E点，20日、60日均线多头排列，价格始终位于20日均线之上，也叫六二多头，交易方向为做多。

A点双夹地桩上双破，抢开多单。此后，只要价格不破10日线，根本不必担心多转空，一心一意逢低做多。

B点：不见拐点双预警，不可抢回调做空。宁可空仓等待，也不要开空单，不要违背伍线缠多。

C点：跌破5日线也不可做空，只能空仓等待。

D点：多波上涨之后，也不可在D点摸高做空，之后也只能在5日线上逢低做多。

(二)盘整不破双线，安心逢低做多

图5-4　螺纹1610合约2016.01.04—2016.02.22日K线

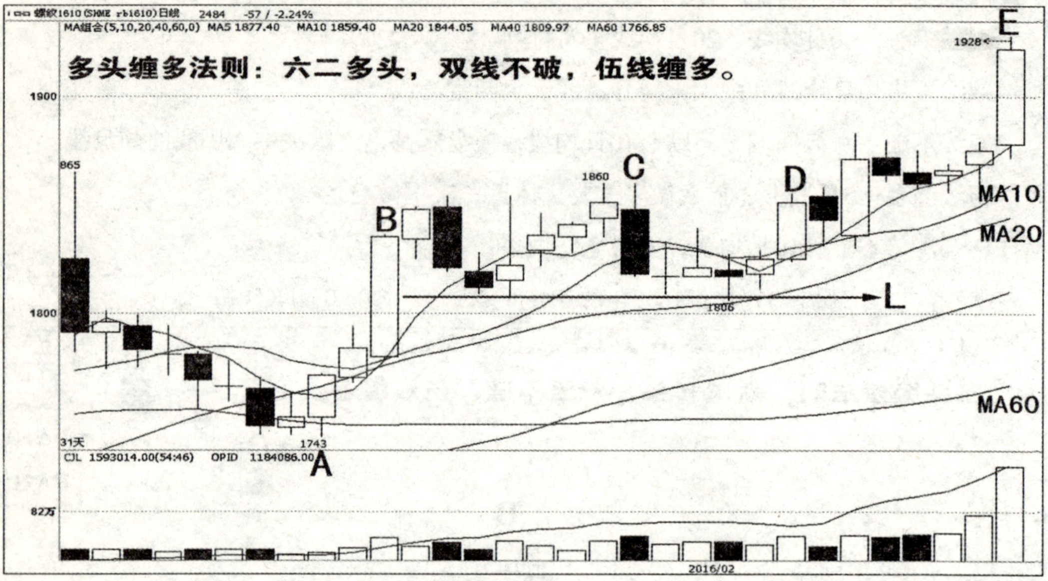

图5-4

图5-4解析：

A点至E点，60日、20日均线多头排列，价格始终位于20日均线之上，也叫六二均线托底，交易方向为做多。

A点上破5日线，B点为大阳线，之后开始横盘震荡。

C点下双破，多单可平仓，但不能反向做空。

C点破位下跌，看似凶狠，但没有跌破定心线B点中位线，何况20日均线托底，多空趋势并没有改变，根本不用担心。

D点上双破，伍线缠多。

定向不乱，缠多不乱，必须熟练掌握拐点缠多法则和多头缠多法则。拐点缠多法则，必须双预警之后才可伍线缠多；而多头缠多法则，只要双线不破，都可伍线缠多。

第二节　缠空定向法则

缠空定向法则，分为拐点缠空法则和空头缠空法则。拐点缠空法则：双破变轨，天棍发散，伍线缠空。空头缠空法则：六二空头，双线不破，伍线缠空。

一、双破变轨，天棍发散，伍线缠空

拐点双预警：暴跌预警和反弹确认。

暴跌预警：两大阴线（或跌停板）下跌或者4连阴下跌。4连阴，指4天或4天以上阴线，其中至少有2根中大阴线。

反弹确认：价格反弹不破前一波高点，由大阴线下破确认。

双破：小双破和大双破。

小双破：一根中大阴线同时下破5日均线和10日均线。

大双破：一根中大阴线下破颈线位或者下破20日均线和另外一根均线。

变轨：20日均线下穿60日均线，由多头排列转变为空头排列。

天棍：中大阴线确认高点和下跌，一般为天棍、双破或者双夹双破。

发散：均线黏合之后，一根中大阴线带动均线向下发散，完成由多转空。

伍线缠空：5日线下，要么做空，要么休息，决不做多。

图5-5　铁矿1609合约2016.04.07—2016.05.12日K线

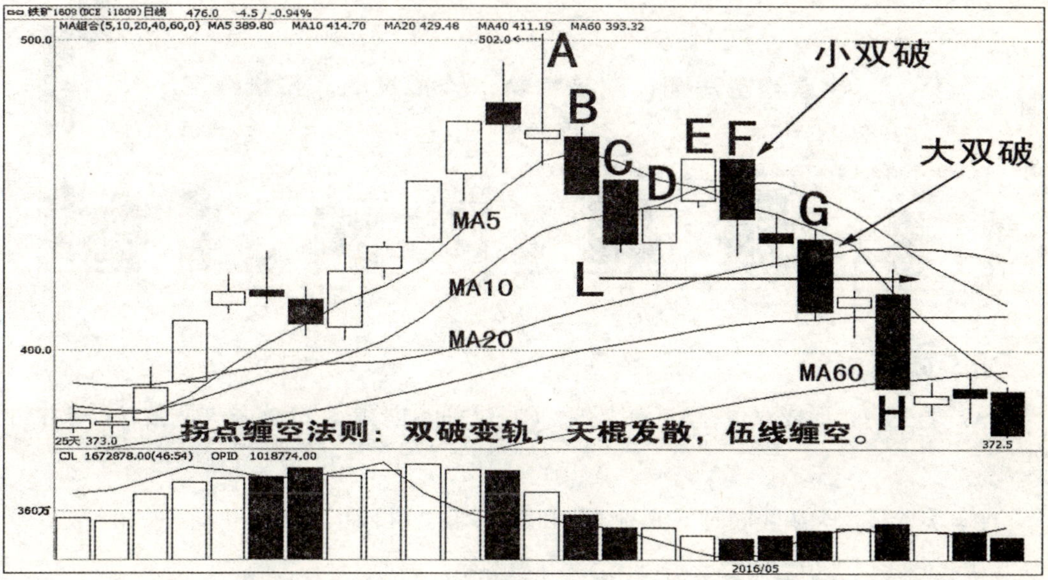

图5-5

图5-5解析：

暴跌预警：A点冲高跳水，最K线；B点天棍下双破，大阴线，多单必须平仓；C点横盘抵抗之后跳水，大阴线；D点平开低走。阶段跌幅超过15.5%，盘中止跌反弹，拐点预警一。

反弹确认：由D点盘中开始反弹，E点上双破，F点下双破，确认反弹不创新高。拐点预警二。

小双破：F点天棍下双破，一根大阴线同时下破前根中阳线，且同时下破5日和10日均线，可减半开空单。

大双破：G点同时下破20日均线和颈线位D点，可开空单。

破多空线：H点跌破60日线。此后继续下跌，完成变轨。

伍线缠空，必须双预警之后，由F点开始缠空。

上图同时下破颈线位和20日均线，下图同时下破20日均线和多根均线。

图5-6　IC当月2015.05.20—2015.06.30日K线图

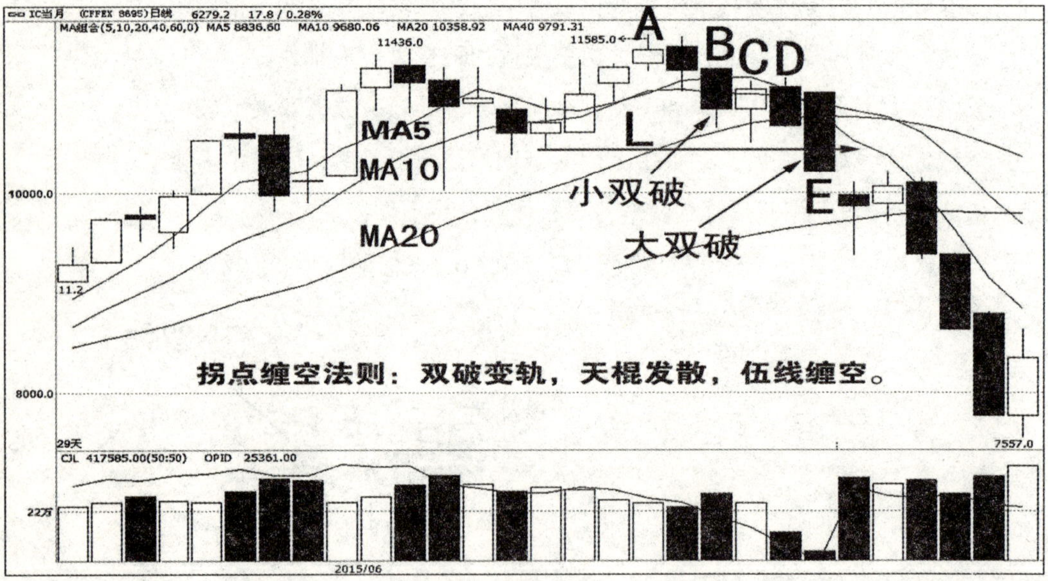

图5-6

图5-6解析：

A点弱三阳，形成双顶，B点小双破，C点反弹不创新高，D点双夹双破，可减半开空单。

E点大双破，大阴线同时下破颈线位和20日均线，可追空单。

伍线缠空，必须双预警之后，由D点开始缠空。

二、六二空头，双线不破，伍线缠空

空头缠空法则：六二空头，双线不破，伍线缠空。

详解：60日、20日均线空头排列，只要价格不上破20日均线，或者价格不上破前根中大阴线的开盘线，价格下破5日均线缠空。

六二空头：60日均线、20日均线空头排列。

双线：指20日均线和中大阴线的开盘线，也叫定心线。

双线不破：跌势反弹，不上破20日均线；横盘震荡，不上破中大阴线的开盘线。

伍线缠空：5日线下，要么做空，要么休息，决不做多。

(一)跌势不上破20日均线，安心逢高做空

图5-7　美原油主2014.09.22—2014.12.01日K线图

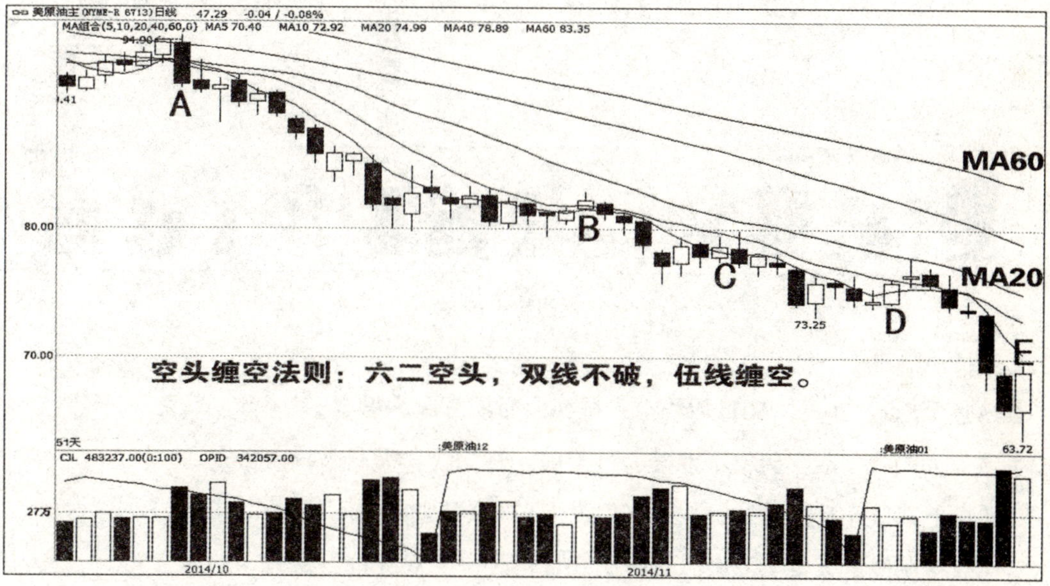

图5-7

图5-7解析：

A点至E点，20日、60日均线空头排列，价格始终位于20日均线之下，也叫六二均线压顶，交易方向为做空。

A点双夹天棍下双破，抢开空单。此后，只要价格不上破20日均线，根本不必担心空转多，一心一意逢高做空。

B点：不见拐点双预警，不可抢反弹做多。宁可空仓等待，也不要开多单，不要违背定向不乱法则。

C点：双夹上破5日线也不可做多，持仓不动或者空仓等待。

D点：多波下跌之后，也不可在D点摸底做多，之后也只能等下破5日线重新回补空单。

(二)盘整不破双线，安心逢高做空

图5-8　塑料主连2014.01.10—2014.03.07日K线

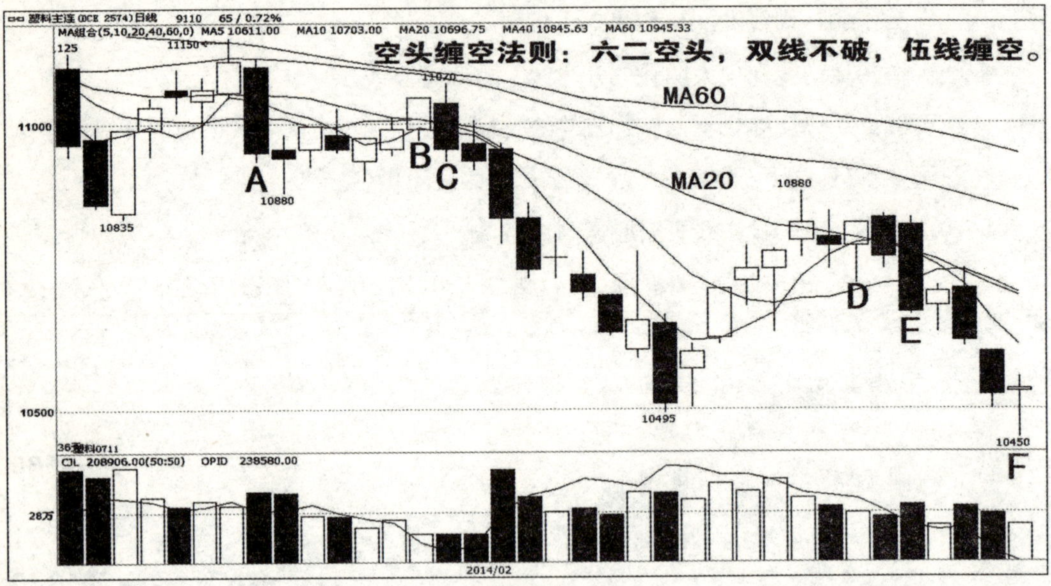

图5-8

图5-8解析：

A点至F点，20日、60日均线空头排列，交易方向为做空。

A点大阴线，双夹天棍下双破，且下破20日均线，大双破抢点做空。

B点上双破，且上破20日均线，但没上破A点开盘线，不可做多。

C点中阴线，天棍下双破，且下破20日均线，大双破抢点做空。

D点双夹上破20日均线，没有双预警，不可做多。

E点大阴线，大双破，且下破20日均线，为定心线，抢点做空。

定向不乱，缠空不乱，必须熟练掌握拐点缠空法则和空头缠空法则。拐点缠空法则，必须双预警之后才可伍线缠空；而空头缠空法则，只要双线不破，都可伍线缠空。

第三节　顺大四分法则

顺大，就是顺应大趋势。顺大四分法则即顺势而为四分法则：顺大避小，两点必缠；顺大逆小，归顺回补；顺大顺小，共振必抢；顺小逆大，翻多翻空。

一、顺大避小，两点必缠

顺大避小、两点必缠是滚动操作和波段操作的重要法则。

顺大避小：顺应大趋势，规避反向破位调整。大，这里指大趋势；小，这里指反向破位调整，一般可能导致较大的亏损或者盈利大幅缩水；避小，一般见反向双破，减仓或者清仓。

两点必缠：见反向破位信号，可先减仓或者清仓，以避免较大损失，再伺机回补。回补的方式是守必由点、抢或由点。必或之前空仓等。

顺大避小，可分为涨势顺大避小和跌势顺大避小。

下面我们通过实例图讲解顺大避小、两点必缠。

图5-9为玻璃1701合约2016.05.26—2016.07.18日K线走势图。

关于G点交易策略，一种观点认为均线多头排列，且G点回调至中大阳线开盘价附近，应逢低做多；一种观点认为A点和G点形成双头，G点同时破5日和10日均线，应看空做空。

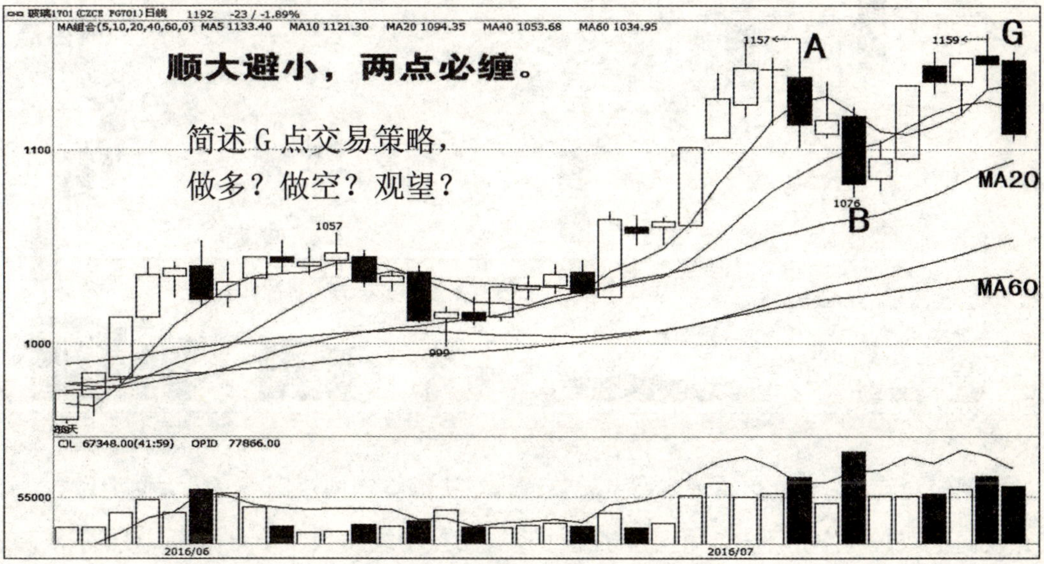

图5-9 （后续走势见图5-10）

图5-10　玻璃1701合约2016.06.28—2016.08.16日K线

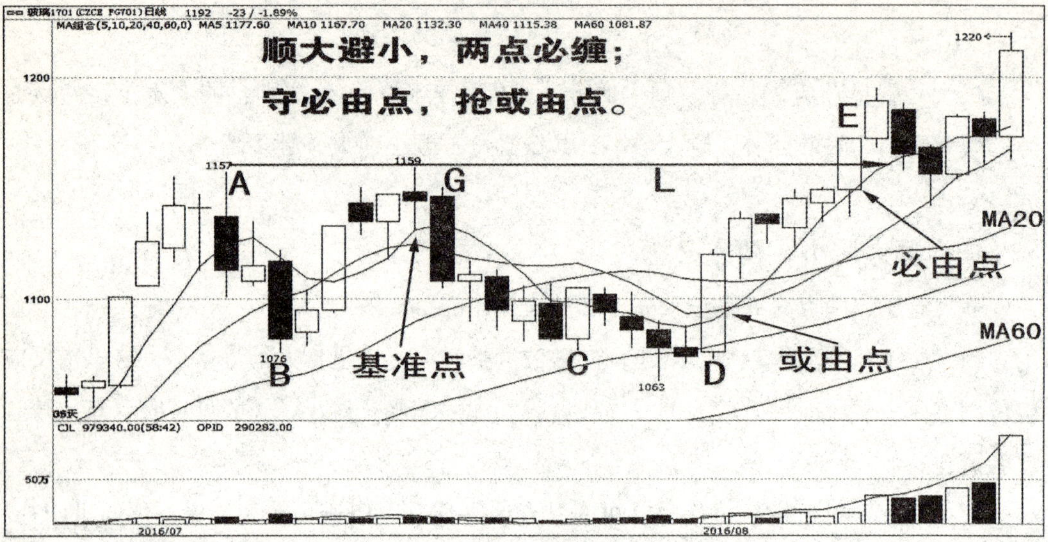

图5-10　（图5-9后续走势图）

图5-10解析：大趋势符合多头缠多定向法则，交易方向为做多。G点多单平仓，C点观望，D点连阴阳地桩上双破，为或由点，抢开多单。

图5-11　沥青1612合约2016.07.13—2016.08.22日K线

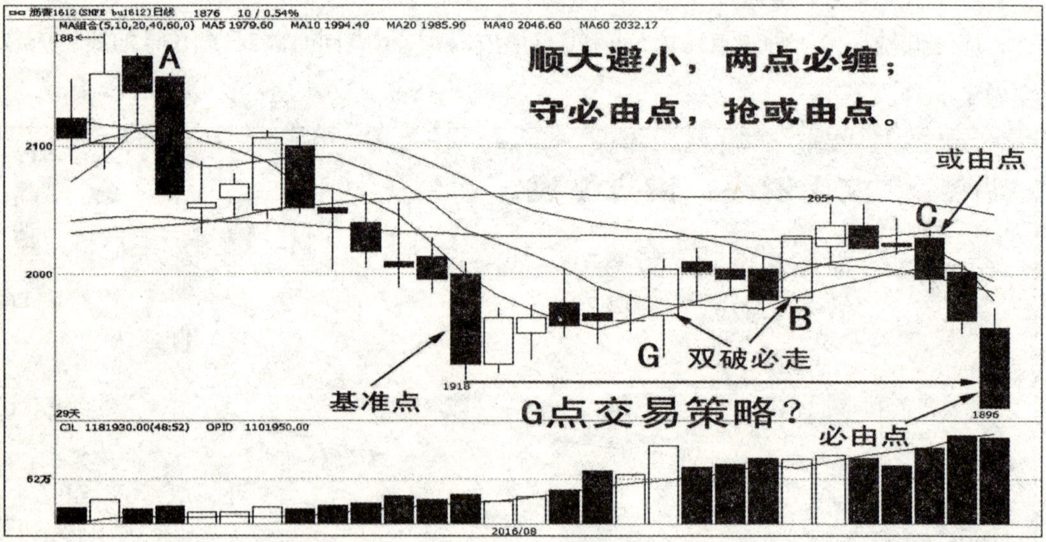

图5-11

图5-11解析：G点交易策略：大趋势符合空头缠空定向法则，交易方向为做空。G点反向上双破，空单平仓，但不可反向做多。B点均线压顶，不可做多。C点下双破，为或由点，抢开空单。

二、顺大逆小，归顺回补

顺大逆小、归顺回补，是指当价格出现反向突破时平仓、当价格反向波动结束且重回原趋势时重新开仓，是顺势而为、头寸回补的重要法则。

顺大逆小：当价格反向波动时，交易方向必须坚持与大趋势相同、与小趋势相反。小，这里指反向波动。

归顺回补：当价格反向波动时，平仓之后不要急于回补头寸。只有当调整结束，出现典型归顺K线，如天棍地桩，五阳三线，上下双破，发散线等，走势与大势一致时，再回补不迟。

五阳三线：五阳指连阴阳、空倍阳、逼空阳、C浪阳、黄金阳；三线指最值阴线、破势阴线、归顺阴线(见《突破八阵图——直效期货》)。

顺大逆小，可分为涨势顺大逆小和跌势顺大逆小。

涨势归顺回补，一般为地桩，五阳，若为双夹上双破更好。

跌势归顺回补，一般为天棍，三线，若为双夹下双破更好。

下面我们通过实例图讲解顺大逆小、归顺回补。

图5-12为菜粕1609合约2016.02.22—2016.03.31日K线走势图。

关于G点交易策略，甲认为应做多，理由是中期均线托底，短期跌幅过大，回调整理接近尾声；乙认为应做空，理由是一根中大阴线同时下破3根均线，做空动能足。

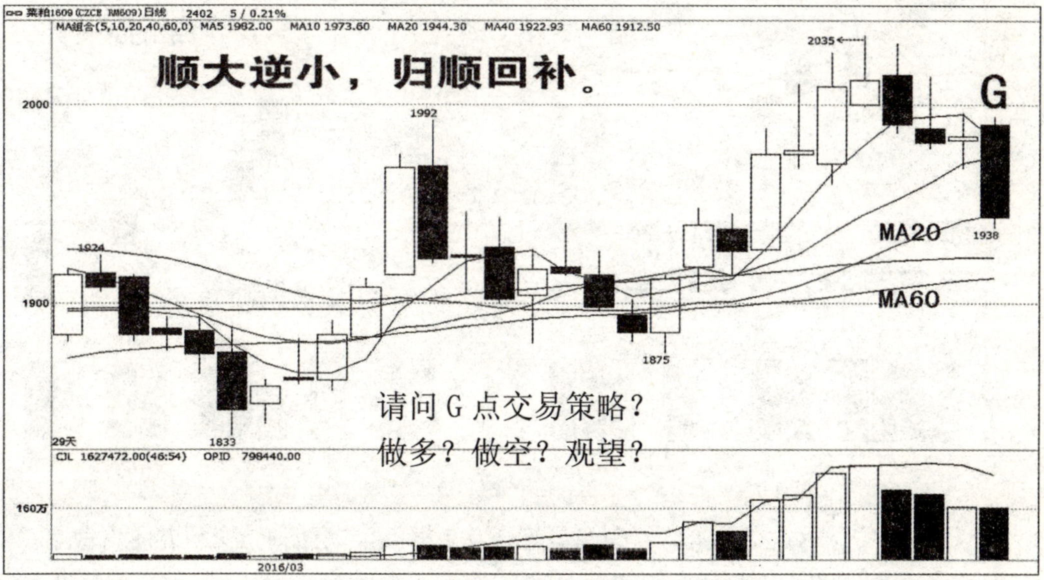

图5-12 （后续走势见图5-13）

图5-13　菜粕1609合约2016.03.07—2016.04.15日K线图

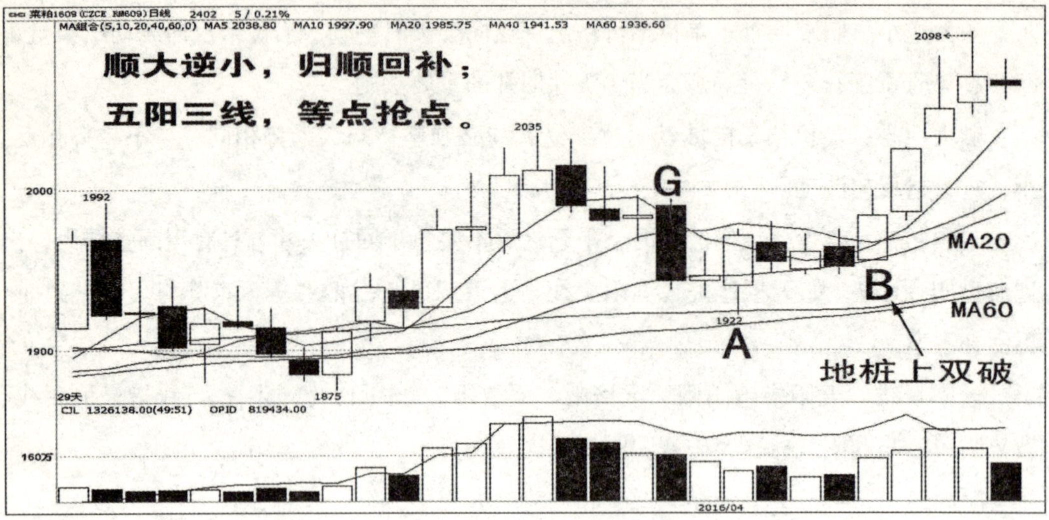

图5-13（图5-12后续走势图）

图5-13解析：符合多头缠多定向法则，交易方向为做多。G点多单平仓，A点10日线下可暂不做多，B点双夹地桩上双破，抢开多单。

图5-14　英镑美元2015.10.19—2015.12.02日K线图

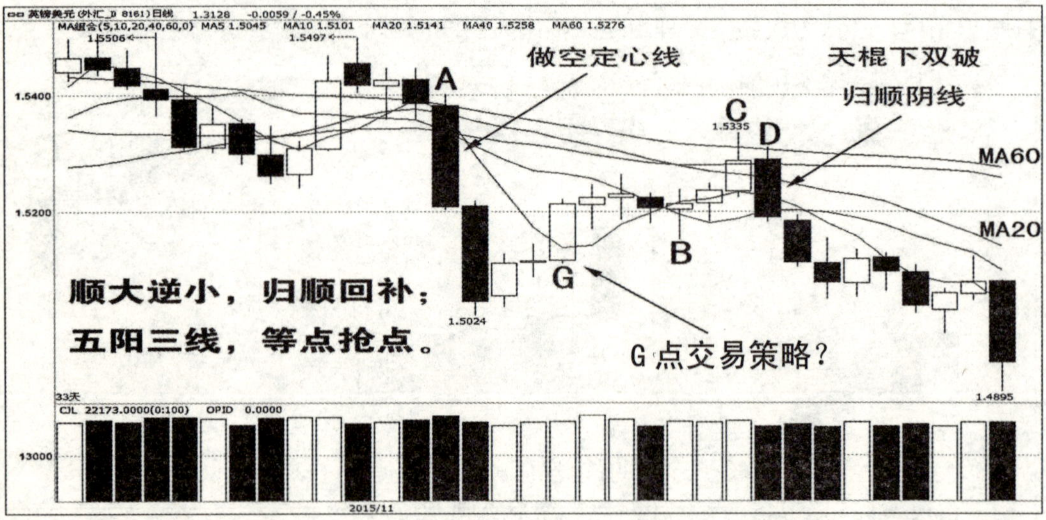

图5-14

图5-14解析：G点交易策略：大趋势符合空头缠空定向法则，交易方向为做空。G点中阳线上破5日线，空单平仓，但不可反向做多。C点伍顶，不可做多。D点天棍下双破，为归顺阴线，抢开空单。

三、顺大顺小，共振必抢

顺大顺小、共振必抢，是指大趋势与小波动同时走多或者走空时，必须抢点开仓，是顺势而为、捕捉大行情的重要法则。

顺大顺小：指寻找大趋势与小波动同时走多或者走空的交易机会。大，指中期均线的伸展方向。小，指K线组合形态的伸展方向和拐点。

共振必抢：指当大趋势和小波动同时走多或走空时，是不可错过的开仓机会，临盘绝不可犹豫。

共振：一般指同级同位，即空级空位或者多级多位，也可指不同级别共振，如日K线与15分钟K线共振。必抢：第一时间抢点开仓。做多，不可再等回调开仓做多，只要出现上破信号，必须第一时间抢入。做空，不可再等反弹开仓，必须第一时间抢点开仓。

顺大顺小、共振必抢包括做多共振必抢和做空共振必抢。

做多共振必抢：短黏长翘，逼空抢跳。做空共振必抢：短黏长压，跳空下砸。

共振必抢，防止一跳踏空：共振是大机会，机不可失，跳空起动也要抢。

图5-15为IF当月2010.07.08—2010.10.08日K线走势图。

关于G点交易策略，一种观点认为，中长期均线多头排列，短期均线向上发散，G点跳空上涨，应及时抢点做多；另一种观点认为，整体涨幅大，短期又连续2天暴涨，多头获利平仓的可能性较大，应伺机做空。

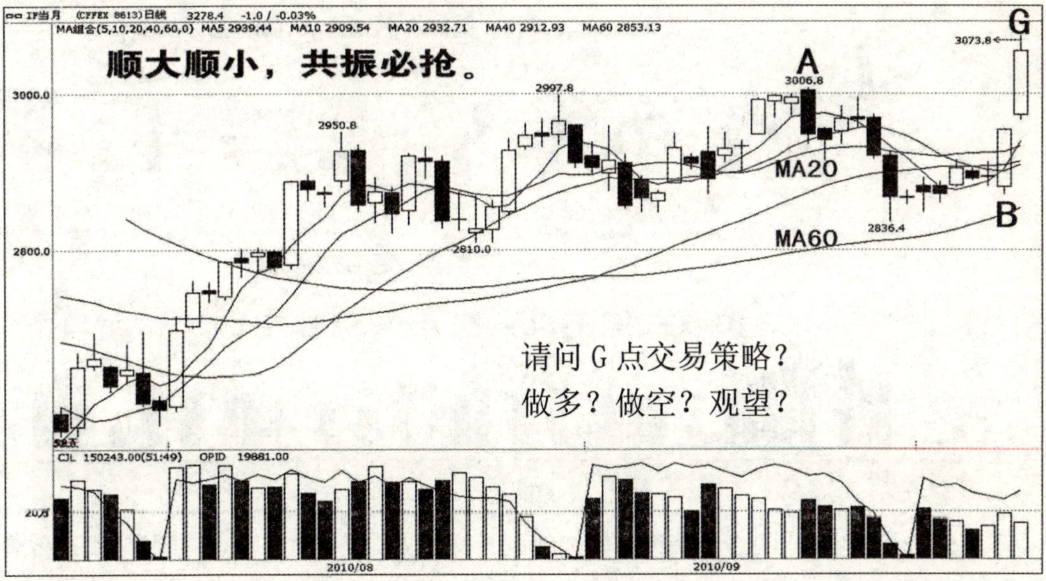

图5-15 （后续走势见图5-16）

图5-16　IF当月2010.07.16—2010.10.18日K线图

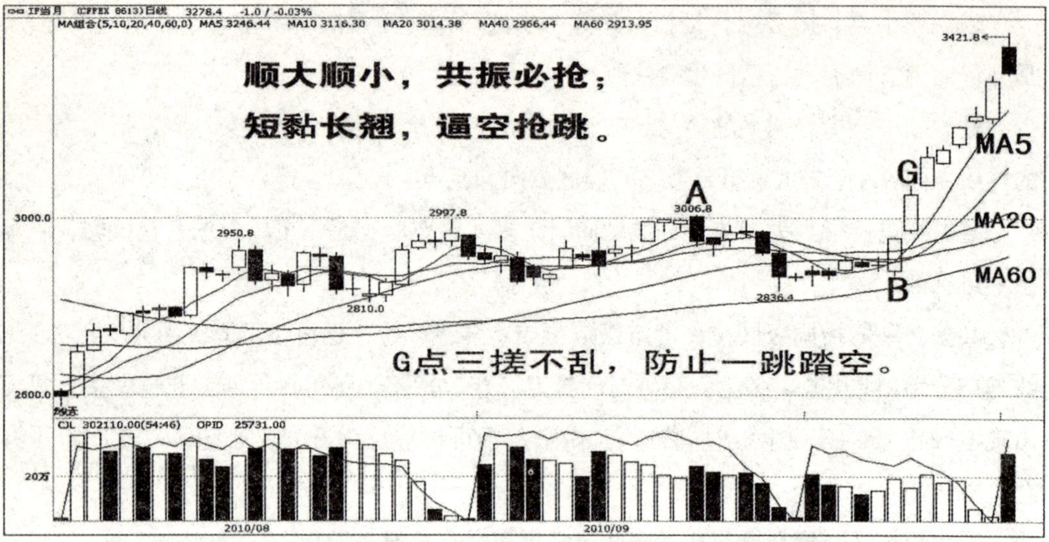

图5-16 （图5-15后续走势）

图5-16解析：符合多头缠多定向法则，交易方向为做多。短期均线黏合，中期均线向上顶托，B点一阳穿4线，G点跳空高开抢多单，防止一跳踏空。

图5-17　IF当月2015.06.17—2015.08.26日K线图

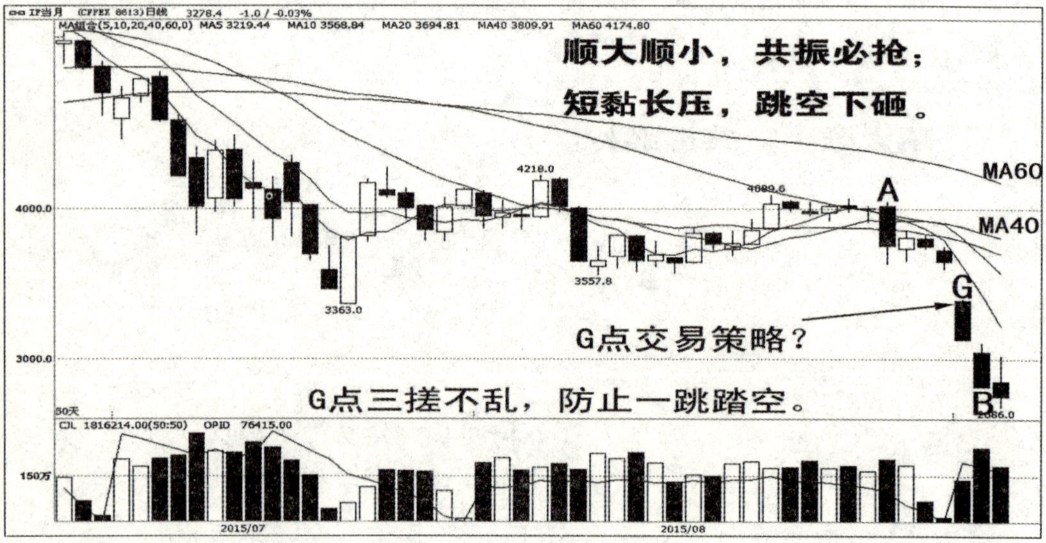

图5-17

图5-17解析：G点符合空头缠空定向法则，交易方向为做空。A点一阴穿5线，蓄势充分，G点跳空低开，必须抢开空单。G点三搓不乱，防止一跳踏空。

四、顺小逆大，翻多翻空

顺小逆大、翻多翻空，指空头行情出现翻多线后可伺机做多、多头行情出现翻空线后可伺机做空，是顺势而为、拐点转向的重要法则。

价格中线超跌、短线急跌之后，均线仍然空头排列或者压顶，见翻多线、开仓做多或者于翻多区内做多；价格中线超涨、短线急涨之后，均线仍然多头排列，见翻空线，开仓做空或者于翻空区内做空。

小，这里指小周期均线，如5日、10日均线。大，这里指大周期均线，如40日、60日均线。

翻多线与拐点双预警：

翻多线为串阳，包含小双破、大双破、暴涨预警、回调不破。上拐双预警包括暴涨预警和回调不破。

翻空线与拐点双预警：

翻空线为串阴，包含小双破、大双破、暴跌预警、反弹不破。下拐双预警包括暴跌预警和反弹不破。

图5-18为豆粕1701合约2016.05.11—2016.07.15日K线走势图。

关于G点交易策略，甲认为应做多，理由是遇40日均线和中阳线的双重支撑，止跌反攻的可能性极大；乙认为应做空，理由是一阴破三线，继续下跌的可能性极大。

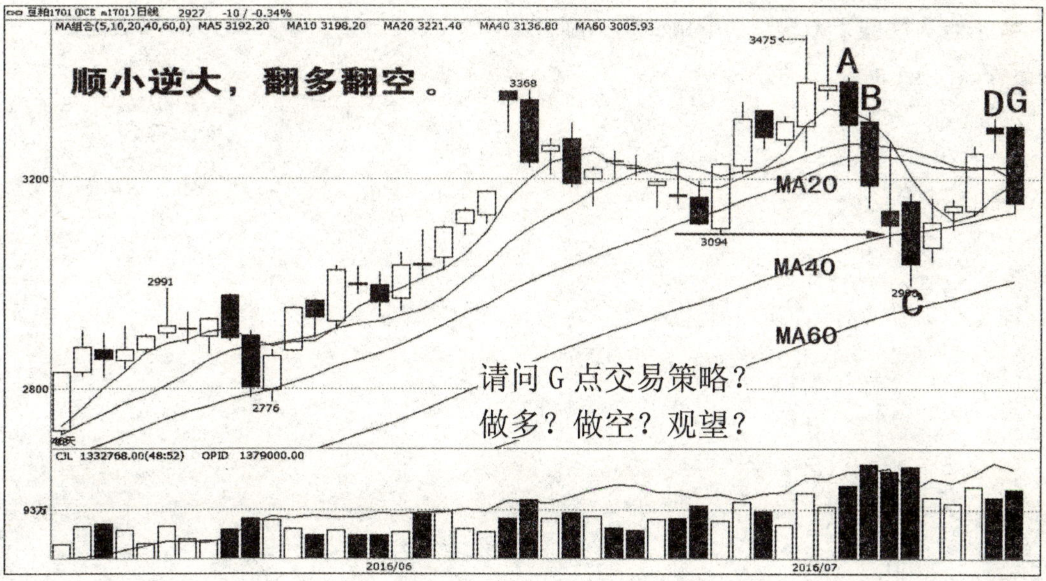

图5-18

图5-19　豆粕1701合约2016.05.27—2016.08.02日K线图

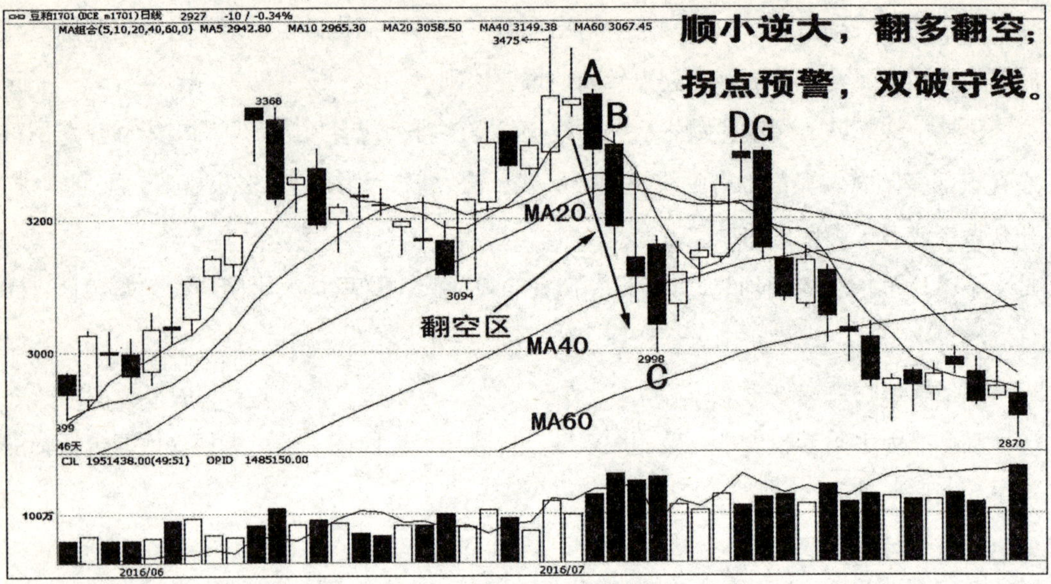

图5-19

图5-19解析：

暴跌预警：自A点4连阴下跌，其间两根中大阴线，B点小双破，至C点大双破，构成翻空区。

反弹不破：C点之后反弹，至D点，没创新高。

G点大阴线下双破，一阴破3线，翻空区内，只可做空，不可做多。双破之后，一般守5日均线做空。

第六章　双破选开

选择最典型的K线开仓，包括变向K线和归顺K线，既不频繁开仓，又不错过大机会。

第一节　大双破开仓

大双破，分为变向大双破和定位大双破。

变向大双破，一根中大K线，上破20日均线和颈线位的高点、或者下破20日均线和颈线位低点，若同时破20日均线和颈线位更好。变向，即交易方向由做多转为做空，或者由做空转为做多。

定位大双破，一根中大K线，同时突破20日均线和另外一根均线，另外一根均线一般为5日均线。定位，即确定开仓的具体位置。

变向大双破，具有定位的功能，但定位大双破，不具备变向的功能。比如，日K线短黏长翘，由于交易方向早已确定，大双破逼空抢跳，只具有定位功能。另外，日K线定向之后，分时级别大双破，也只具备定位功能。

大双破，是不可错过的开仓机会，包括大双破开多单和大双破开空单。

图6-1　IF当月2012.01.11—2012.03.15日K线图

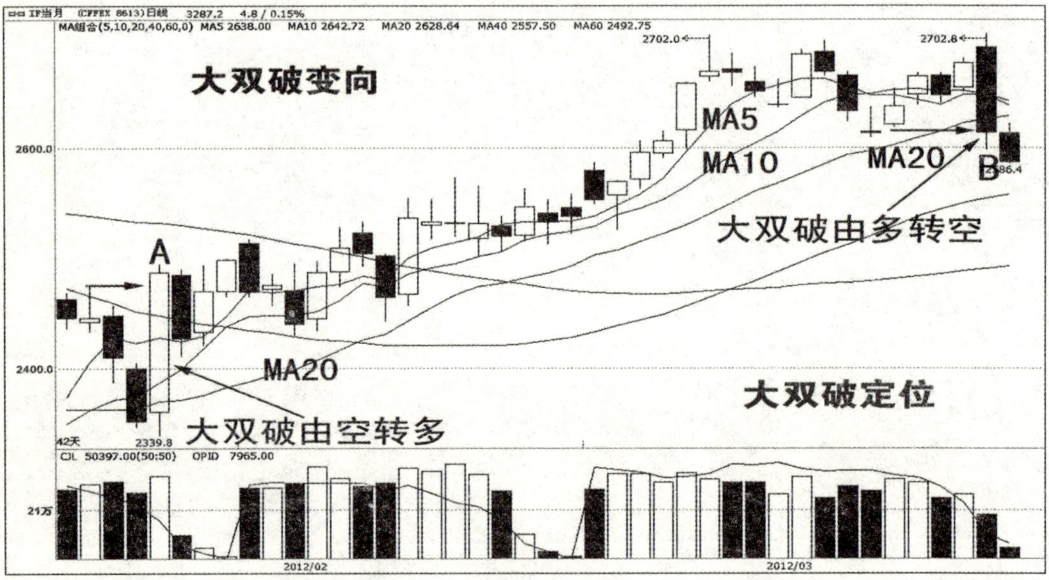

图6-1

图6-1解析：

A点：大双破，同时上破多根均线和颈线位，交易方向由空转多。

B点：大双破，同时下破多根均线和颈线位，交易方向由多转空。

A点之后，可按15分钟或者5分钟K线图逢低做多。

B点之后，可按15分钟或者5分钟K线图逢高做空。

一、大双破开多单

图6-2　棉花1609合约2016.02.15—2016.04.13日K线图

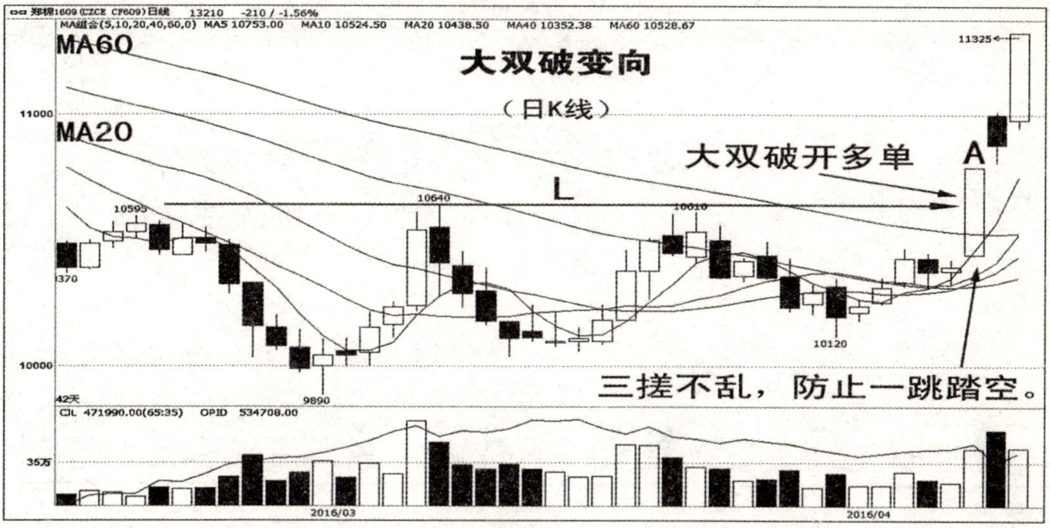

图6-2

图6-2解析：A点在20日线上，且20日线上行，短期均线黏合，大阳线上破颈线位，符合拐点缠多法则，抢开多单，防止一跳踏空。

图6-3　沪铜1610合约2016.06.24—2016.06.28(15分钟)K线图

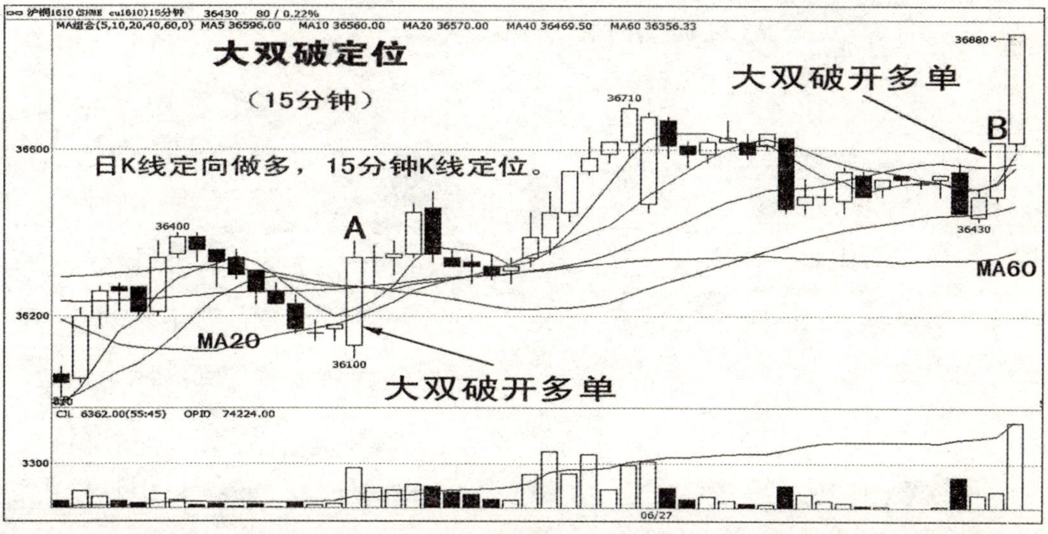

图6-3

图6-3解析：日K线确定交易方向为做多，A点、B点上破MA20和多根均线，为15分钟K 线大双破，抢开多单。

图6-4　螺纹1610合约2016.08.04～2016.08.08(15分钟)K线图

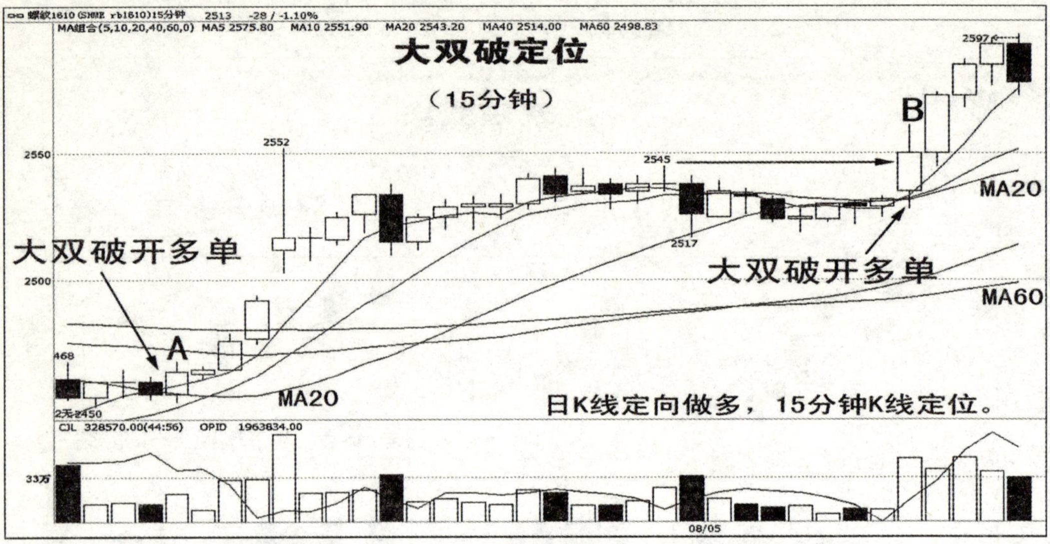

图6-4

图6-4解析：日K线确定交易方向为做多，A点上破MA20和MA5，B点上破颈线位，且MA20 上顶，均为15分钟K线大双破，抢开多单。

图6-5　IF1609合约2016.08.12(5分钟)K线图

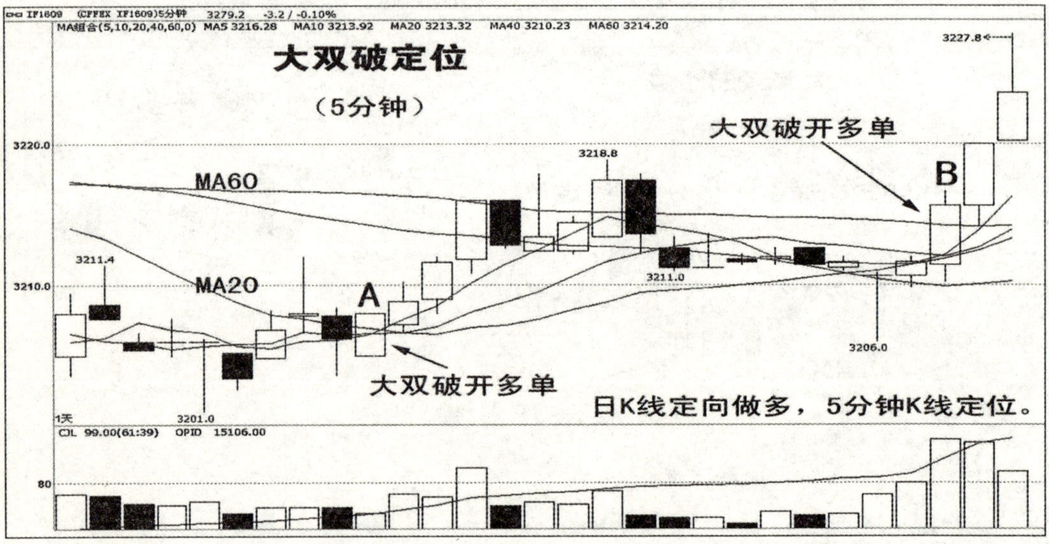

图6-5

图6-5解析：日K线确定交易方向为做多，A点、B点上破MA20和多根均线，为5分钟K线大双破，抢开多单。

二、大双破开空单

图6-6　鸡蛋1609合约2016.06.22—2016.07.22日K线

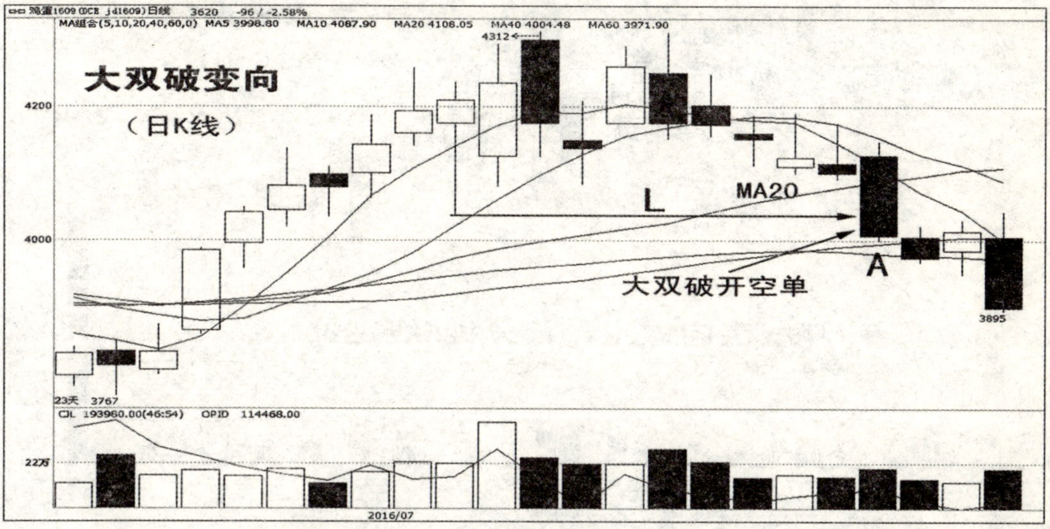

图6-6

图6-6解析：　A点同时下破20日均线和颈线位L，且为大阴线，形成典型的日K线大双破，符合拐点缠空法则，抢开空单。

图6-7　郑醇1701合约2016.08.19—2016.08.22(15分钟)K线图

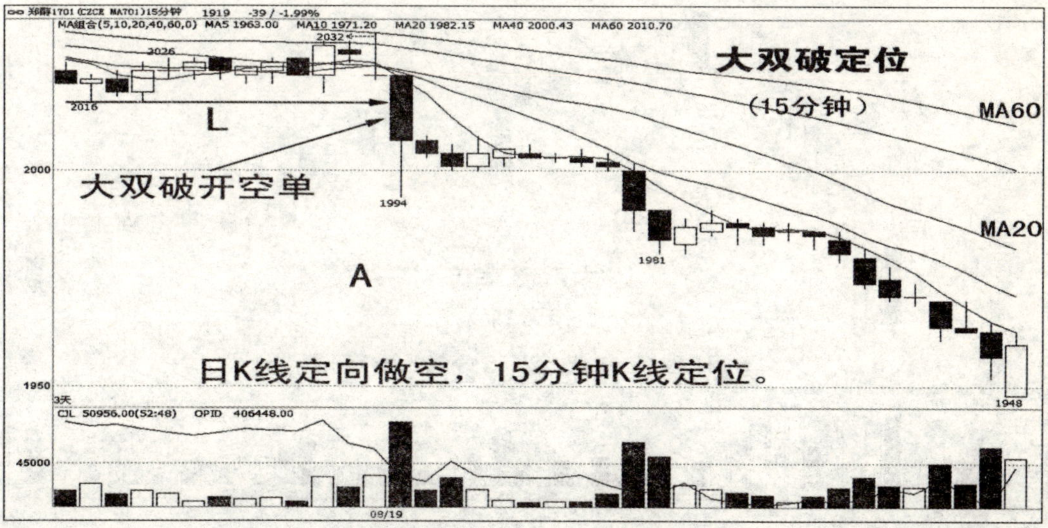

图6-7

图6-7解析：日K线确定交易方向为做空，A点下破MA20和颈线位，为15分钟K线大双破，抢开空单。

图6-8　菜粕1701合约2016.08.22—2016.08.24(15分钟)K线图

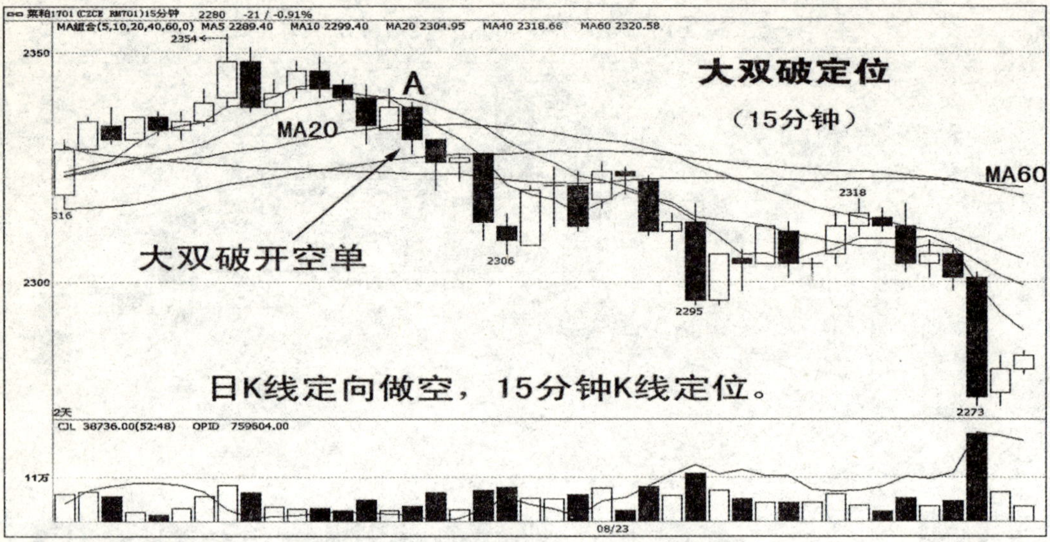

图6-8

图6-8解析：日K线确定交易方向为做空，A点下破MA20，且为双夹下破，为15分钟K线大双破，抢开空单。

图6-9　棕榈1701合约2016.08.26—2016.08.29(5分钟)K线图

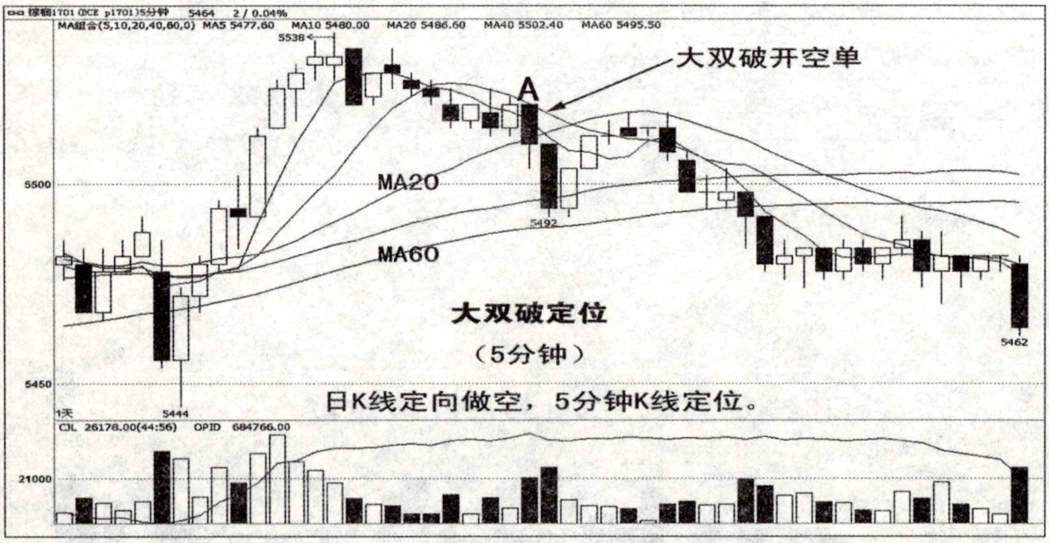

图6-9

图6-9解析：日K线确定交易方向为做空，A点下破MA20和MA5，且为双夹下破，为5分钟K线大双破，抢开空单。

第二节　小双破开仓

小双破，分为变向小双破和定位小双破。

变向小双破，一根中大K线，同时上破5日均线和10日均线，或者同时下破5日均线和10 日均线。变向，即交易方向由做多转为做空，或者由做空转为做多。一般只有中线严重超涨（涨3波以上或者大双头），短线急涨，之后出现小双破，由多转空；或者中线严重超跌(跌3波以上或者大双底)，短线急跌，之后出现小双破，由空转多。

定位小双破，一根中大K线，同时上破5日均线和10日均线，或者同时下破5日均线和10 日均线。定位，即确定开仓的具体位置。

变向小双破，具有定位的功能，但定位小双破，不具备变向的功能。另外，日K线定向之后，分时级别小双破，也只具备定位功能。

小双破，特别是多级别共振，是不可错过的开仓机会，包括小双破开多单和小双破开空单。

图6-10　郑棉主连2015.04.03—2015.05.26日K线图

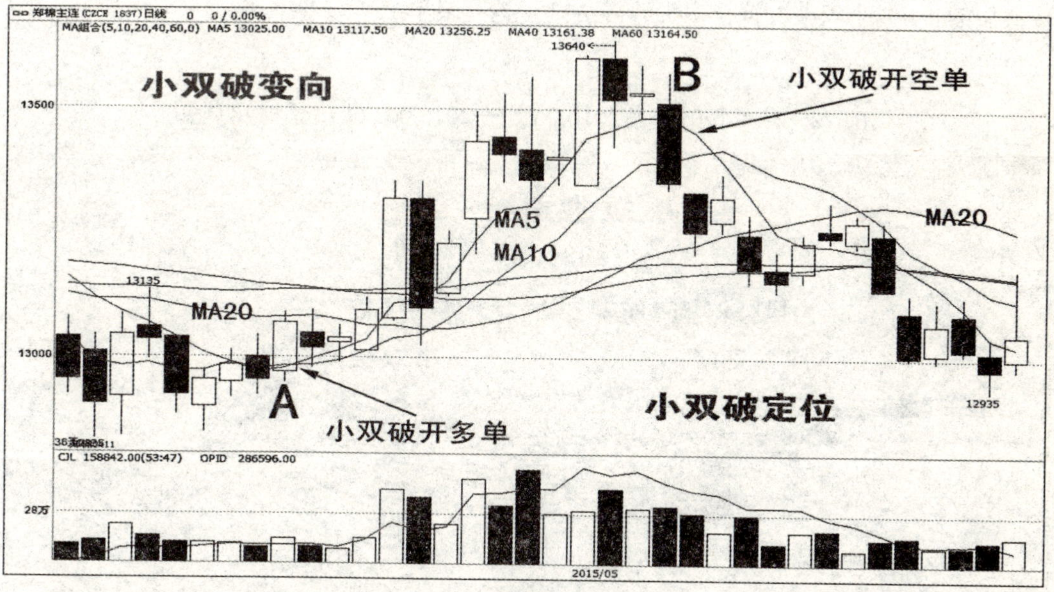

图6-10

图6-10解析：只有大双底和大双顶，小双破变向，成功的可能性才大。

A点之前构成大双底，A点为小双破，可开多单。

B点之前构成大双顶，B点为小双破，可开空单。

一、小双破开多单

图6-11　白糖1701合约2016.05.31—2016.07.04日K线图

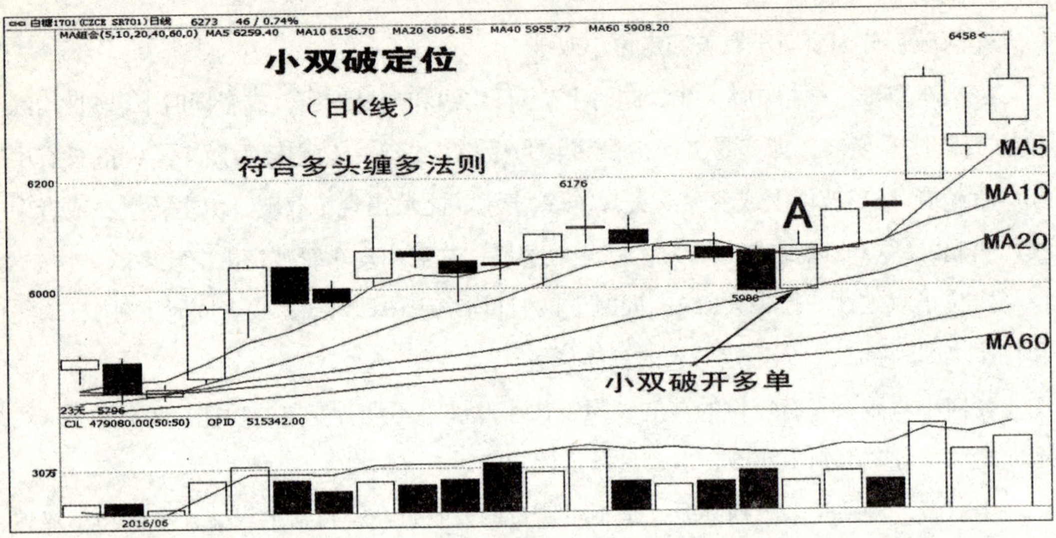

图6-11

图6-11解析：A点在20日线上，且20日线上行，之前盘整时间长，中阳线上破，形成典型的日K线小双破，符合多头缠多法则，抢开多单。

图6-12　焦炭1701合约2016.06.29—2016.06.30(15分钟)K线图

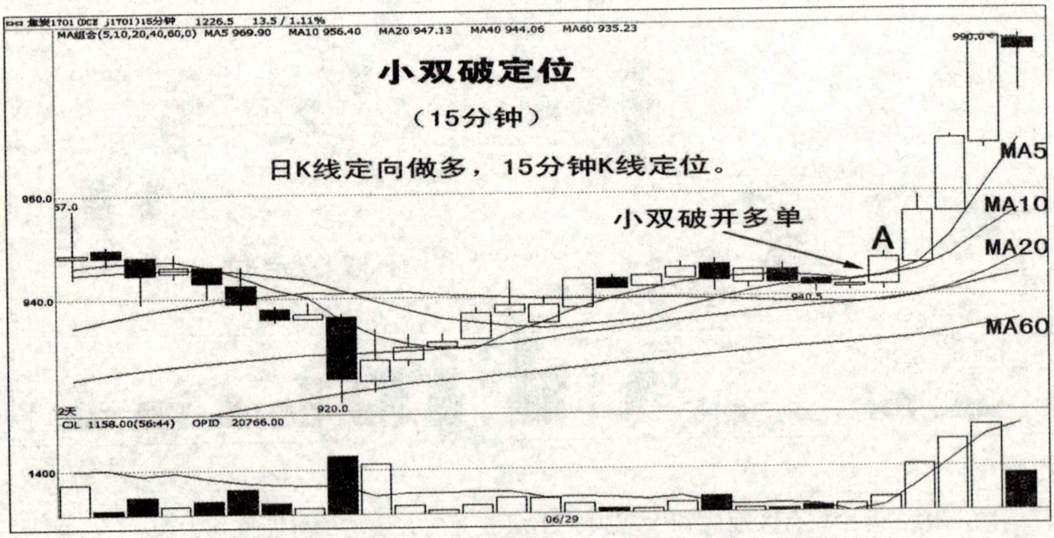

图6-12

图6-12解析：日K线确定交易方向为做多，A点同时上破MA5和MA10，为15分钟K线典型小双破，抢开多单。

图6-13　玻璃1701合约2016.07.11—2016.07.12(15分钟)K线图

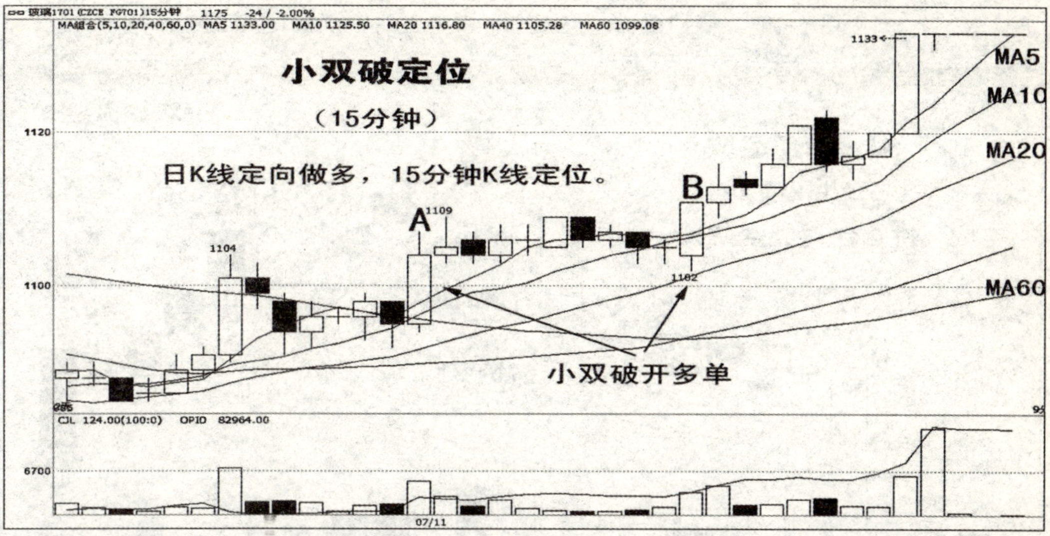

图6-13

图6-13解析：日K线确定交易方向为做多，A点、B点同时上破MA5和MA10，均为15 分钟K线典型小双破，抢开多单。

图6-14　热卷1610合约2016.07.26(5分钟)K线图

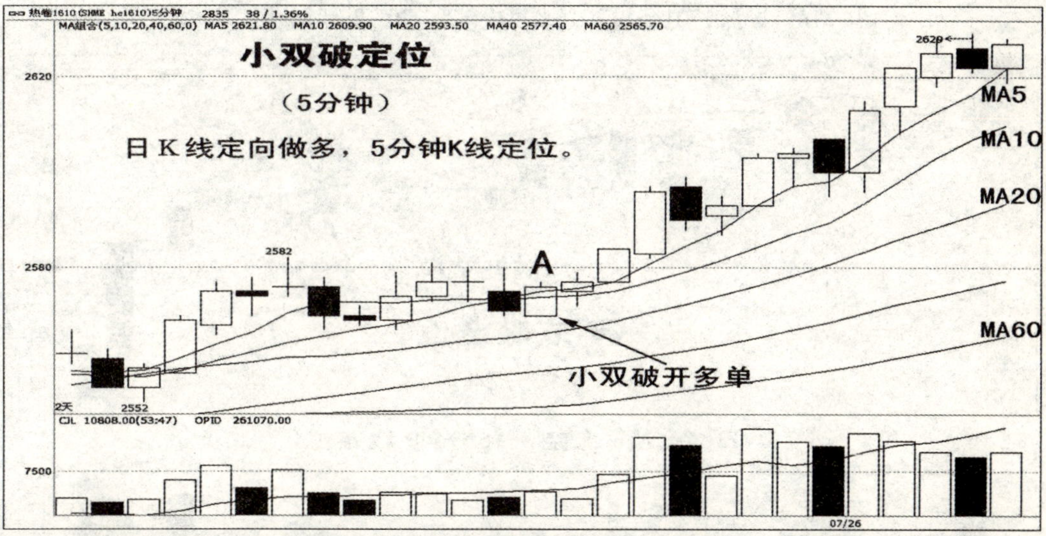

图6-14

图6-14解析：日K线确定交易方向为做多，A点同时上破MA5和MA10，为5分钟K线小双破，抢开多单。

二、小双破开空单

图6-15　螺纹1610合约2016.04.06—2016.05.09日K线图

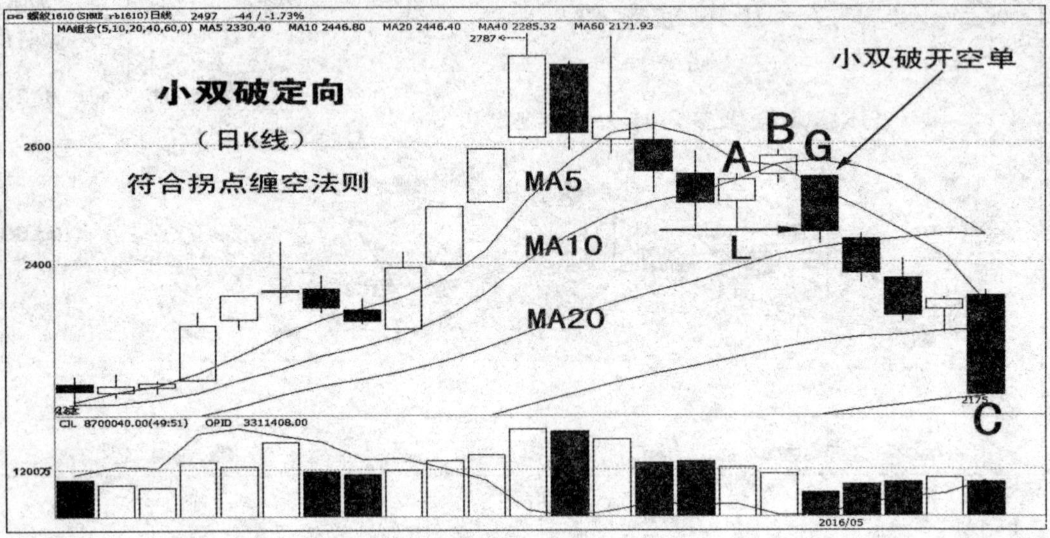

图6-15

图6-15解析：G点同时下破5日均线、10日均线和颈线位L，且为大阴线，形成典型的日K线小双破定向，符合拐点缠空法则，抢开空单。

图6-16　橡胶1701合约2016.07.21—2016.07.25(15分钟)K线图

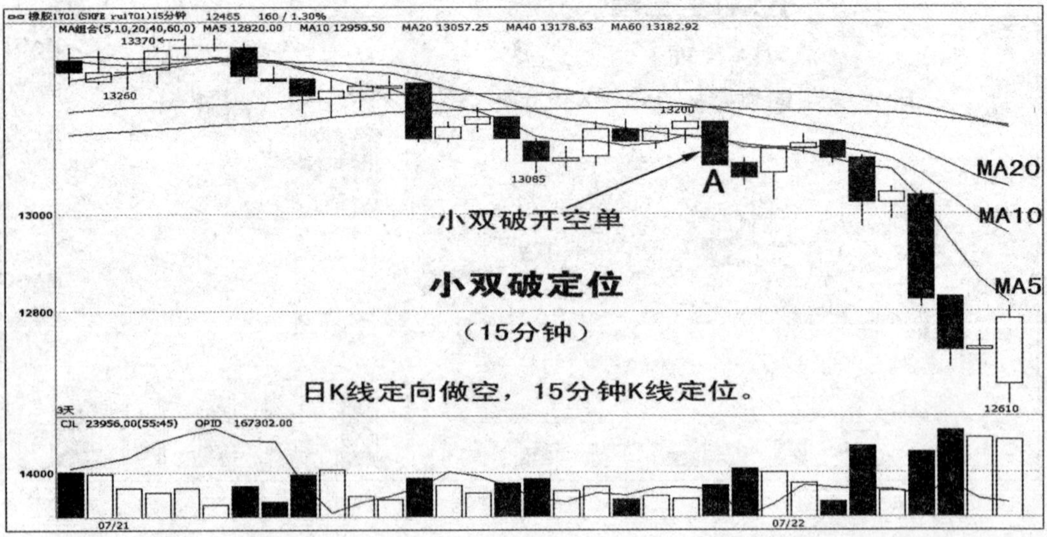

图6-16

图6-16解析：日K线确定交易方向为做空，A点为15分钟K线小双破，抢开空单。

图6-17　郑醇1701合约2016.08.26—2016.08.29(15分钟)K线图

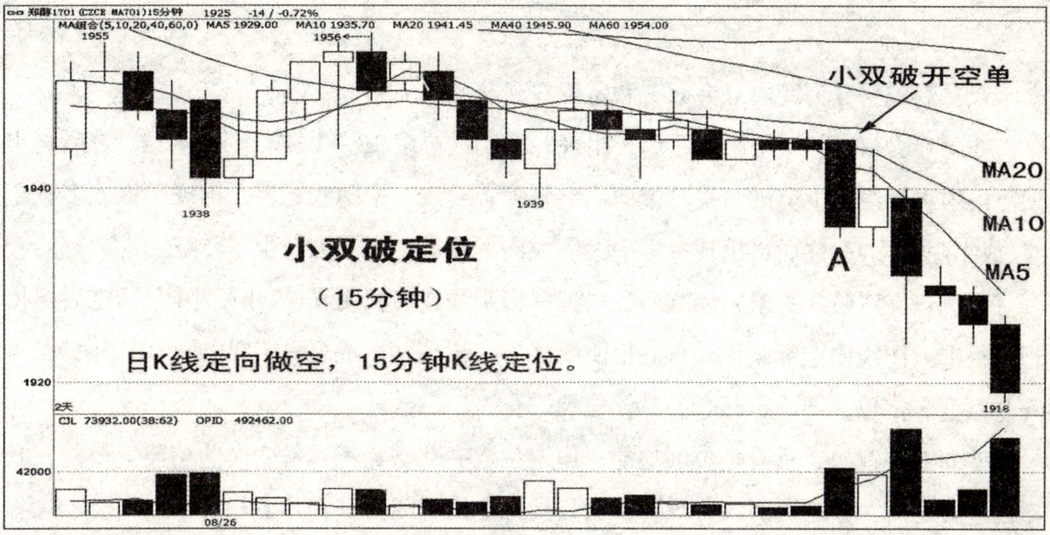

图6-17

图6-17解析：日K线确定交易方向为做空，A点下双破且为平台下破，为15分钟K线小双破，抢开空单。

图6-18　菜粕1701合约2016.08.23—2016.08.23(5分钟)K线图

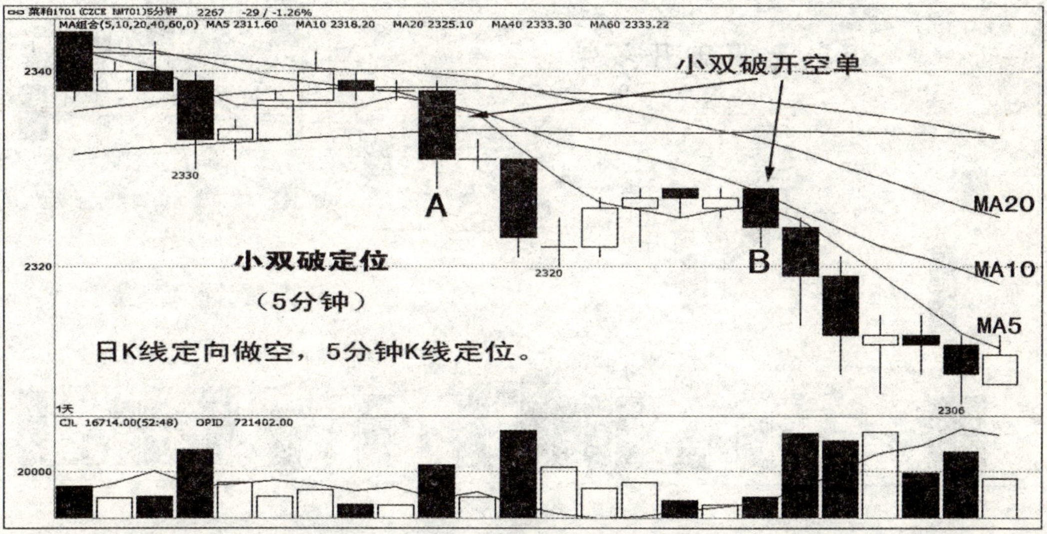

图6-18

图6-18解析：日K线确定交易方向为做空，A点、B点下破MA5和MA10，且为双夹下破，为5分钟K线小双破，抢开空单。

第三节　双夹双破开仓

双夹双破，分为变向双夹双破和定位双夹双破。

变向双夹双破：一根阳线之后，出现一根阴线或多根阴线(或小阳小阴)，之后再出现一根中大阳线向上突破，交易方向由空转多；或者一根阴线之后，出现一根或多根阳线(或小阴小阳)，之后再出现一根中大阴线向下突破，交易方向由多转空。

定位双夹双破：一根阳线之后，出现一根阴线或多根阴线(或小阳小阴)，之后再出现一根中大阳线向上突破；或者一根阴线之后，出现一根或多根阴线(或小阳小阴)，可开仓做空。定位，即确定开仓的具体位置。

变向双夹双破，具有定位的功能，但定位双夹双破，不具备变向的功能。另外，日K线定向之后，分时级别双夹双破，也只具备定位功能。

双夹双破，特别是多级别共振，是不可错过的开仓机会，包括双夹双破开多单和双夹双破开空单。

图6-19　IF当月2014.03.07—2014.04.21日K线图

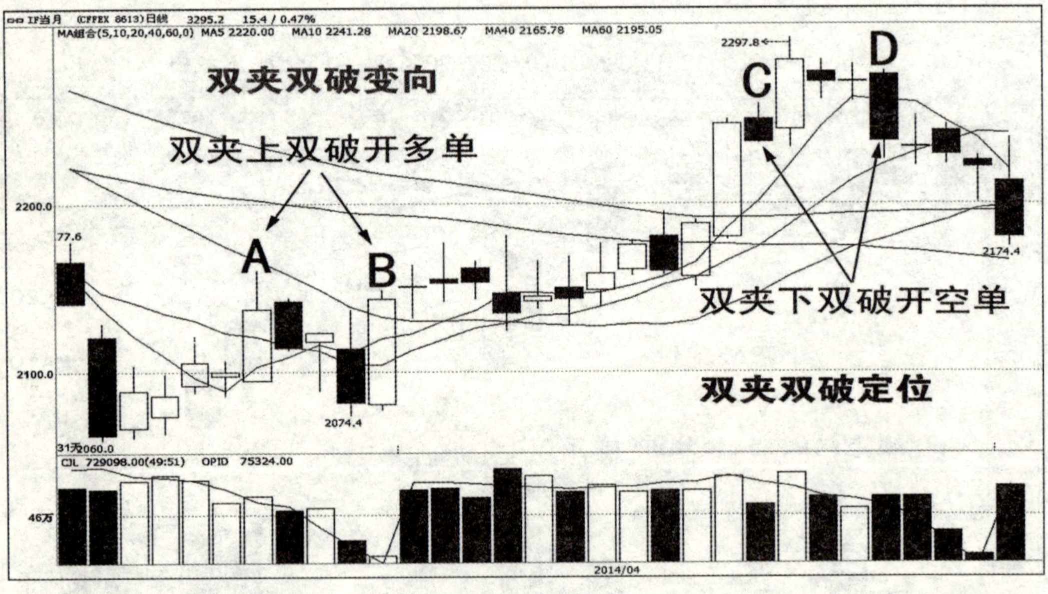

图6-19

图6-19解析：

A点和B点之间，有3根K线，B点上破AB之间的高点，可开多单。

C点和D点之间，有3根K线，D点下破CD之间的低点，可开空单。

一、双夹双破开多单

图6-20　塑料1609合约2016.05.26—2016.06.29日K线图

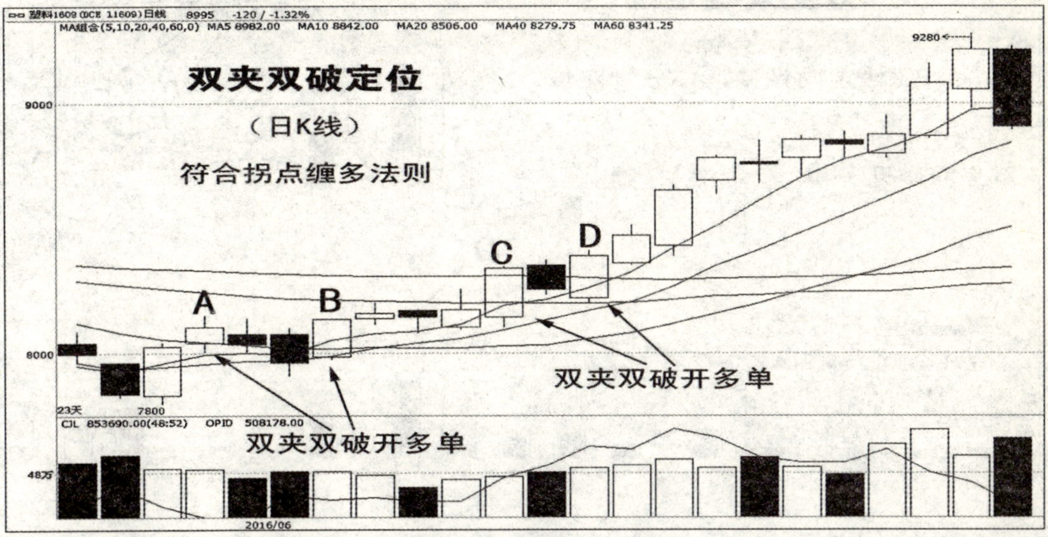

图6-20

图6-20解析：自B点开始，符合拐点缠多法则，交易方向为做多。B点与A点、D点与C 点构成双夹，B点、D点上破，可开多单。

图6-21　豆油1701合约2016.08.12—2016.08.15(15分钟)K线图

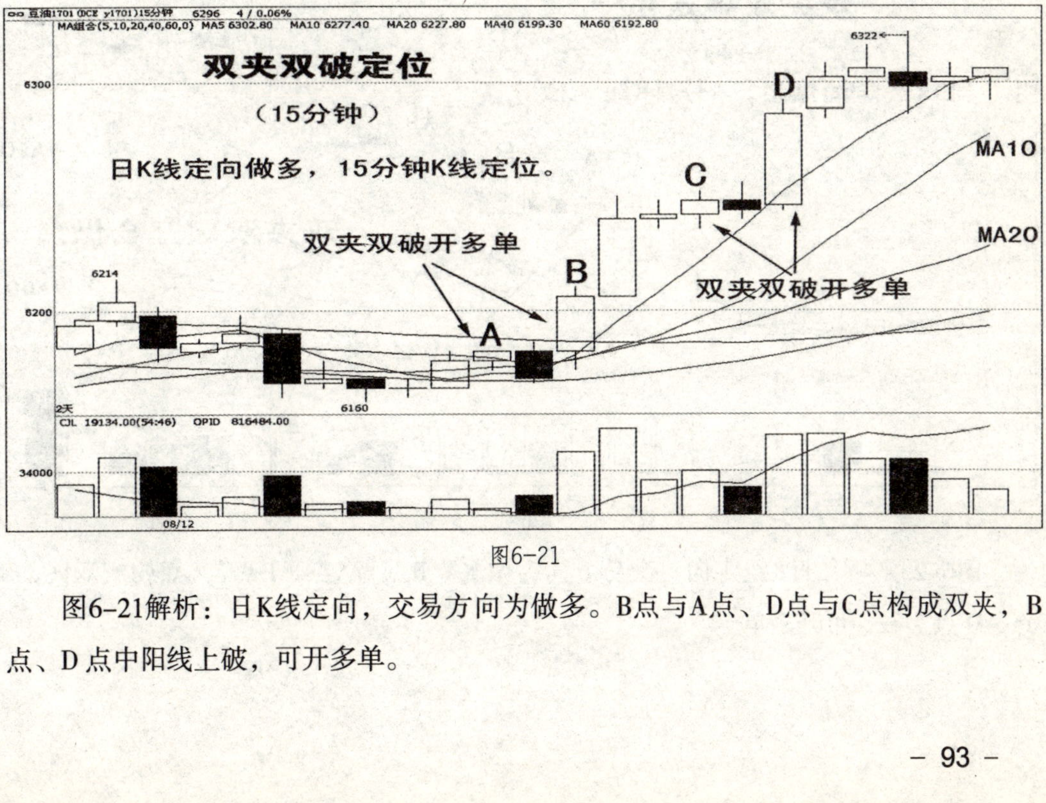

图6-21

图6-21解析：日K线定向，交易方向为做多。B点与A点、D点与C点构成双夹，B点、D 点中阳线上破，可开多单。

图6-22 玻璃1609合约2016.04.11—2016.04.13(15分钟)K线图

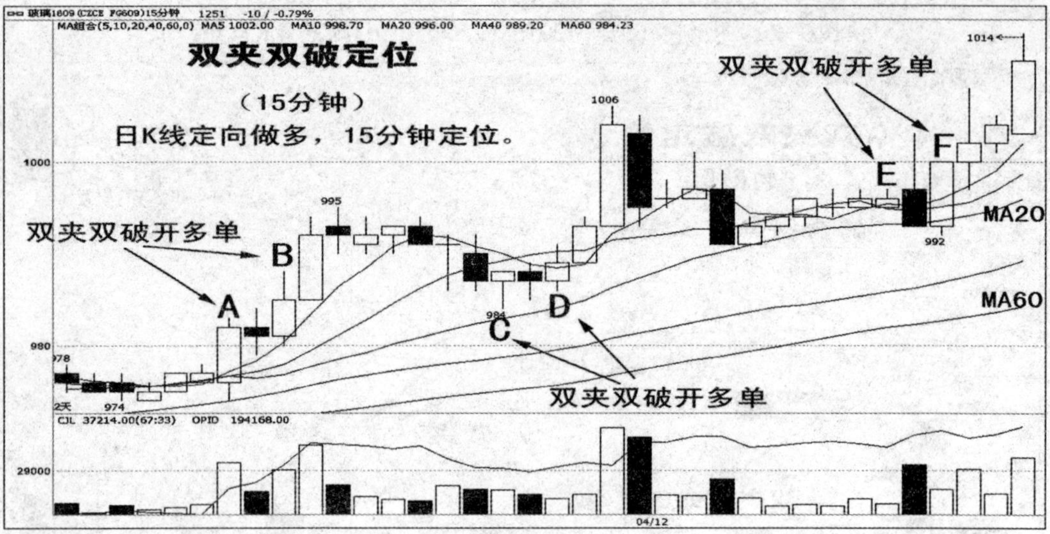

图6-22

图6-22解析：日K线定向，交易方向为做多。B点与A点、D点与C点、F点与E点构成双夹，B点、D点、F点上破，可开多单。

图6-23 IF当月2016.08.12(5分钟)K线图

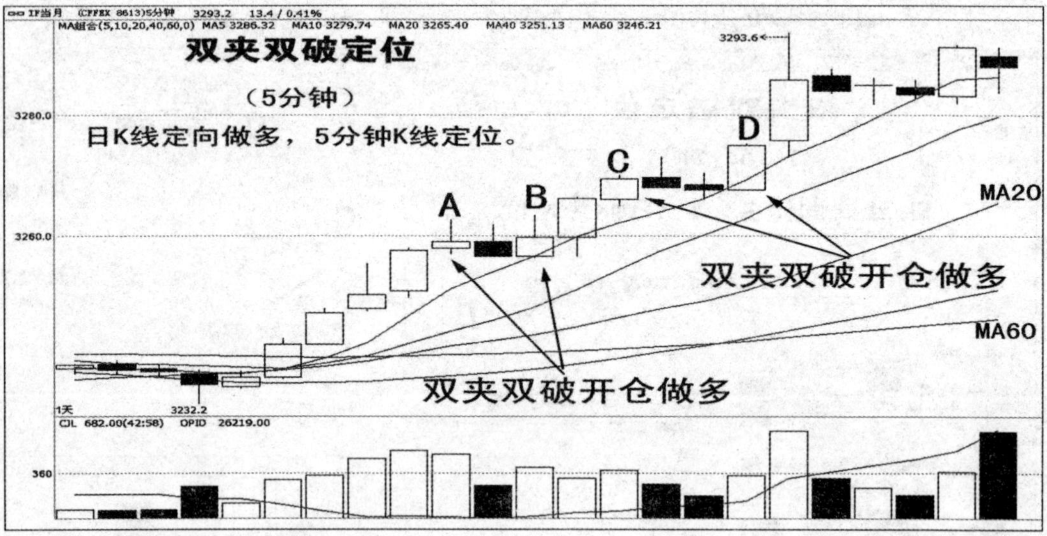

图6-23

图6-23解析：日K线定向，交易方向为做多。B点与A点、D点与C点构成双夹，B点、D点上破，可开多单。

二、双夹双破开空单

图6-24 IF当月2015.05.27—2015.06.29日K线图

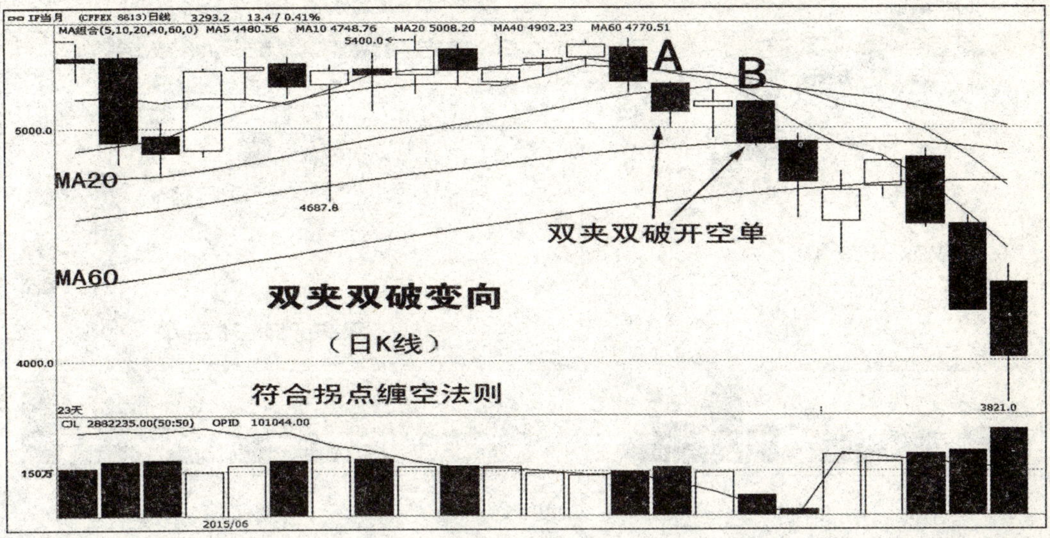

图6-24

图6-24解析：自B点开始，符合拐点缠空法则，交易方向为做空。B点与A点构成双夹，形成典型的日K线双夹双破，抢开空单。

图6-25 沪镍1701合约2016.08.24—2016.08.25(15分钟)K线图

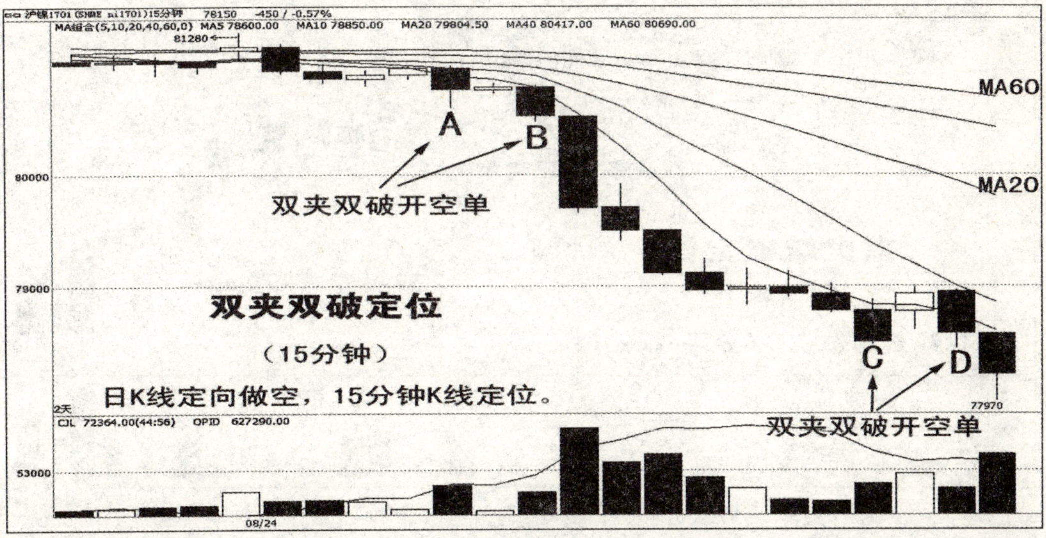

图6-25

图6-25解析：日K线确定交易方向为做空，B点与A点、D点与C点，构成双夹下破，抢开空单。

图6-26　菜粕1701合约2016.08.29—2016.08.30(15分钟)K线图

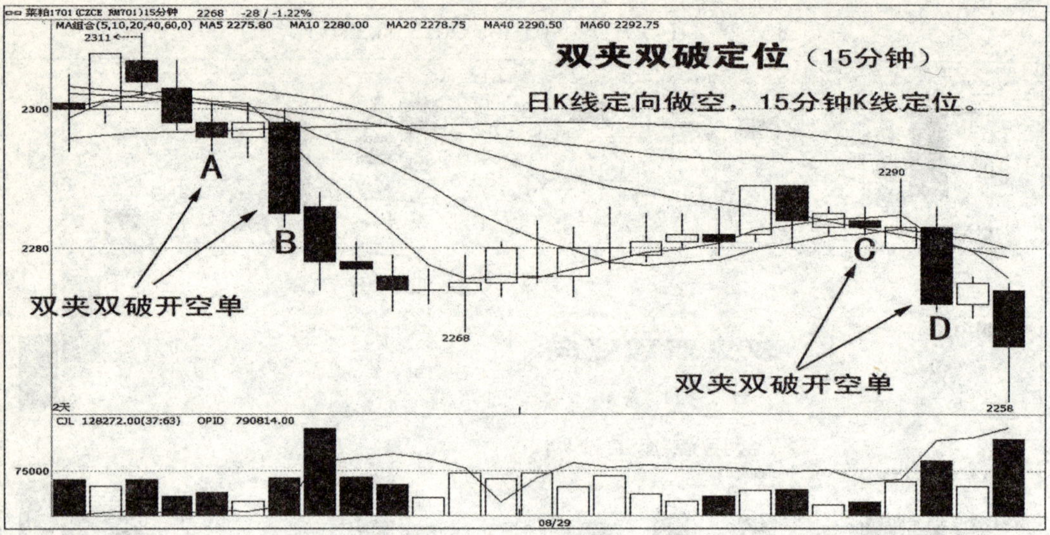

图6-26

图6-26解析：日K线确定交易方向为做空，B点与A点、D点与C点构成双夹下破，形成多级别共振，抢开空单。

图6-27　沪铜1610合约2016.08.30(5分钟)K线图

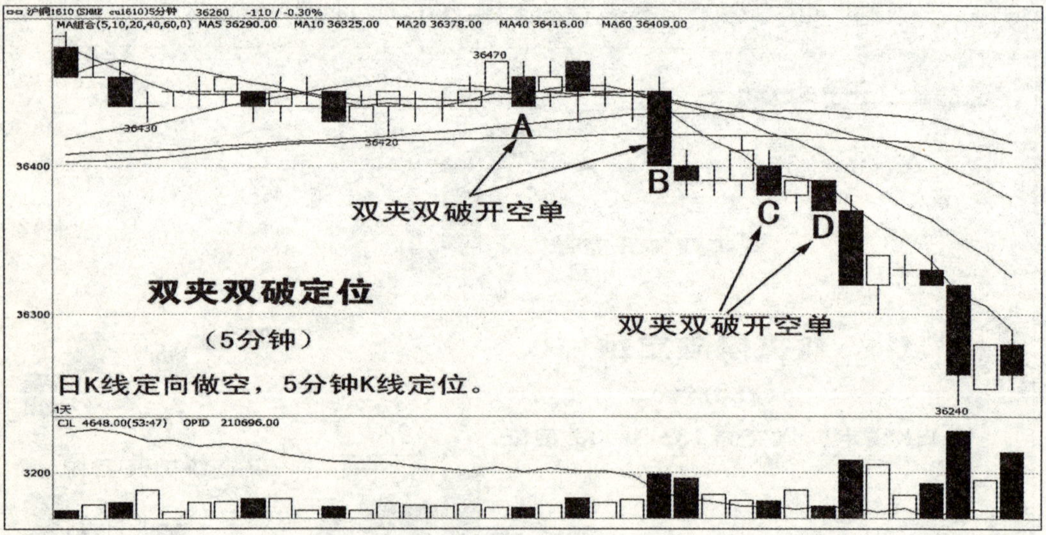

图6-27

图2-27解析：日K线确定交易方向为做空，B点与A点、D点与C点构成双夹下破，形成多级别共振，抢开空单。

第四节　三区三形筛选

大趋势可分为涨势和跌势，涨势可分为三区，叫缠多三区，跌势也可分为三区，叫缠空三区。

缠多三区包括拐点缠多区、多头缠多区和暴跌预警区。

缠空三区包括拐点缠空区、空头缠空区和暴涨预警区。

三形包括伍顶、伍底和三搓。

根据三区三形，对双破开仓进行区间筛选和形态筛选，选择趋势性更强的双破开仓。

一、缠多三区三形

缠多三区，即拐点缠多区、多头缠多区和暴跌预警区，所处趋势位置不同，操作策略不同。

(一)拐点缠多区

拐点缠多区：自拐点双预警确认开始，到六二均线变轨确认结束。

操作策略：伍底缠多，伍顶不追，轻仓防搓，变轨再补。

图6-28　焦炭1609合约2015.11.18—2016.02.26日K线图

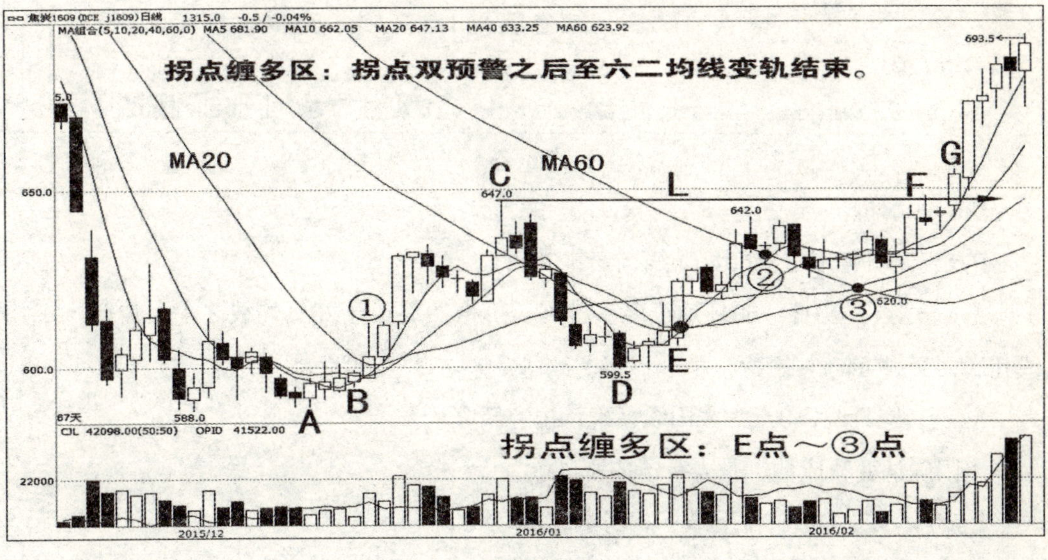

图6-28

图6-28解析：由A点开始反弹，①点上破20日均线，C点上破前波高点。拐点预警

一。由C点开始回调至D点，之后E点上双破，确认回调不创新低。拐点预警二。C点至E 点，构成拐点双预警。

②点上破60日均线，③点20日均线上穿60日均线，变轨完成。

F、G中大阳线上攻，确认由空转多完成。

拐点缠多区：E点～③点。

(二)多头缠多区

多头缠多区：六二均线变轨开始，见暴跌预警之前。

操作策略：持仓守线，比例加仓，伍顶减仓，伍底回补。

图6-29　螺纹1610合约2016.01.04—2016.02.22日K线

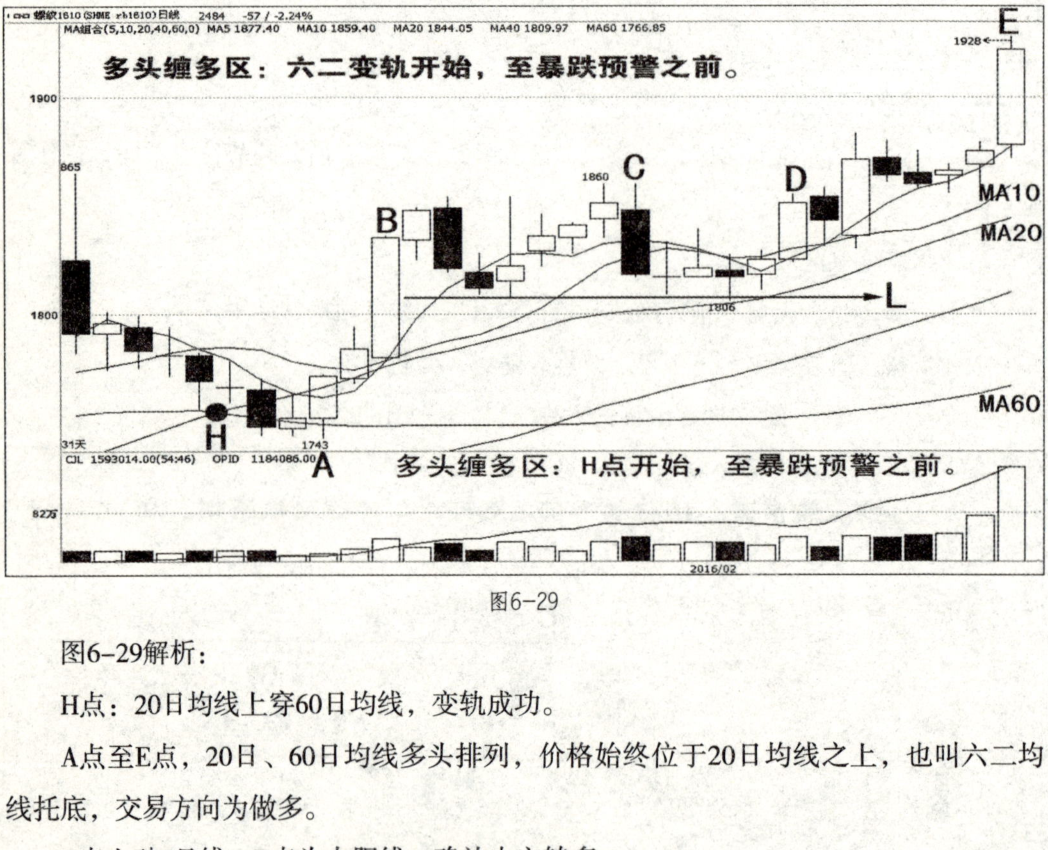

图6-29

图6-29解析：

H点：20日均线上穿60日均线，变轨成功。

A点至E点，20日、60日均线多头排列，价格始终位于20日均线之上，也叫六二均线托底，交易方向为做多。

A点上破5日线，B点为大阳线，确认由空转多。

串阳确认变轨成功，是大行情的基础。

B点定心线，C点破位下跌，震荡不破定心线。

D点之后震荡上攻，不破10日线，安心做多。

多头缠多区：H点～暴跌预警之前。

(三)暴跌预警区

暴跌预警区：自暴跌形态确认，到有效上破暴跌的顶部或者有效下破暴跌的底部结束。

暴跌形态的确认：两大阴线下跌；4连阴下跌；大双破。两大阴线下跌：至少两根大阴线下跌，跌停板更好；4连阴，指4天或4天以上阴线，其中至少有2根中阴线。

操作策略：暴跌防翻空，上攻防下破。三波先减仓，双破顺势补。

图6-30 豆粕1701合约2016.05.11—2016.07.15日K线图

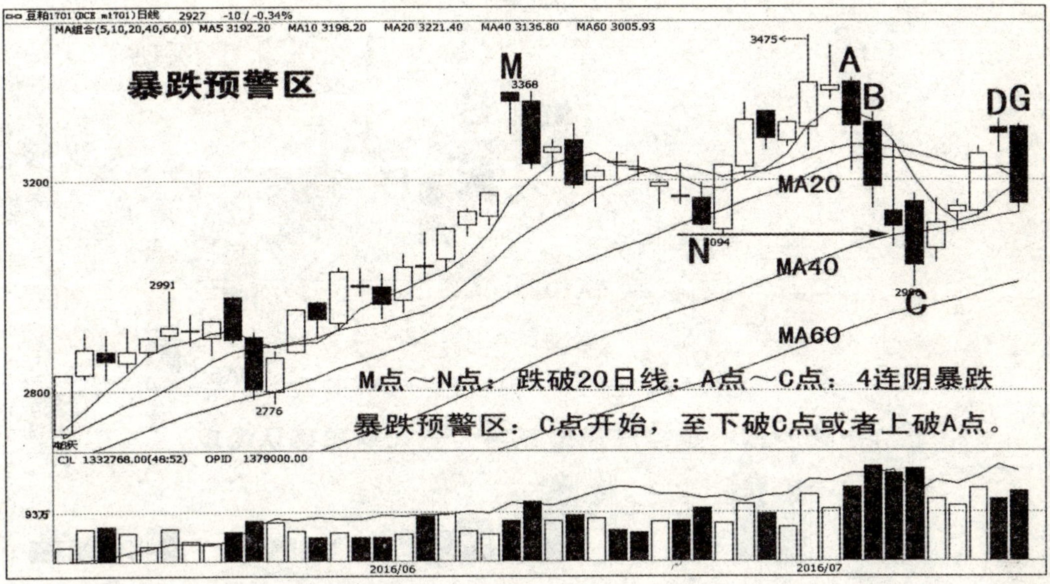

图6-30

图6-30解析：

暴跌预警：自M点至N点，跌破20日均线，双顶反压，A点4连阴下跌，其间两根中大阴线，B点小双破，至C点大双破。暴跌形态。

暴跌防翻空：A点—C点，暴跌确认，防大势翻空。

反弹确认：C点之后反弹，至D点，没创新高。

上攻防下破：C点之后的反弹，预防下破翻空。

G点大阴线下双破，一阴破3线，翻空区内，只可做空，不可做多。

三波先减仓：此前豆粕有三波上攻，整体涨幅大，见暴跌，多单可先减仓。

双破顺势补：G点大双破之后，可以开空单。

暴跌预警区：C点至下破C点或者上破A点。

二、缠空三区三形

缠空三区，即拐点缠空区、空头缠空区和暴涨预警区，所处趋势位置不同，操作策略不同。

(一)拐点缠空区

拐点缠空区：自拐点双预警确认开始，到大双破确认结束。

操作策略：伍顶缠空，伍底不追，轻仓防搓，双破再补。

图6-31　铁矿1609合约2016.04.07—2016.05.12日K线

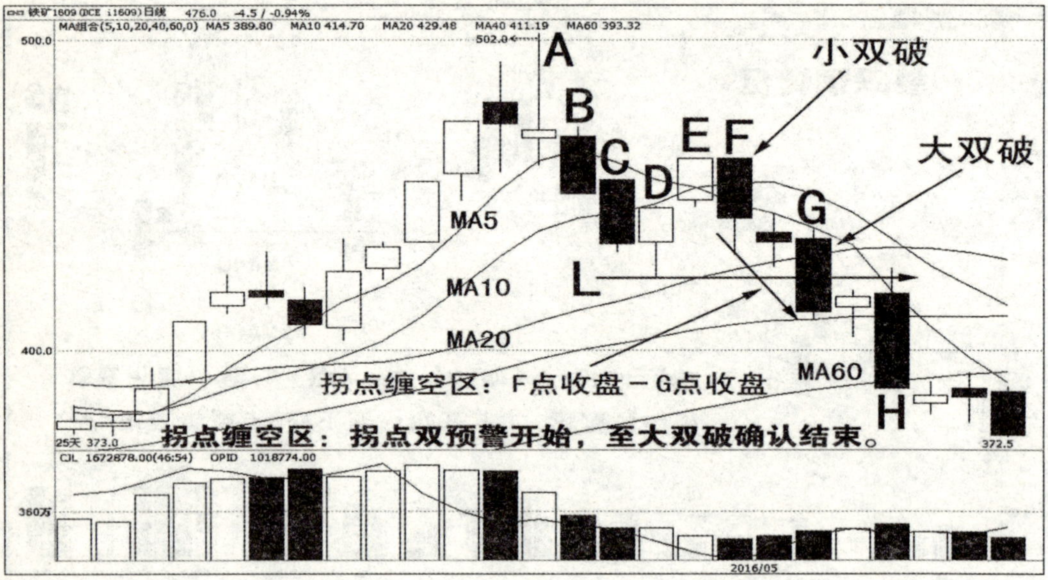

图6-31

图6-31解析：

暴跌预警：A点冲高跳水，最K线；B点天棍下双破，大阴线，多单必须平仓；C点横盘抵抗之后跳水，大阴线；D点继续杀跌之后反弹。跌幅超过15.5%，拐点预警一。

反弹确认：由D点开始反弹，至E点，F点下双破，确认反弹不创新高。拐点预警二。

大双破：G点同时下破20日均线和颈线位D点。

拐点缠空区：F点收盘～G点收盘。

伍顶缠空：F点收盘之后，可利用分时K线，伍顶缠空。

伍底不追：拐点缠空区，防上下搓。

轻仓防搓：趋势转换没有确认之前，轻仓试错。

双破再补：F点之后，再利用下双破补仓。

（二）空头缠空区

空头缠空区：自大双破确认开始，见暴涨预警之前。

操作策略：持仓守线，比例加仓，伍底减仓，伍顶回补。

图6-32　IF当月2015.12.18—2016.01.28日K线图

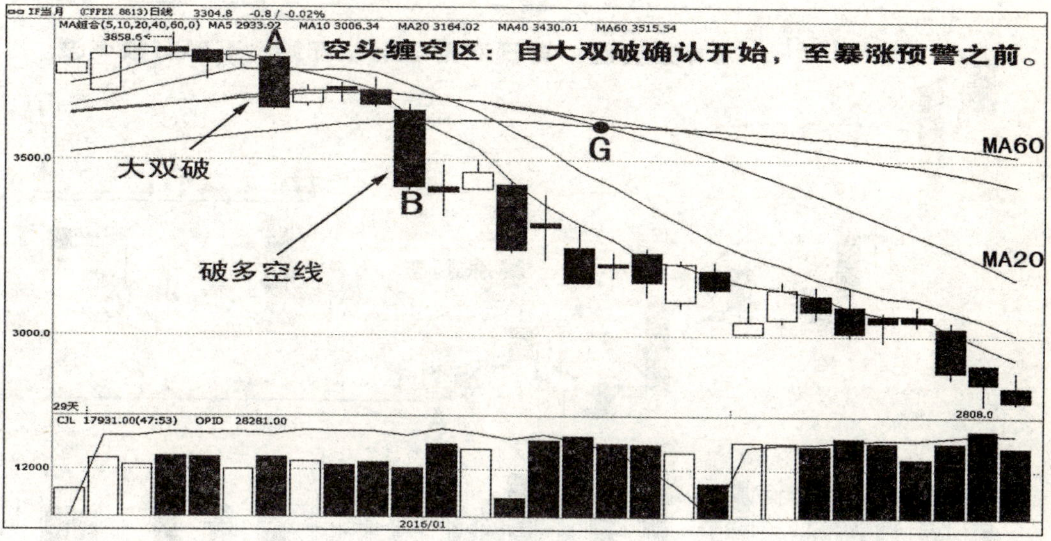

图6-32

图6-32解析：

大双破确认：大双破之后，反弹不破再下跌。

A点大阴线，一阴破4线，反弹之后下破多空线。B点大阴线，破多空线60日均线，反弹之后再下跌。G点变轨，20日均线下穿60日均线，变轨成功。

持仓守线：A点抢点做空之后，可守20日均线，再次下双破补足仓位。大双破之前，是减半缠空，大双破之后，补足，然后持仓不动。

比例加仓：按安全比例，浮盈加仓，整个持仓比例不变。

伍底减仓：短线急跌可适当减仓，但基本仓位不变。

伍顶回补：伍顶归顺时，仓位再次补足。

空头缠空区：A点—暴涨预警之前。

（三）暴涨预警区

暴涨预警区：自暴涨形态确认，到有效上破暴涨的顶部或者有效下破暴涨的底部结束。有效下破暴涨的底部，则原下跌趋势继续，有效上破暴涨的顶部，则新趋势形成，由空翻多。

暴涨形态的确认：两大阳线上攻；4连阳上攻；大双破。两大阳线上攻：至少两根大阳线上攻，涨停板更好；4连阳，指4天或4天以上阳线，其中至少有2根中阳线。

操作策略：暴涨防翻多，回调防上破。三波先减仓，双破顺势补。

图6-33　螺纹1610合约2016.05.05—2016.06.27日K线图

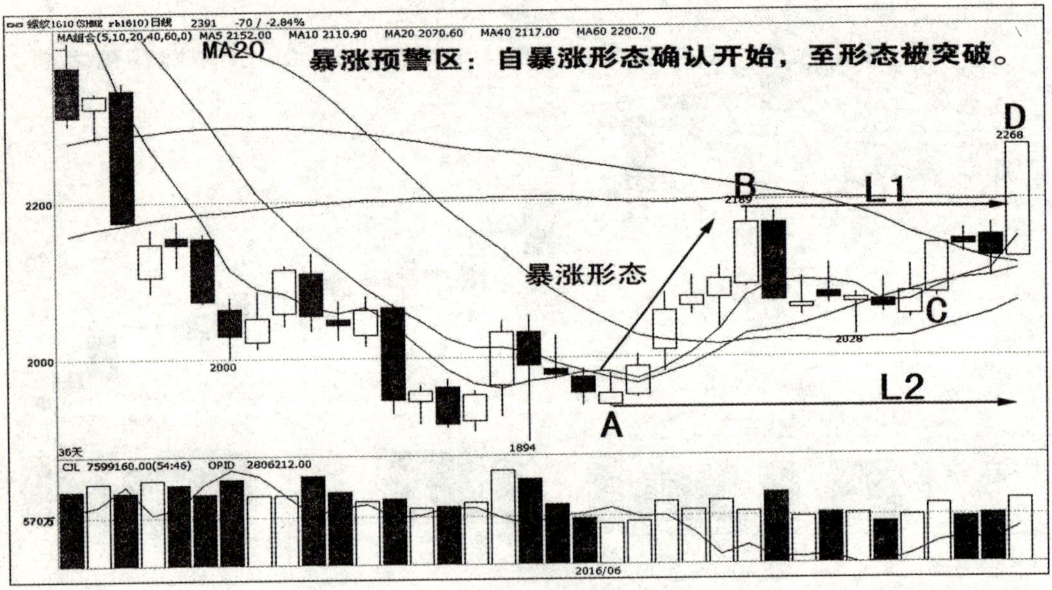

图6-33

图6-33解析：

暴涨预警：自A点至B点，6连阳，两根中阳线，确认为暴涨形态。

暴涨防翻多：A点—B点，为暴涨形，防大势由空翻多。

回调确认：C点上双破，确认回调不创新低，可开多单。

D点上破暴涨预警区顶部，确认由空翻多，多单补足。

暴涨预警区：B点—D点。

双破选开：

缠多双破选开：三波双底、托底伍底、托底双底的上双破。

缠空双破选开：三波双顶、压顶伍顶、压顶双顶的下双破。

每一个双破开仓，都必须防三搓。三搓不乱，防一跳踏空。

好区间，好形态，好双破，皆为事后说；

搓与不搓，有备无患，我心不乱。

第五节　顺势抢点法则

顺势抢点法则：顺应大势、抢点开仓和平仓的规则。顺，顺应；势，大趋势；点，拐点和启动加速点，这里指五阳三线、地桩双破、天棍双破、双夹双破。

顺势抢点法则：

中线走多，五阳做多，三线平仓。

中线走空，三线做空，五阳平仓。

五阳：连阴阳、空倍阳、逼空阳、C浪阳、黄金阳。

三线：最值阴线、破势阴线、归顺阴线。

双夹双破，相当于空倍阳，双破之后大阳线，相当于逼空阳。

一、中线走多，五阳开仓，三线平仓

中线走多，按缠多定向法则，可分为拐点缠多定向和多头缠多定向。

下面我们通过实例图讲解顺势抢点做多。

图6-34　郑棉1609合约2016.02.22—2016.04.14日K线图

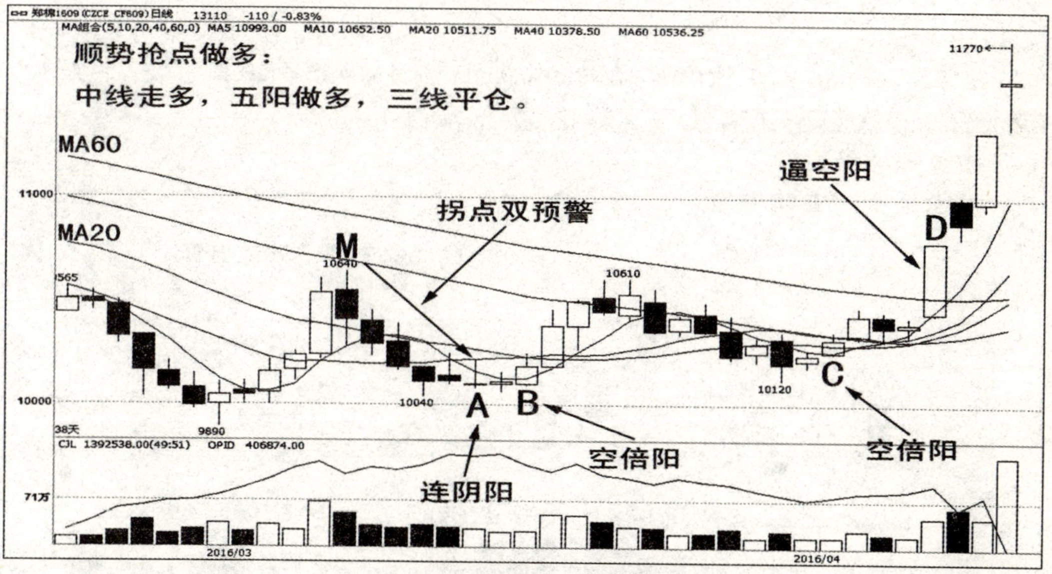

图6-34

图6-34　解析：自A点起，符合拐点缠多定向法则。M点～A点：拐点双预警；A点：连阴阳，开多单；B点：空倍阳，开多单；C点：空倍阳，上双破开多单；D点：逼空阳，开多单。拐点缠多，仓位减半，根半止损。

图6-35　螺纹1609合约2016.01.18—2016.03.22日K线图

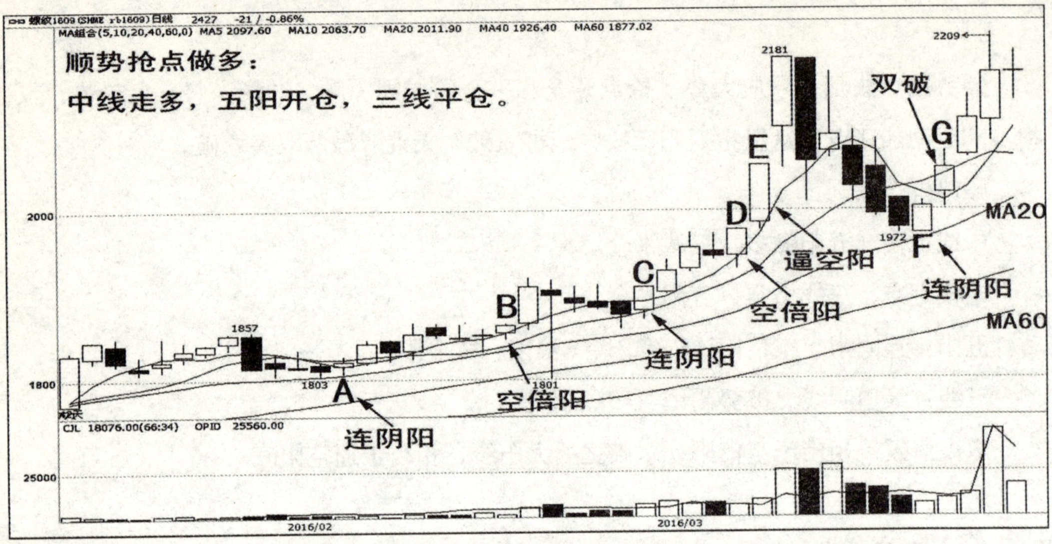

图6-35

图6-35解析：A点：连阴阳，开多单；B点：空倍阳，开多单；C点：连阴阳，开多单；D点：空倍阳，开多单；E点，逼空阳，开多单；F点：连阴阳，开多单；G点：上双破，开多单。

图6-36　铁矿1609合约2016.03.03—2016.04.26日K线图

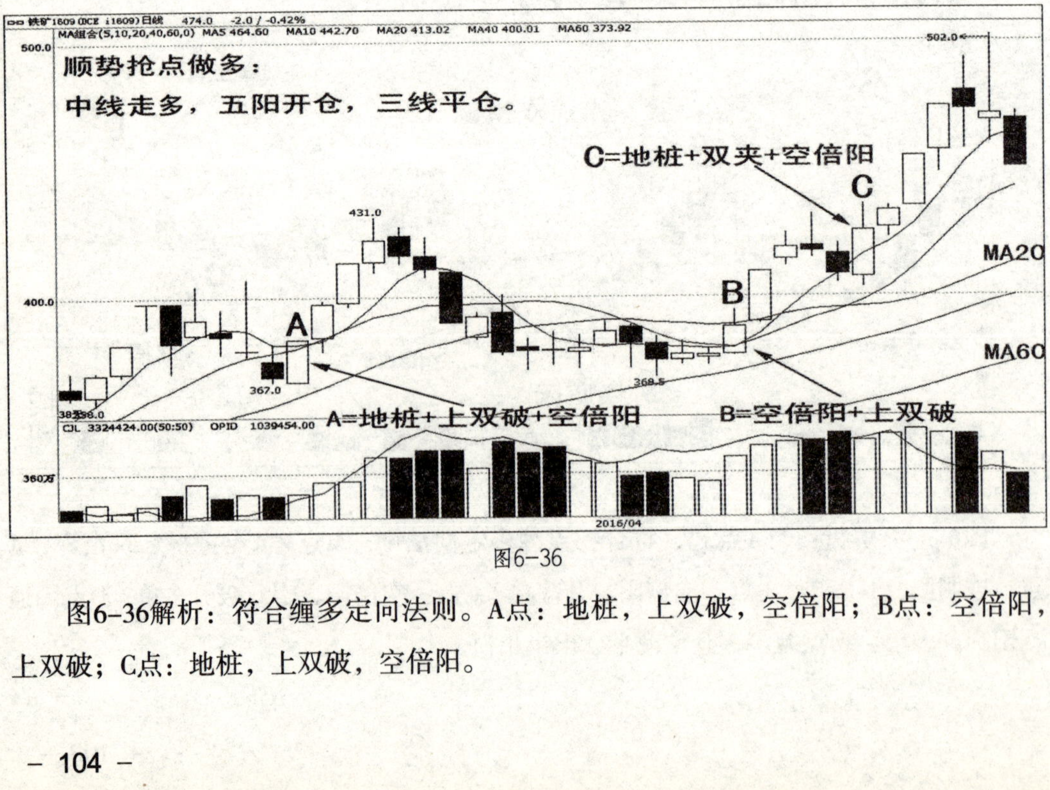

图6-36

图6-36解析：符合缠多定向法则。A点：地桩，上双破，空倍阳；B点：空倍阳，上双破；C点：地桩，上双破，空倍阳。

二、中线走空，三线开仓，五阳平仓

中线走空，按缠空定向法则，可分为拐点缠空定向和空头缠空定向。

图6-37　焦炭1609合约2016.04.22—2016.05.27日K线图

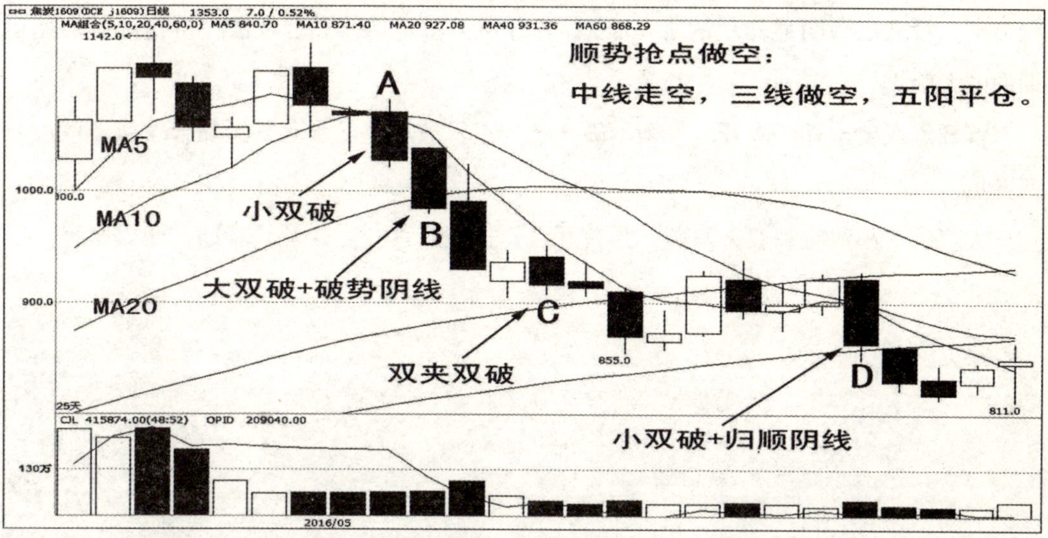

图6-37

图6-37解析：符合拐点缠空法则。A点小双破；B点大双破+破势阴线；C点双夹双破；D点小双破+归顺阴线。

图6-38　鸡蛋1701合约2016.07.15—2016.08.26日K线图

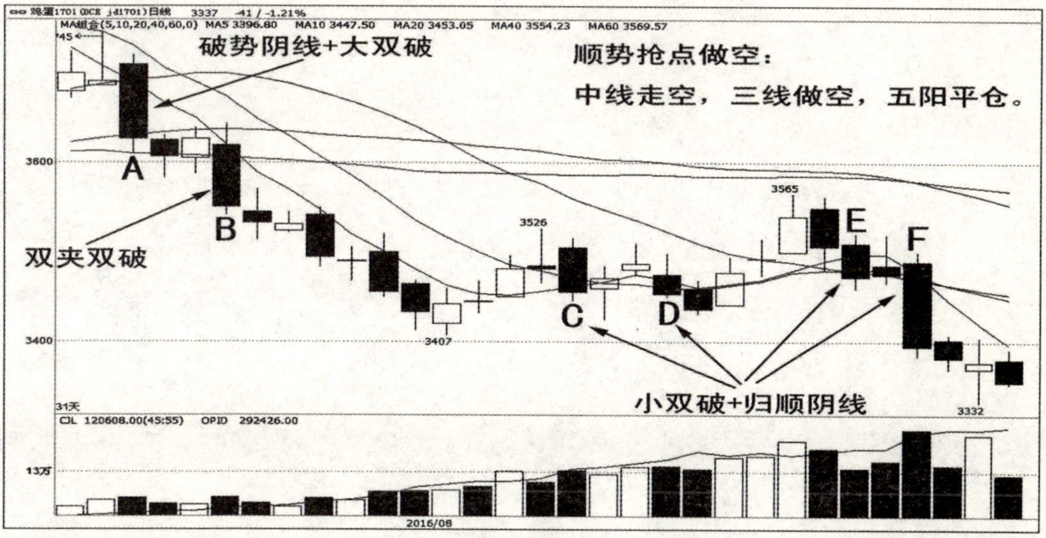

图6-38

图6-38　解析：A点之后，B点、C点、D点、E点、F点均为归顺阴线。

开仓，包括开空单和开多单，分为首开点、次开点和三开点。

首开点，就是出现开仓信号的第一根K线；次开点，就是首开点之后仍保持原有运行节奏、没有出现明显异动的所有K线；三开点，就是均线黏合发散，价格开始加速运动的中大K线。

首开点双破抢开，次开点平衡不破，三开点发散加速。没有共振黏合发散，就没有三开点。

大双破、小双破和双夹双破，为首开点。把握好首开点，开仓难题，迎刃而解。

第七章　最值拐平

最K线平仓、最值阴线平仓、最值阳线平仓，是日内交易和短线交易必须熟练掌握的技巧。选择合适的操盘线，中长线交易定线定心。

第一节　最K线提前平仓

捕捉单波价差，特别是短线交易或者日内交易，如果价格快速波动，冲顶或探底，即冲击压力位或下探阻力位，可提前平仓，不必等反向破位。

一、最K线——物极必反

最K线是某循环周期或某区间内的最值K线，一般具有突然放大或者快速缩小的特征，包括实体最大、影线最长、成交量最大的K线等。最K线分为阳线最K线和阴线最K线。

最K线的确认方式有两种：

一是由前波最K线确认：通过与前波最K线相比，实体、影线或者成交量波动特征大致相同，走势明显异动。

二是由本波相邻K线确认：通过与本波前根K线相比，实体和成交量明显放大，与本波后根K线相比，后根K线实体和成交量明显缩小。

物极必反：伍顶见最K线，伍底见最K线，常形成波段拐点。

(一)阳线最K线

图7-1　棕榈1701合约2016.08.08—2016.08.09(15分钟)K线图

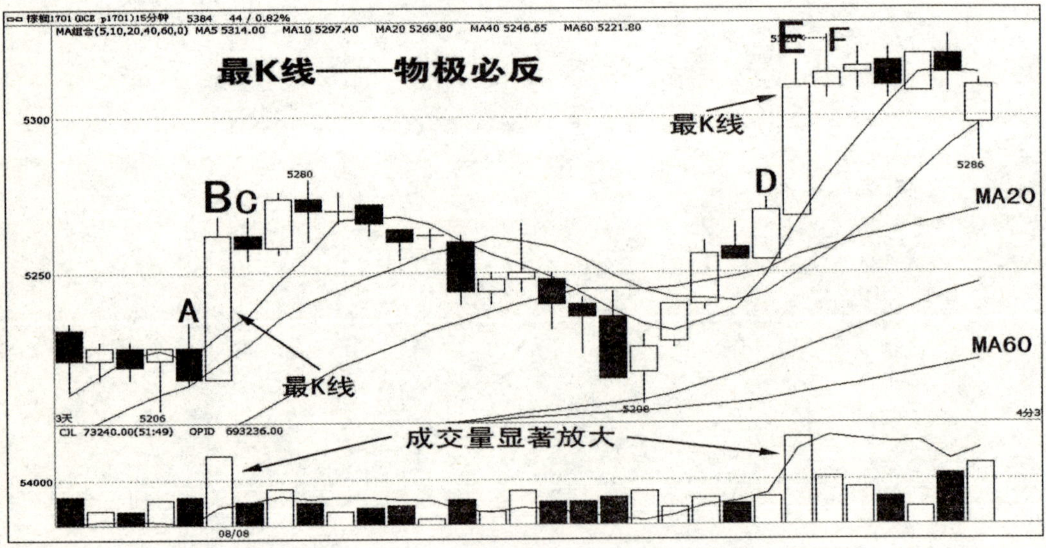

图7-1

图7-1解析：上涨三五根K线，见阳线最K线，易见伍顶。

1. B点为阳线最K线

与前根K线A点相比，实体和成交量明显放大。

后根K线C与B相比，实体和成交量明显缩小。

2. E点为阳线最K线

由本波相邻K线确认：与前根K线D相比，实体和成交量明显放大；后根K线F与E相比，实体和成交量明显缩小。

由前波最K线确认：与前波最K线B相比，实体和成交量接近。

最K线B和最K线E之后，小幅上冲，即见顶回落。

(二)阴线最K线

图7-2　菜粕1701合约2016.08.19—2016.08.24(15分钟)K线图

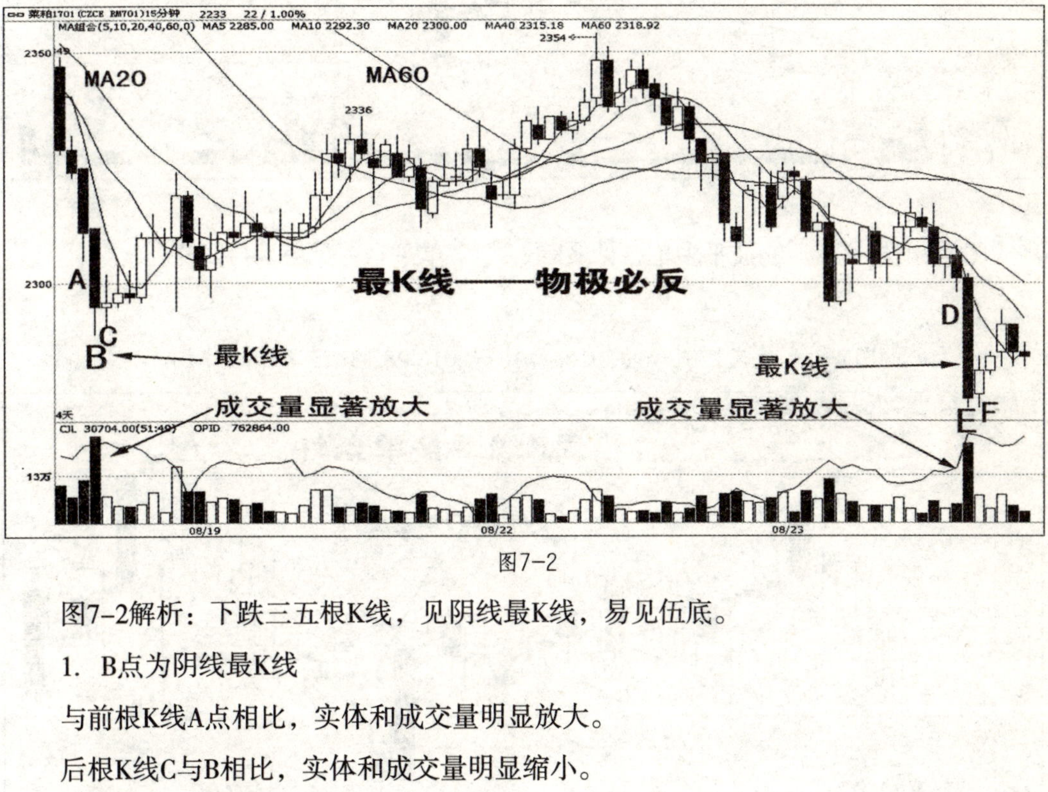

图7-2

图7-2解析：下跌三五根K线，见阴线最K线，易见伍底。

1. B点为阴线最K线

与前根K线A点相比，实体和成交量明显放大。

后根K线C与B相比，实体和成交量明显缩小。

2. E点为阴线最K线

由本波相邻K线确认：与前根K线D相比，实体和成交量明显放大；后根K线F与E相比，实体和成交量明显缩小。

由前波最K线确认：与前波最K线B相比，实体和成交量接近。

最K线B和最K线E之后，小幅下探，即见底反弹。

二、最K线平多单条件

(一)反压最值，先平后补

图7-3　玻璃1609合约2016.04.13—2016.04.15(15分钟)K线图

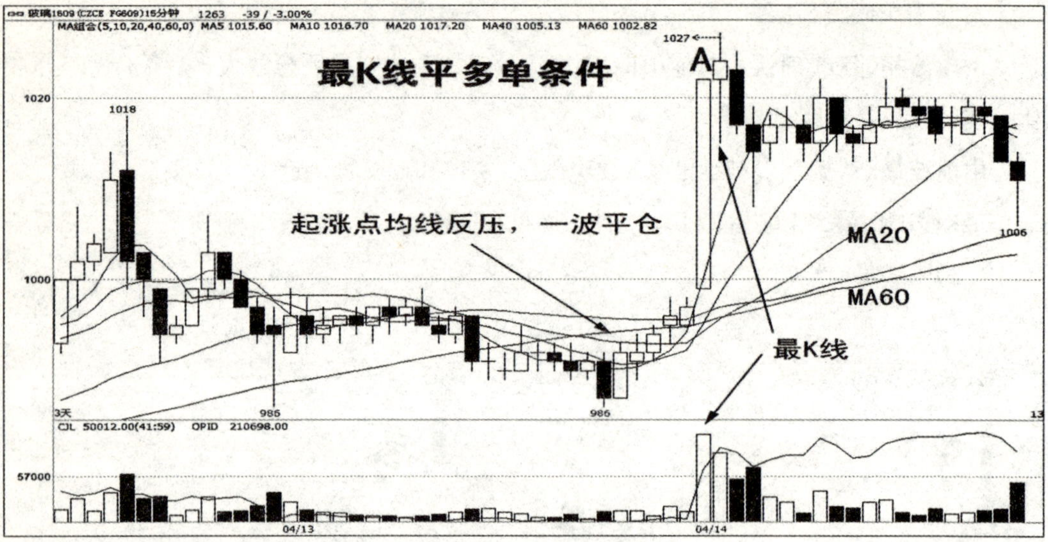

图7-3

图7-3解析：反压一波平多单，见最K线A，多单平仓，见信号再回补。

图7-4　焦炭1701合约2016.08.16—2016.08.18(15分钟)K线图

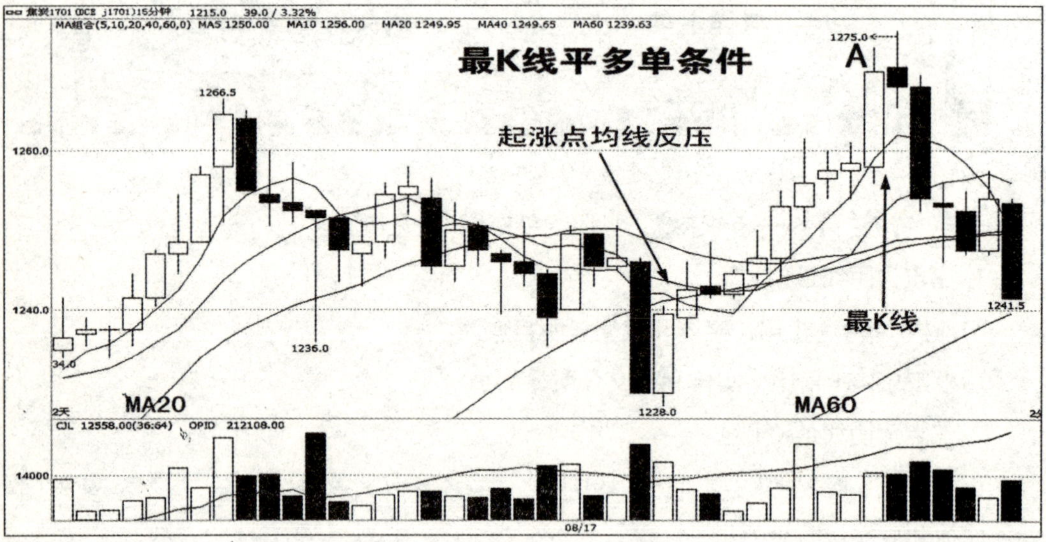

图7-4

图7-4解析：反压一波平多单，见最K线A，多单平仓，见信号再回补。

(二)共振三波，最值先平

图7-5 螺纹1610合约2016.06.03—2016.06.07(15分钟)K线图

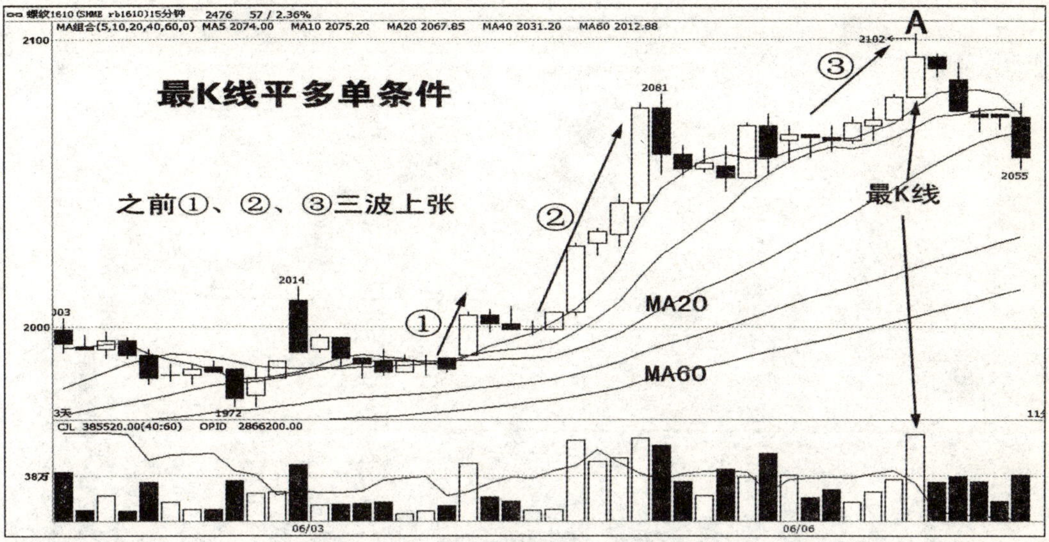

图7-5

图7-5解析：短黏长翘或三波，见最K线A平多单，见信号再回补。

图7-6 棕榈1701合约2016.08.12—2016.08.16(15分钟)K线图

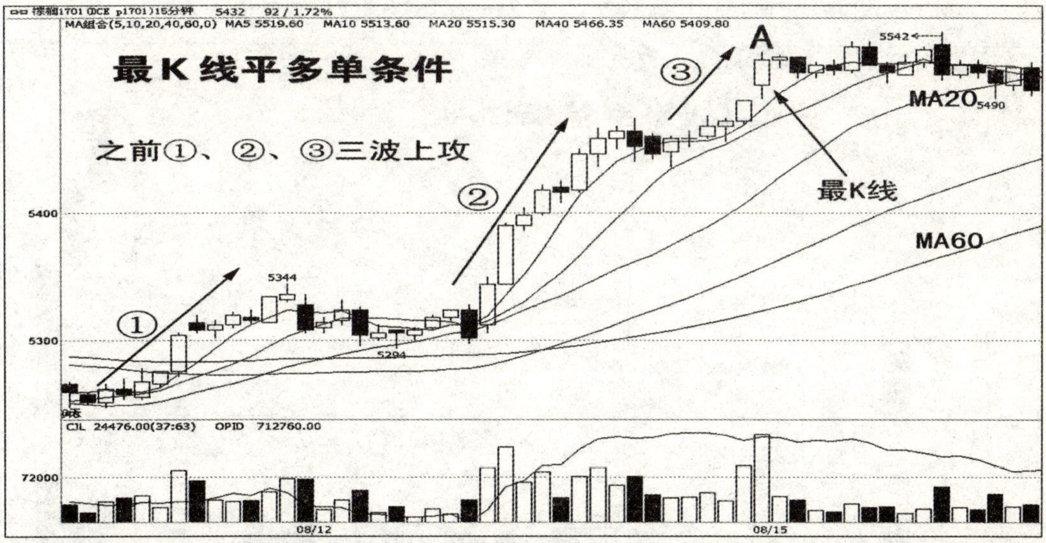

图7-6

图7-5解析：短黏长翘，①、②、③共3波上攻，见最K线A平多单，见信号再回补。

三、最K线平空单条件

(一)反顶最值，先平后补

图7-7　IF1609合约2016.08.30—2016.09.02(15分钟)K线图

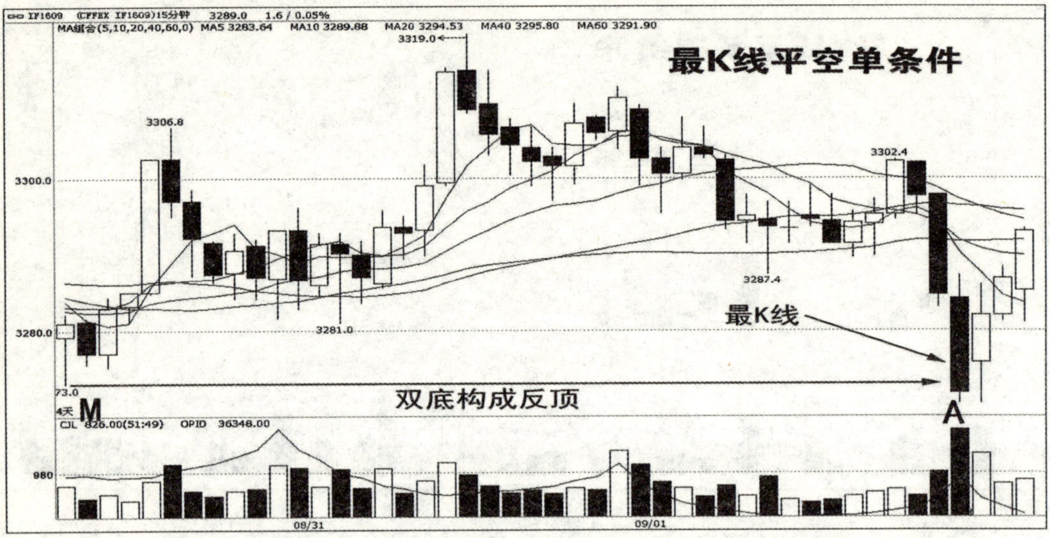

图7-7

图7-7解析：A点最K线，与M点构成双底，空单先平仓，见信号再回补。

图7-8　沪铜1610合约2016.08.25—2016.08.26(15分钟)K线图

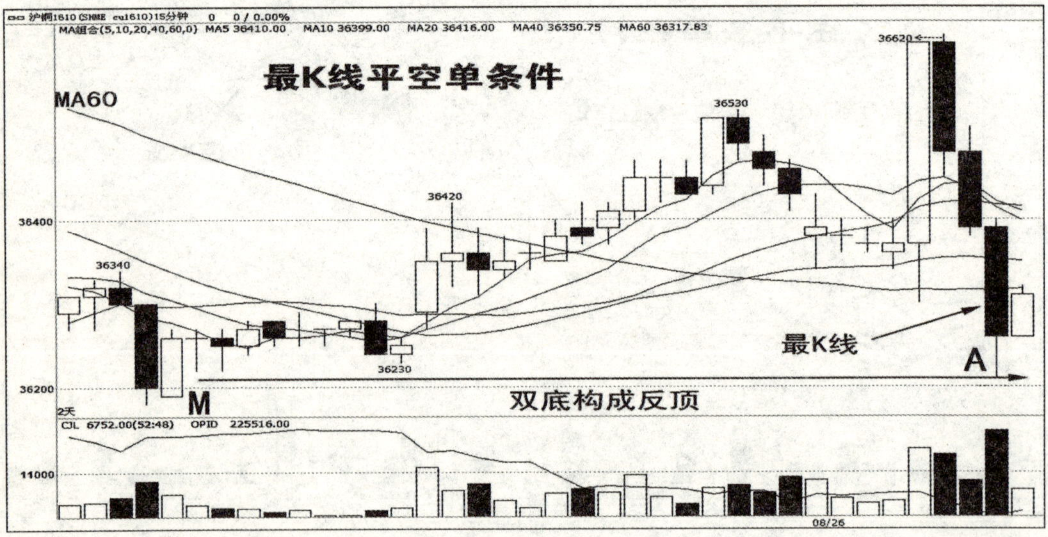

图7-8

图7-8解析：A点最K线，与M点构成双底，空单先平仓，见信号再回补。

(二)共振三波，最值先平

图7-9　郑棉1701合约2016.08.18—2016.08.22(15分钟)K线图

图7-9

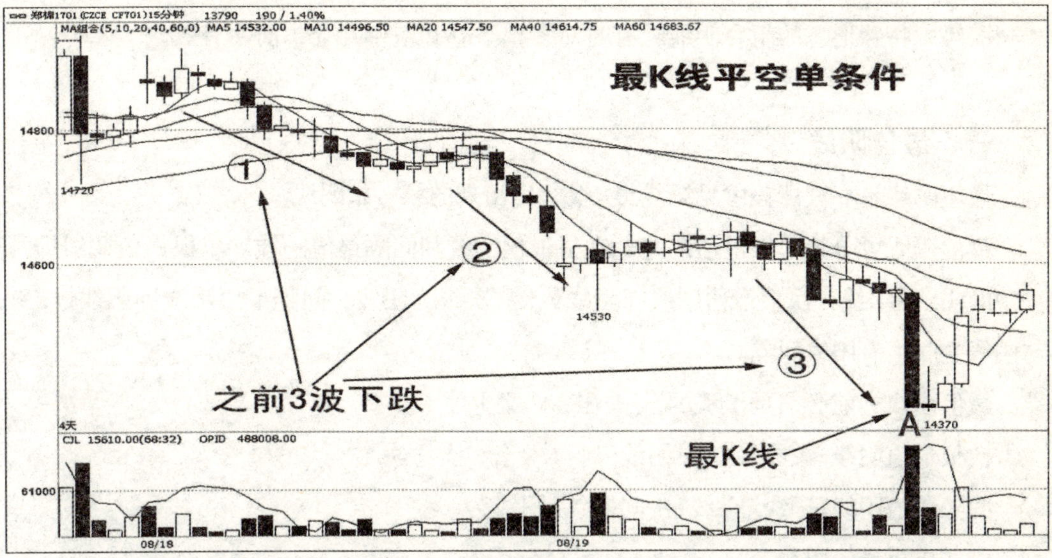

图7-9解析：短黏长压，3波下跌，见最K线A，先平空单，见信号再回补。

图7-10　郑醇1701合约2016.08.19—2016.08.22(15分钟)K线图

图7-10

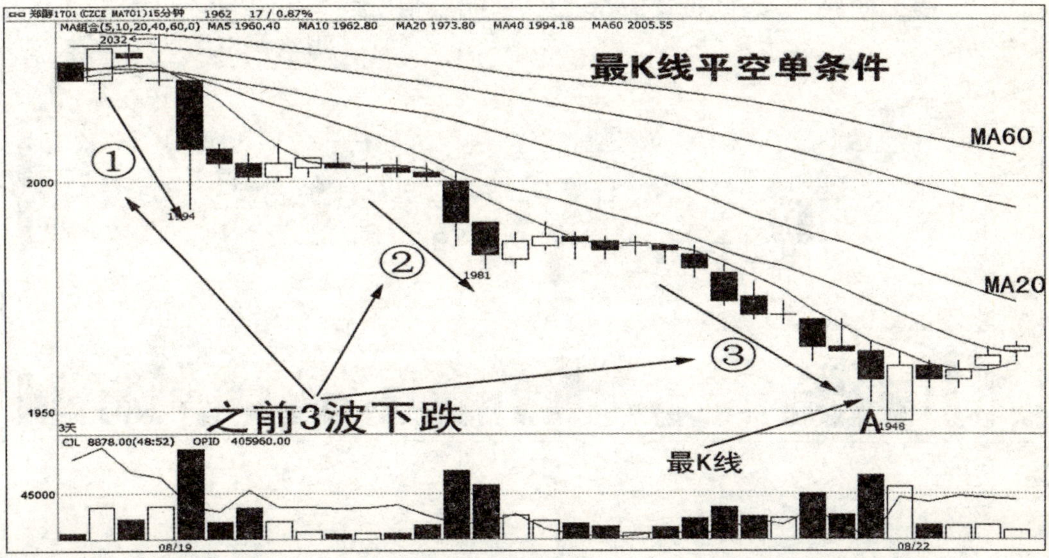

图7-10解析：短黏长压，3波下跌，见最K线A，先平空单，见信号再回补。

第二节　最值阴线平仓

涨势中特殊形态的组合阴线，有时对多单平仓和空单开仓，简明有效。

一、最值阴线

最值阴线是一波涨势中见阳线最K线之后出现的第一根阴线。

最值阴线可分为单根最值阴线、次根最值阴线和间隔最值阴线。单根最值阴线即涨势中的阴线最K线，次根最值阴线即阳线最K线次根为阴线，间隔最值阴线即阳线最K线与阴线之间，有阳线间隔。

最值阴线之前必须是上涨的,至少在MA5之上。

次根最值阴线=阳线最K线+阴线

间隔最值阴线=阳线最K线+中间阳线+阴线

(一)单根最值阴线

图7-11　菜粕1701合约2016.05.18—2016.05.20(15分钟)K线图

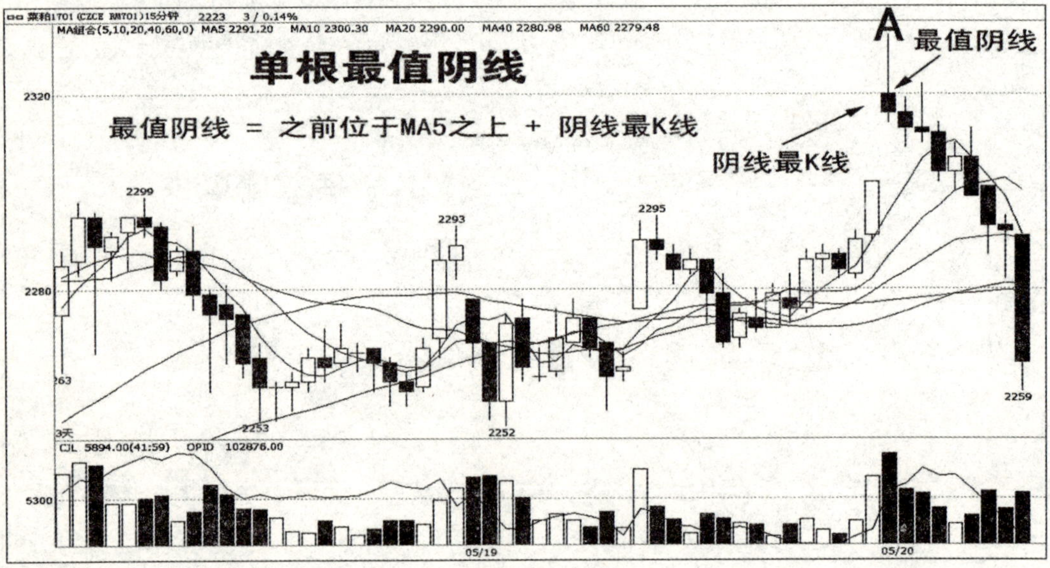

图7-11

图7-11解析：

A点为最K线：跳空涨，长上影，暴大量。

A点为最值阴线：A点最K线，阴线收盘，为阴线最K线，也叫单根最值阴线，波段见顶迹象明显。

（二）次根最值阴线

图7-12　橡胶1609合约2016.02.05—2016.03.15日K线图

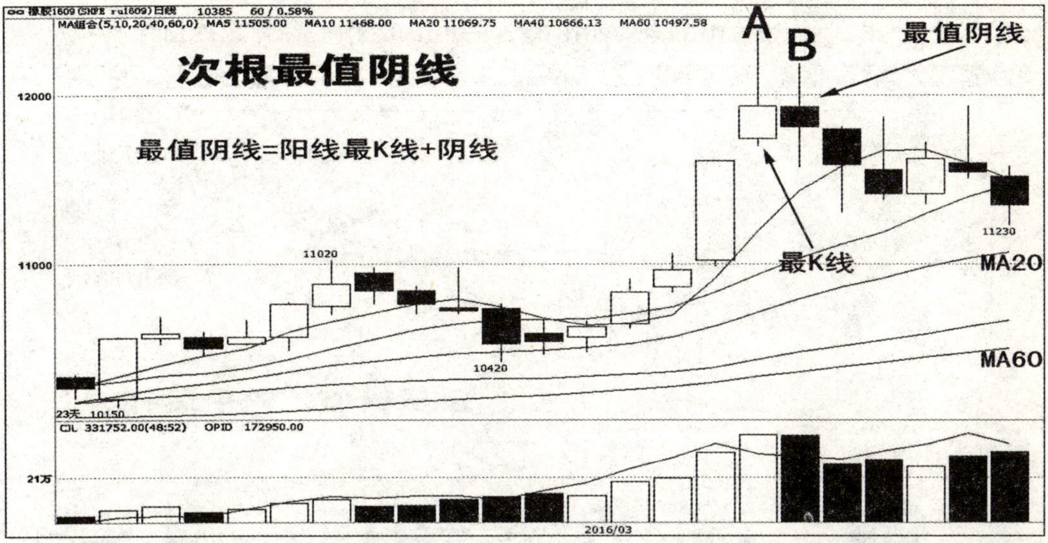

图7-12

图7-12解析：A点为长上影阳线最K线，B点为阴线，组合为最值阴线。

（三）间隔最值阴线

图7-13　PP1609合约2016.07.27—2016.07.29（15分钟）K线图

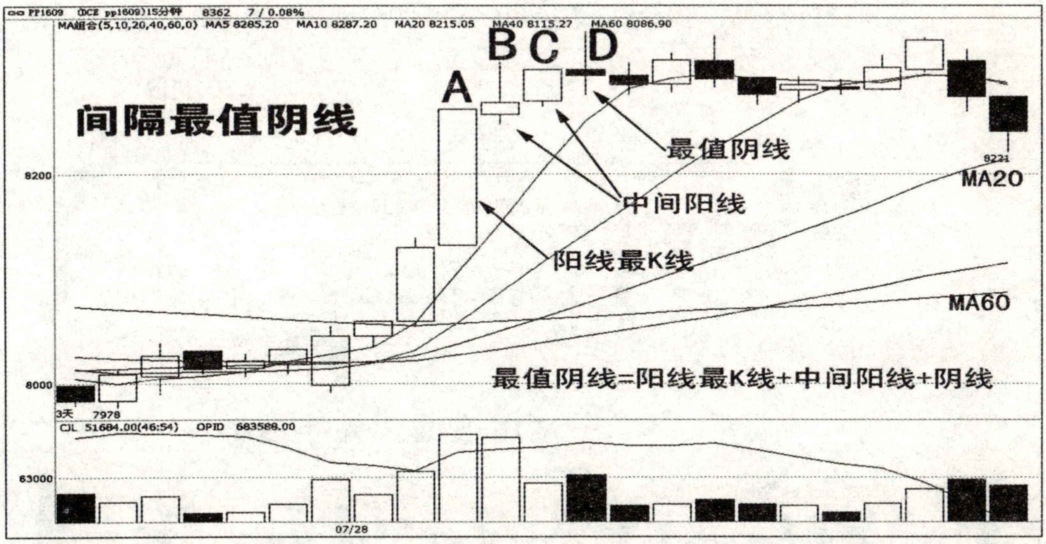

图7-13

图7-13解析：A点为阳线最K线，B点、C点为中间阳线，D点为最值阴线。

二、最值阴线平多单条件

(一)反压最值，先平后补

图7-14　沪铜1610合约2016.07.20—2016.07.21(15分钟)K线图

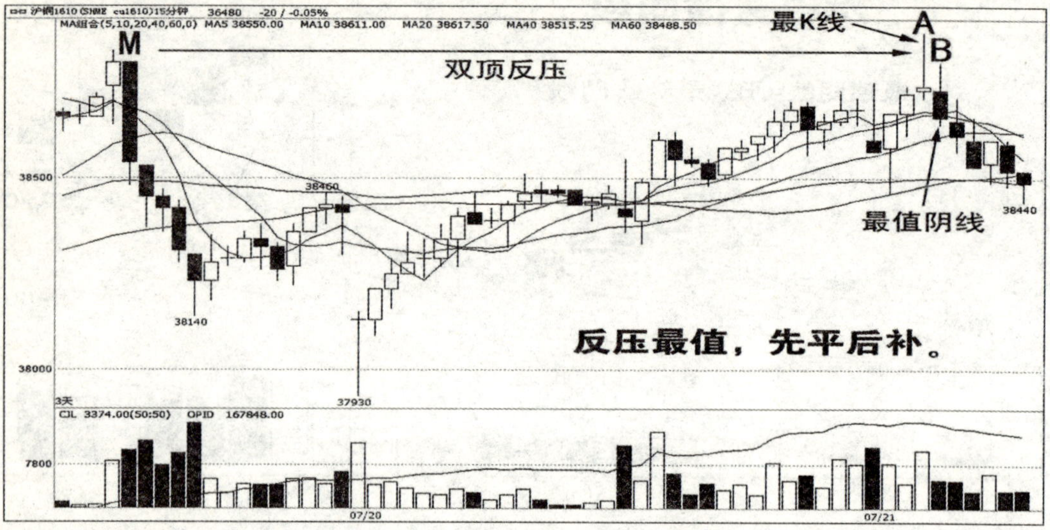

图7-14

图7-14解析：A点与M点构成大双顶，形成反压，A点为最K线，B点为最值阴线，也为小双破，多单先平仓。

图7-15　玻璃1701合约2016.08.16—2016.08.18(15分钟)K线图

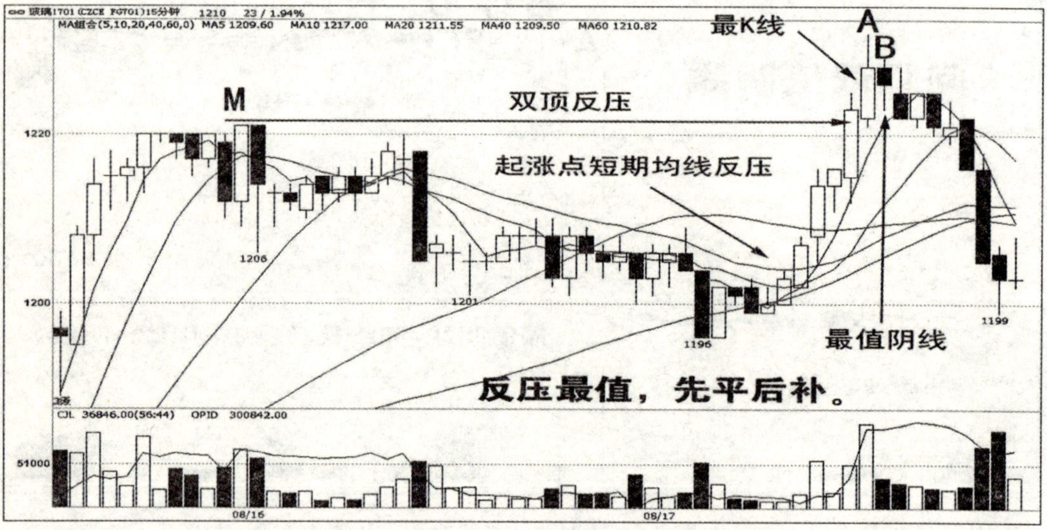

图7-15

图7-15解析：A点与M点构成大双顶，形成反压，A点为最K线，B点为最值阴线，

多单先平仓。

(二)共振三波，最值先平

图7-16　豆油1701合约2016.08.12—2016.08.15(15分钟)K线图

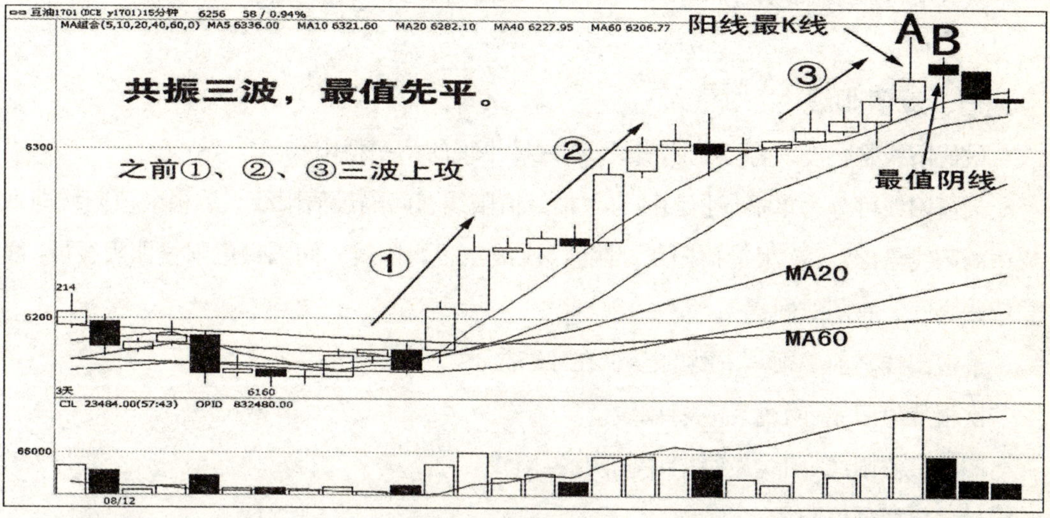

图7-16

图7-16解析：起涨点为短黏长翘，3波上攻之后，A点见最K线，B点为最值阴线，可先平仓，见信号再回补。

图7-17　鸡蛋1701合约2016.06.24—2016.06.29(15分钟)K线图

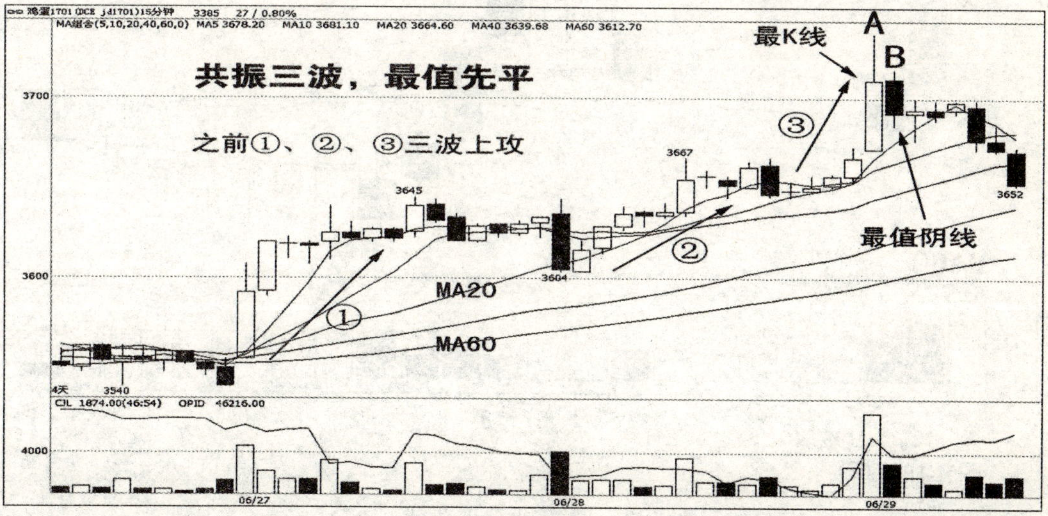

图7-17

图7-17解析：起涨点为短黏长翘，3波上攻之后，A点见最K线，B点为最值阴线，可先平仓，见信号再回补。

第三节　最值阳线平仓

跌势中特殊形态的组合阳线，有时对空单平仓和多单开仓，简明有效。

一、最值阳线

最值阳线是一波跌势中见阴线最K线之后出现的第一根阳线。

最值阳线可分为单根最值阳线、次根最值阳线和间隔最值阳线。单根最值阳线即跌势中的阳线最K线，次根最值阳线即阴线最K线次根为阳线，间隔最值阳线即阴线最K线与阳线之间，有阴线间隔。

最值阳线之前必须是下跌的,至少在MA5之下。

次根最值阳线=阴线最K线+阳线

间隔最值阳线=阴线最K线+中间阴线+阳线

(一)单根最值阳线

图7-18　IF1609合约2016.08.11—2016.08.12(15分钟)K线图

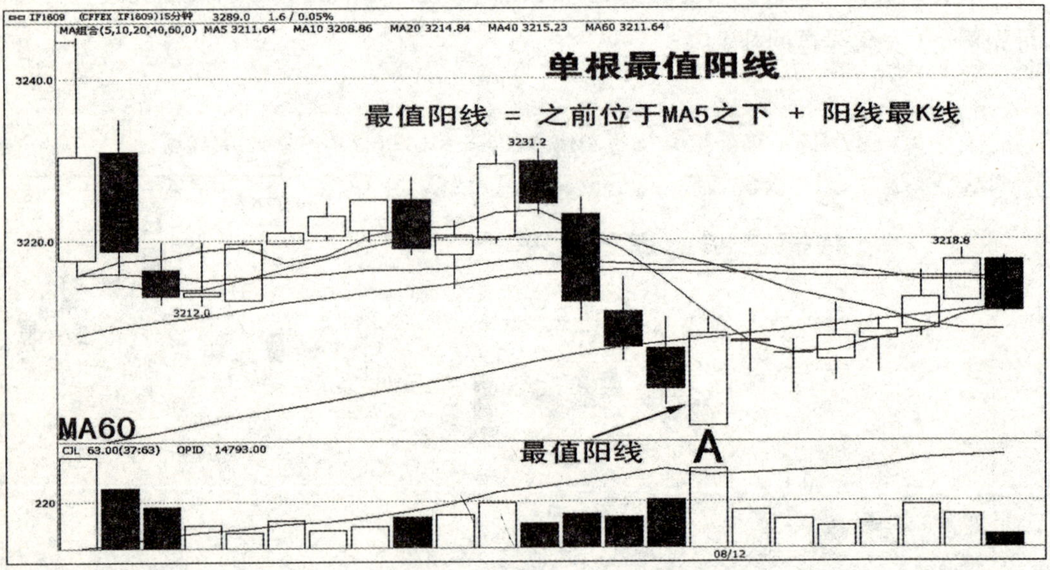

图7-18

图7-18解析：

A点为最K线：低开高走放大量，且上破前根阴线。

A点为最值阳线：A点最K线，阳线收盘，为阳线最K线，也叫单根最值阳线，波段见底迹象明显。

(二)次根最值阳线

图7-19　豆粕1701合约2016.08.08—2016.08.18(15分钟)K线图

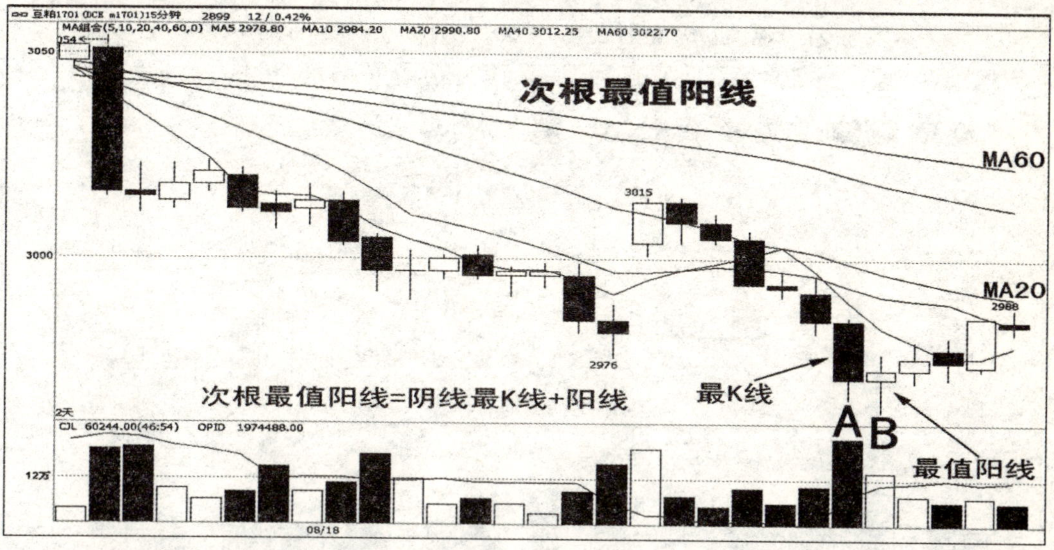

图7-19

图7-19解析：A点为阴线最K线，B点为最值阳线，也是连阴阳。

(三)间隔最值阳线

图7-20　热卷1610合约2016.08.18—2016.08.19(15分钟)K线图

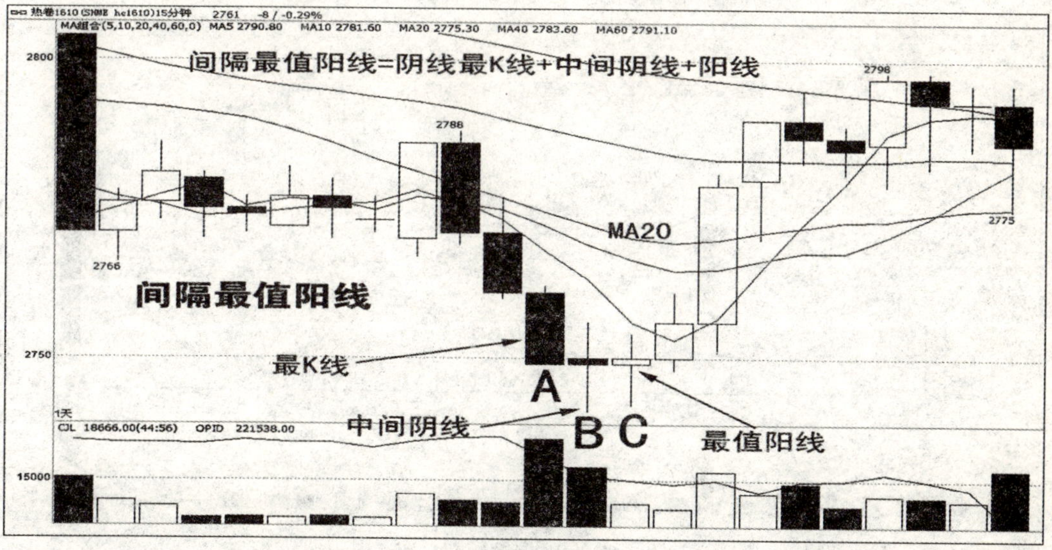

图7-20

图7-20解析：A为阴线最K线，B为中间阴线，C为最值阳线，也是连阴阳。

二、最值阳线平空单条件

(一)反顶最值，先平后补

图7-21　螺纹1701合约2016.07.08—2016.07.11(15分钟)K线图

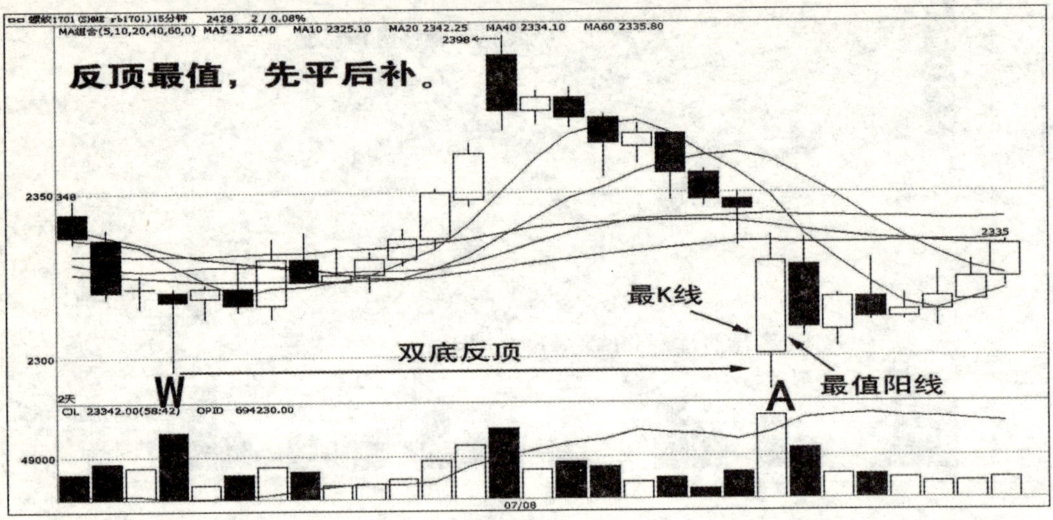

图7-21

图7-21解析：A点与W点构成大双底，形成反顶，A点为最K线，也是最值阳线，空单先平仓。

图7-22　铁矿1701合约2016.07.01—2016.07.05(15分钟)K线图

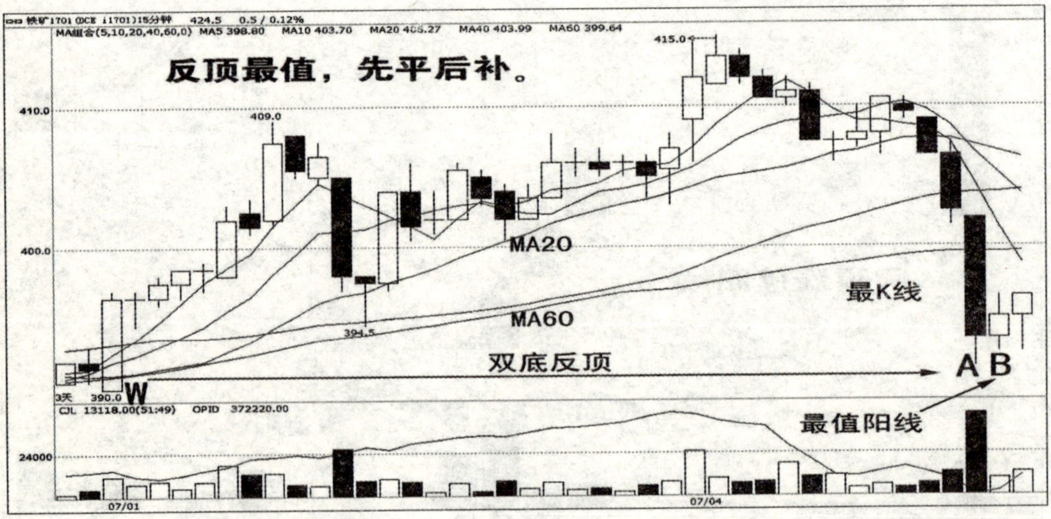

图7-22

图7-22解析：A点与W点构成大双底，形成反顶，A点为最K线，B点为最值阳线，也为连阴阳，空单先平仓。

(二)共振三波，最值先平

图7-23　郑棉1701合约2016.04.26—2016.04.28(15分钟)K线图

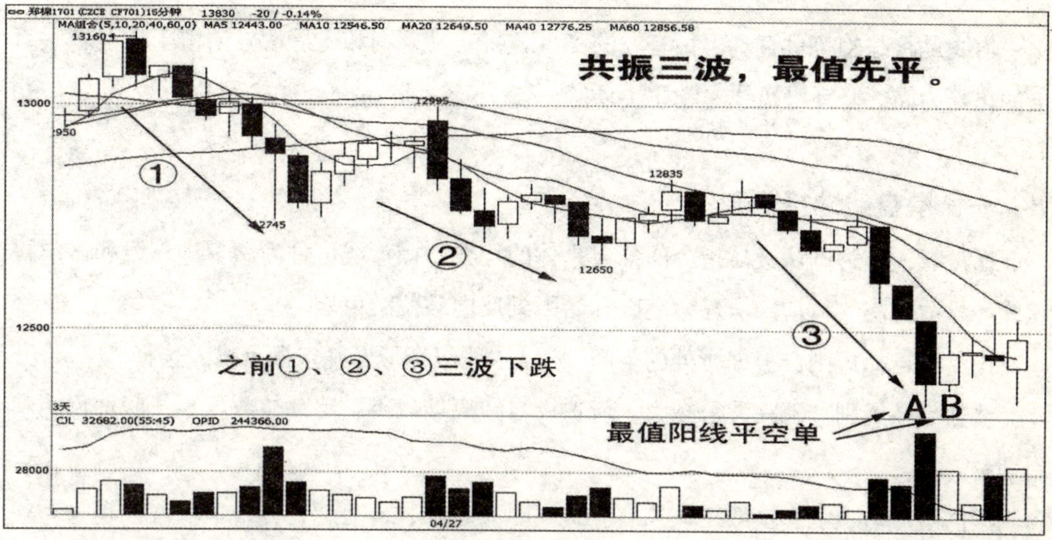

图7-23

图7-23解析：起动点为黏合发散，3波下跌之后，A点见最K线，B点为最值阳线，可先平仓，见信号再回补。

图7-24　PTA1701合约2016.08.19—2016.08.22(15分钟)K线图

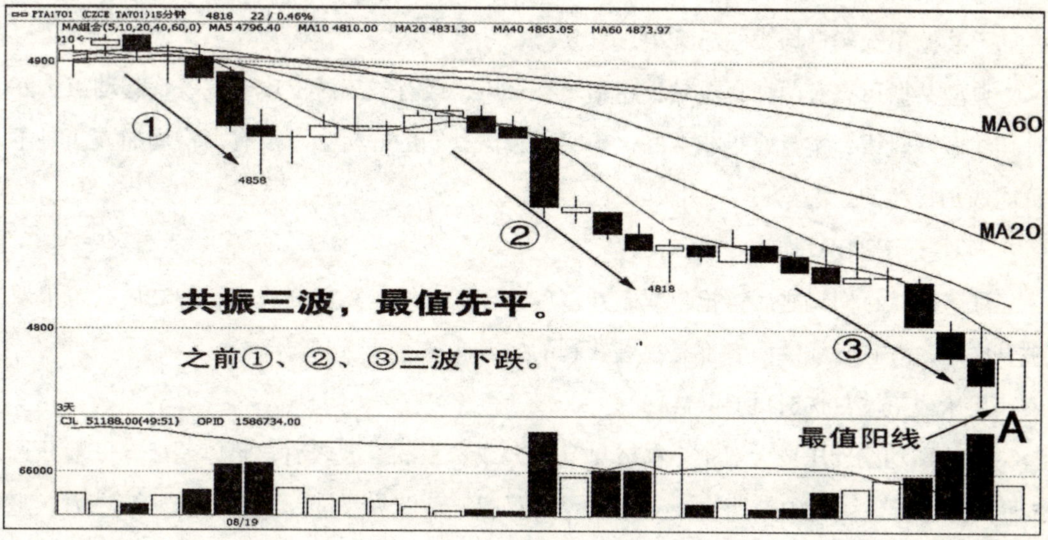

图7-24

图7-24解析：起动点为短黏长压，3波下跌之后，A点见最值阳线，可先平仓，见信号再回补。

第四节　破操盘线平仓

均线是跟踪趋势最直观、最有效的工具，将交易规则和交易信号内植于均线，是真正的化繁为简。坚守操盘线，动手不动脑。

一、操盘线选择规则

操盘线，作为确认交易指令的某根具体的均线。操盘线可分为做多操盘线和做空操盘线。只适合趋势行情，从黏合突破开始，到反向破位结束。

操盘线选择规则：根据所处的空间位置与K线组合形态确定操盘线的选择。

波数确认规则：涨跌波数越大，所选操盘线周期越小；涨跌波数越小，所选操盘线周期越大。

震荡筑底后上涨，一般三波左右。筑底时间越长，蓄势越充分，上攻波数越大。一般起涨点首波可选20日均线作操盘线，上涨三波或三波之后只选5日均线作操盘线。震荡筑顶后下跌，操盘线选择，与此类同。

线数确认规则：黏合均线越多，所选周期越长。

不共振不选20日均线（或MA20）；不双破不选10日均线（或MA10）；反压或三波只选5日均线（MA5）。

不共振不选20日均线（或MA20）：

典型共振形态有两种，短黏长翘和短黏长压，或有二三波上攻或下跌，起动点选20日均线做操盘线，实盘效果非常好，是实现翻倍利润的好机会。没有大格局的人，是不可能选20日线的。

不双破不选10日均线（或MA10）：

涨势确认，回调之后，抢上双破开多单，守10日线。跌势确认，反弹之后，抢下双破开空单，守10日线。两者都是稳健获利的好方法。

反压或三波只选5日均线（MA5）：

中长期均线反压或大双顶、前波见暴跌，或者上涨三波之后，整体超涨，一般只选5日均线作操盘线。中长期均线支撑或者大双底、前波见暴涨，或者下跌三波之后，整体超跌，一般只选5日均线作操盘线。

操盘线心诀：坚守一条线，直到趋势变，定线就定心，过线就兑现。

(一)不共振不选20日均线(或MA20)

图7-25 豆粕1609合约2016.04.11—2016.07.07日K线图

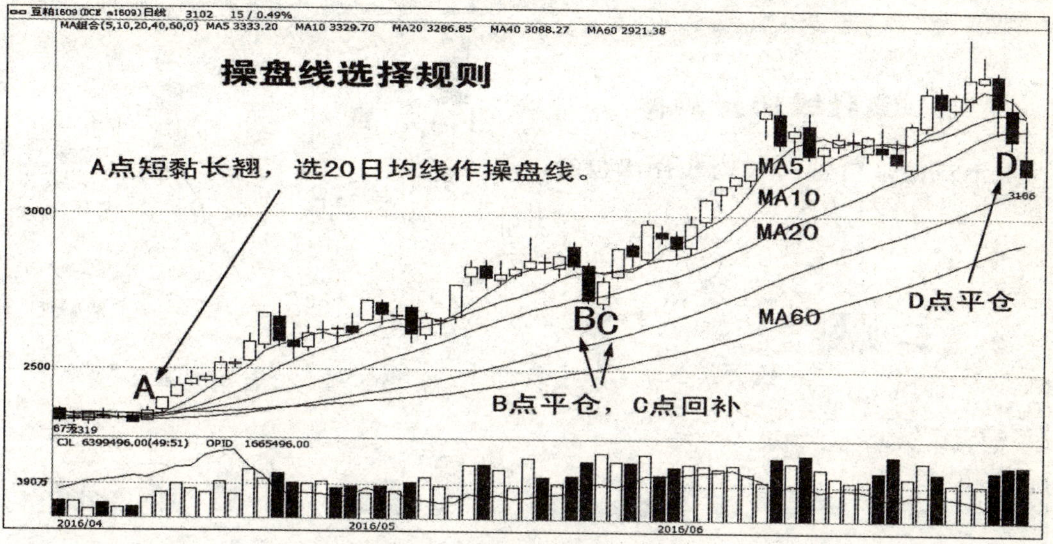

图7-25

图7-25解析：A点短黏长翘，一阳穿5线，蓄势充分，或涨二三波，可选20日均线作操盘线。A点开仓至B点平仓；C点开仓至D点平仓。

图7-26 恒指当月2015.06.19—2015.09.23日K线图

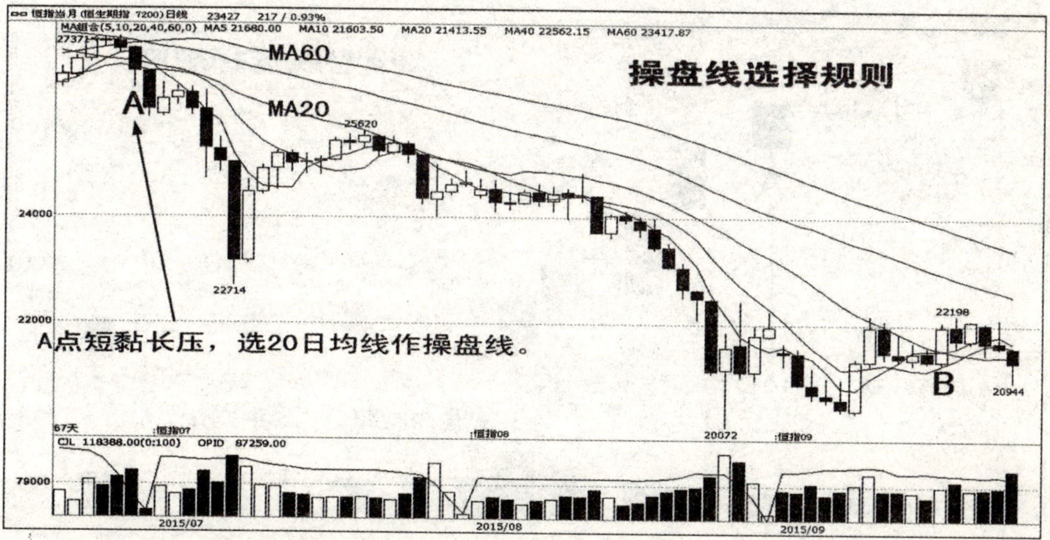

图7-26

图7-26解析：A点短黏长压，一阴穿3线，蓄势充分，大双破，或跌二三波，抢开空单，可选20日均线作操盘线。于B点处空单平仓。

（二）不双破不选10日均线（或MA10）

图7-27　沪银1612合约2016.06.08—2016.07.22日K线图

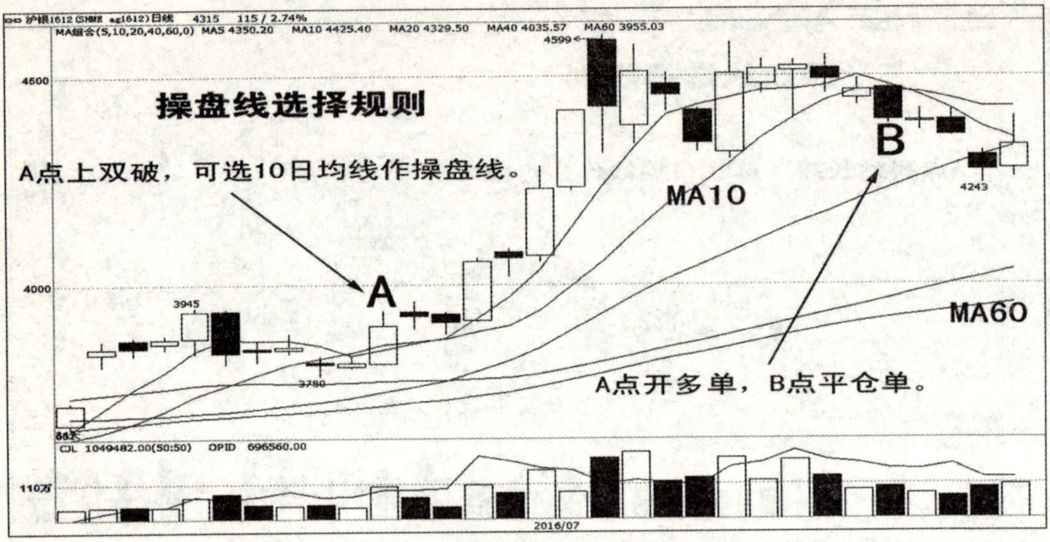

图7-27

图7-27解析：中期均线托底，A点上双破，可选10日均线作操盘线。A点开多单，B点多单平仓。

图7-28　豆粕主连2014.12.31—2015.02.03日K线图

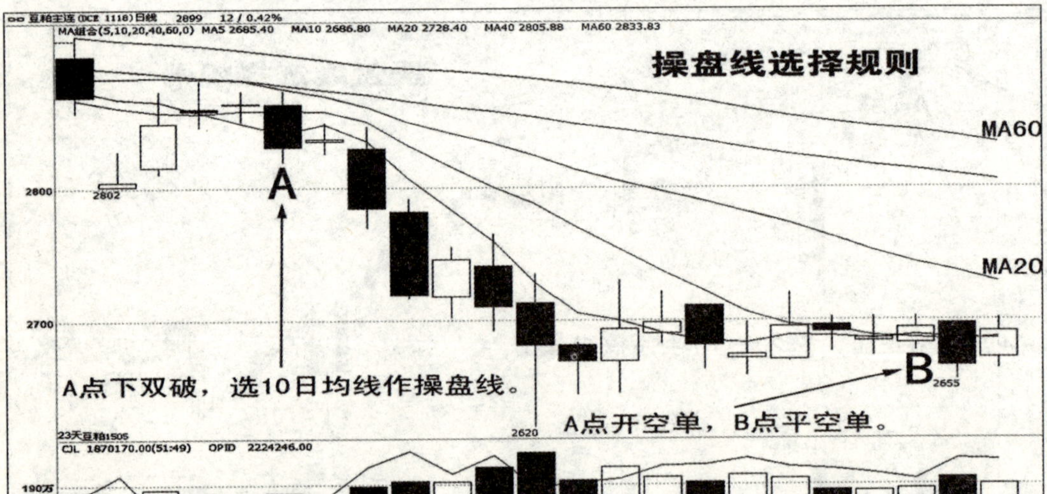

图7-28

图7-28解析：中期均线压顶，A点下双破，可选10日均线作操盘线。A点开空单，B点空单平仓。

（三）反压或三波只选5日均线（或MA5）

图7-29　郑棉1701合约2016.06.22—2016.07.25日K线图

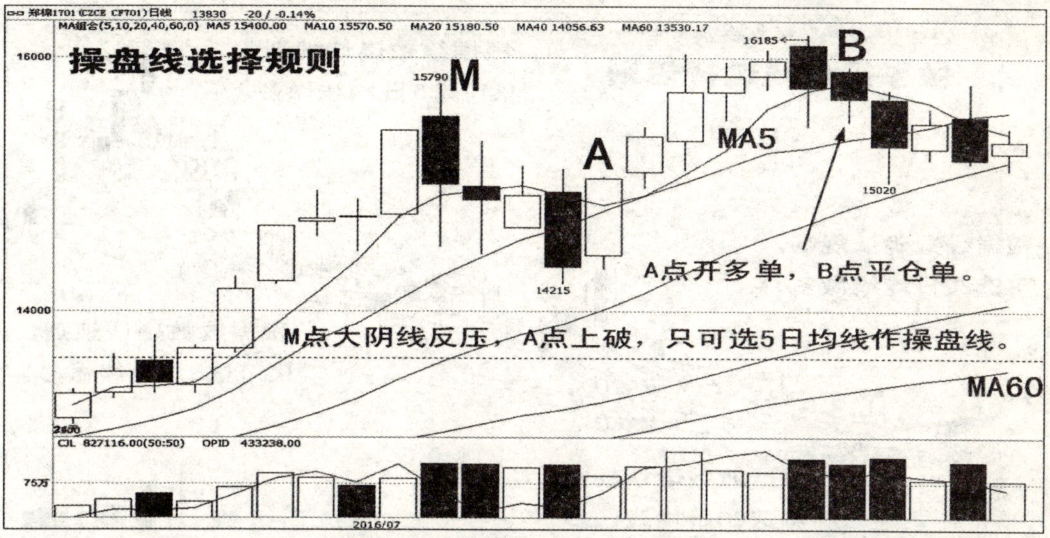

图7-29

图7-29解析：A点双破，但M点明显大阴线反压，且之前上涨达三波，只能选5日均线作操盘线。5日均线作操盘线，防冲顶博一波，可提前平仓。

图7-30　美原油10合约2016.06.23—2016.08.04日K线图

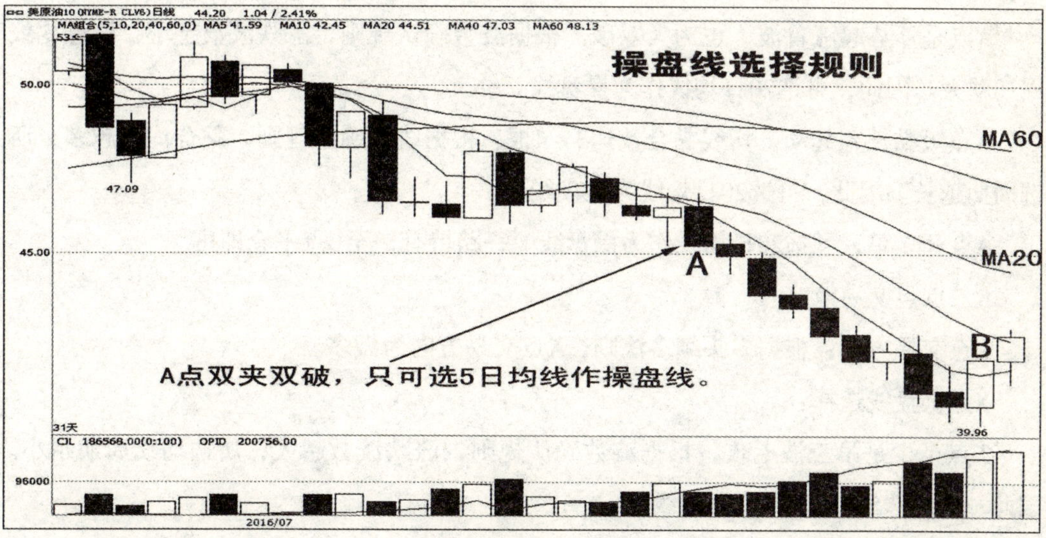

图7-30

图7-30解析：A点双夹双破，且之前见大阳线暴涨，只能选5日均线作操盘线。A点开空单，持仓守5日均线，B点平仓。

二、破做多操盘线平仓

图7-31 热卷1610合约2016.01.25—2016.05.05日K线图

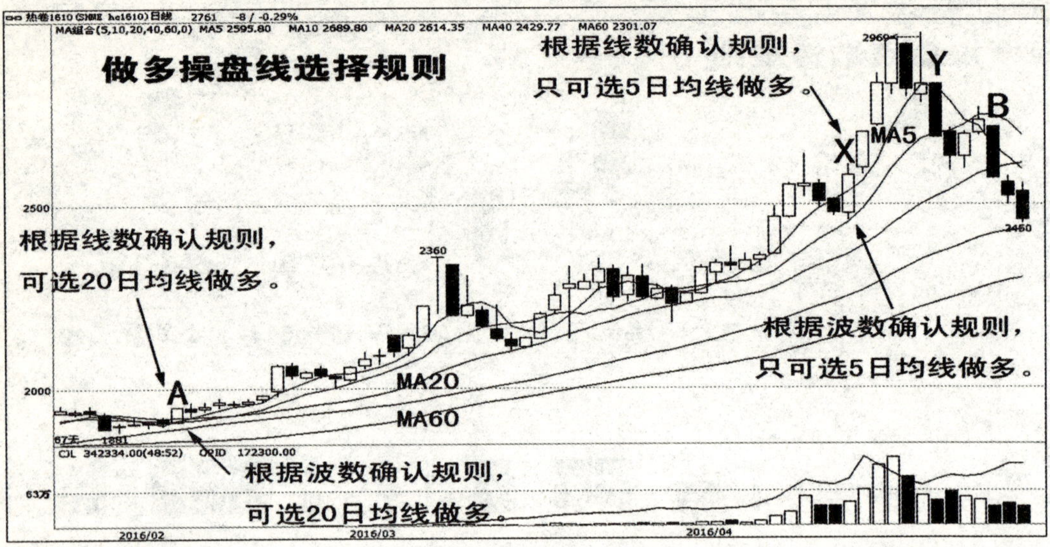

图7-31

图7-31解析：

(一)A点交易策略

A点交易方向：根据多头缠多法则，A点交易方向为做多。

A点操盘线选择：

A点是蓄势起涨首波，也为大双破。根据波数确认规则，涨跌波数越小，所选均线周期越大。因此，可选20日均线作为操盘线。

A点短黏长翘起动，均线黏合数达3～4根，根据线数确认规则，黏合均线越多，所选周期越长。因此，可选20日均线为操盘线。

A点开多单，可选20日均线作为操盘线。一路持有，至B点平仓即可。

(二)X点交易策略

X点交易方向：根据多头缠多法则，X点交易方向为做多。

X点操盘线选择：

X点至少是第三波上攻，根据波数确认规则，涨跌波数越大，所选均线周期越小。因此，只可选5日均线作为操盘线。

X点地桩上破，根据线数确认规则，黏合均线越少，所选周期越小。因此，只可选5日均线作为操盘线。

X点开多单，只可选5日均线作为操盘线，至Y点平仓即可。

图7-32　棕榈1701合约2016.08.12—2016.08.16(15分钟)K线图

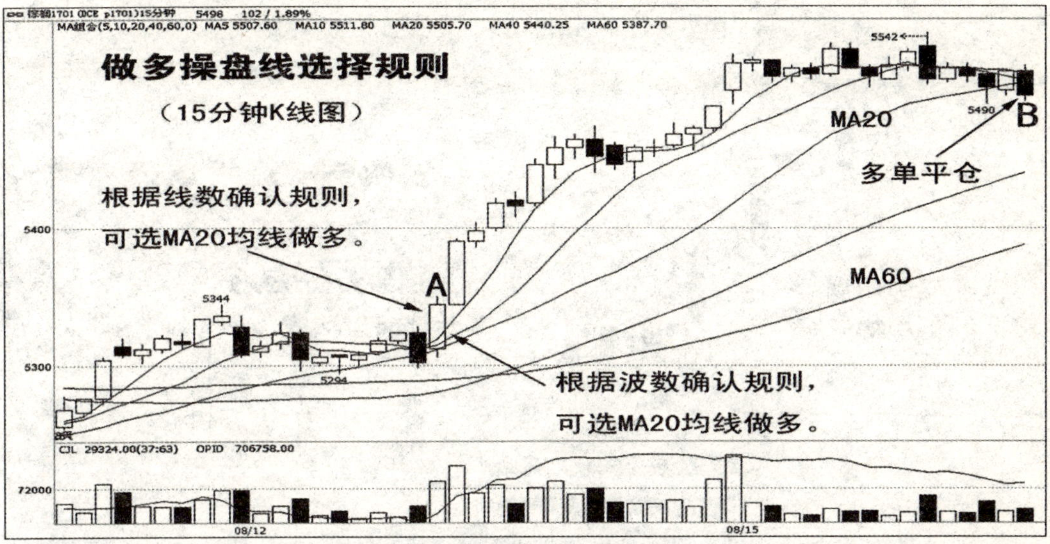

图7-32

图7-32解析：A点短黏长翘，一阳穿3线，且为起涨首波，可选MA20均线作为操盘线做多，B点多单平仓。

图7-33　焦炭1701合约2016.09.01—2016.09.02(15分钟)K线图

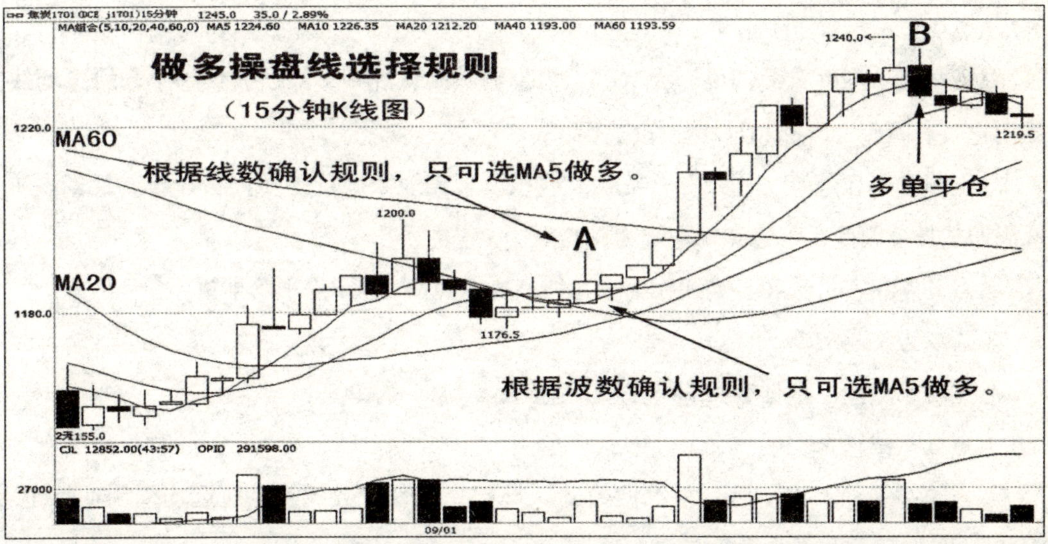

图7-33

图7-33解析：MA60均线有反压，A点上双破，只可选MA5作为操盘线做多，B点多单平仓。

三、破做空操盘线平仓

图7-34　IF当月合约2015.12.17—2016.02.25日K线图

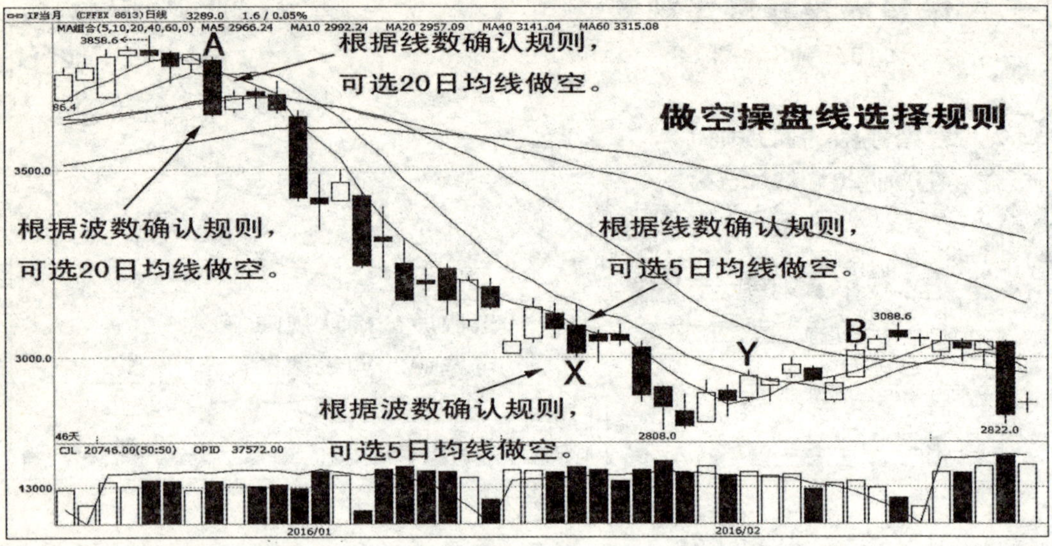

图7-34

图7-34解析：

（一）A点交易策略

A点交易方向：根据空头缠空法则，A点交易方向为做空。

A点操盘线选择：

A点是蓄势起跌首波，也为大双破。根据波数确认规则，涨跌波数越小，所选均线周期越大。因此，可选20日均线作为操盘线。

A点短黏长压起跌，均线黏合数达3～4根，根据线数确认规则，黏合均线越多，所选周期越长。因此，可选20日均线为操盘线。

A点开空单，可选20日均线作为操盘线。一路持有，至B点平仓即可。

（二）X点交易策略

X点交易方向：根据空头缠空法则，X点交易方向为做空。

X点操盘线选择：

X点至少是第二波下跌，根据波数确认规则，涨跌波数越大，所选均线周期越小。因此，可选5日均线作为操盘线。

X点为归顺线，根据线数确认规则，黏合均线越少，所选周期越小。因此，只可选5日均线为操盘线。

X点开空单，只可选5日均线作为操盘线，至Y点平仓即可。

图7-35 郑棉1701合约2016.08.30—2016.09.01(15分钟)K线图

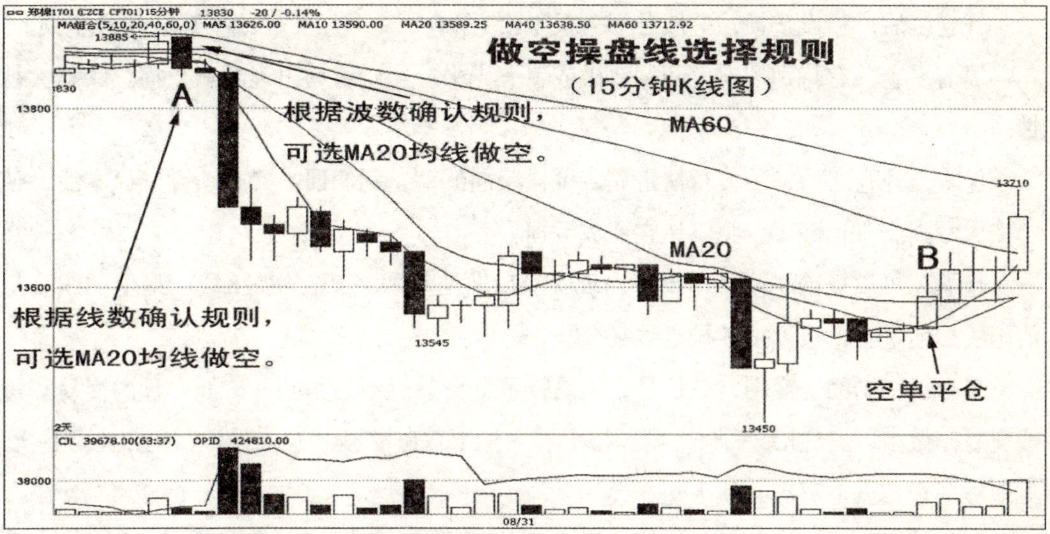

图7-35

图7-35解析：A点短黏长压，一阴穿4线，且为起跌首波，可选MA20均线作为操盘线做空，B点空单平仓。

图7-36 玉米1701合约2016.08.26—2016.09.01(15分钟)K线图

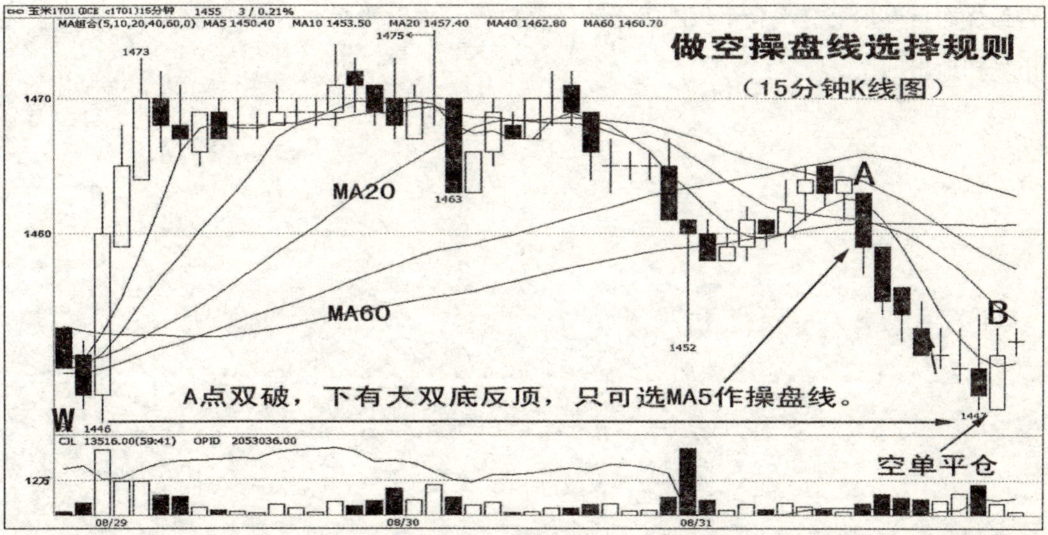

图7-36

图7-36解析：A点下双破，下有大双底反顶，只能选5日均线作操盘线。A点下双破开空单，B点地桩平仓。

平仓，包括多单平仓和空单平仓，也可分为止损、保本和止盈。

开仓之后，秒设止损，一般亏损一根半K线平仓。一旦亏了，绝不让它超过止损。

提前平仓，有特别规定，即亏双破或者三先平，否则容易出现随意止损，踏空大行情。

保本，开仓之后，一波行情走完，价格反向波动，利润回吐，必须设好保本线，使不变成亏损。一旦赚了，绝不让它变成亏损。

止盈，可以提前平仓，即没有出现明显反向波动即平仓，如最K线、最值阴线、最值阳线提前平仓，也可按破操盘线平仓。

平仓，依据的是规则，是信号，不是技术分析，更不是预测。比如，日内交易和短线交易，做多，见最K线平仓，见天棍平仓，见下双破必须平仓。做空，见最K线平仓，见地桩平仓，见上双破必须平仓。

双扫单和双爆仓，是平仓的特殊形式。双扫单，盘整期间多次假突破，多单和空单都被触及止损线平仓，有时甚至多次。双爆仓，即一轮大行情末期，价格暴涨暴跌，或者涨跌停板转换，形成闪崩，无论是多单还是空单，重仓者爆仓。双扫单，上下被割肉。双爆仓，多空被鲸吞。定量不危，降维应对。

规则和信号的制定，根据的是大数法则，重在长期效果，没必要为单次平仓位置是否最优而自寻烦恼。平仓不果断，不按信号执行，亏损死扛，不按规则行事，早晚会被市场扫地出门。

第八章　定心守信

定量、定向、定位之后，定心既是手段也是结果，是对交易理念和交易规则的深度认同与接受。守信，即坚守信号，按信号动手，信念不动摇。

第一节　十缠双破我必赚

是孤立地进行每一次交易，还是整体地规划所有交易，各次交易是单打独斗，还是合围作战，事关格局大小、战略成败。

一、降维双开单平，顺大两点必缠

(一)降维双开单平

降维，指为捕捉某大机会，在交易方向确定的前提下，当高级别交易信号不明确时，可通过具有明显节奏的某低级别进行交易，同时仓位、止损、止盈也相应调整。只有为了捕捉大机会或者防范大风险，降维才有价值，否则，容易导致过度交易。

双开单平：双破开仓，反向单破或最值K线平仓。

高级别如日K线、周K线等，双破的频率较小，出现的次数太少，降维后的分时图出现双破的次数较多，相对安全，适合建仓。低级别一般选1小时、15分钟为宜。

图8-1为铁矿1609合约2016.03.28—2016.05.03日K线走势图。

关于X点交易策略，很显然，之前整体涨幅较大，致使中短均线充分发散，X为天棍小双破，交易方向为做空，次日实盘如何操作？

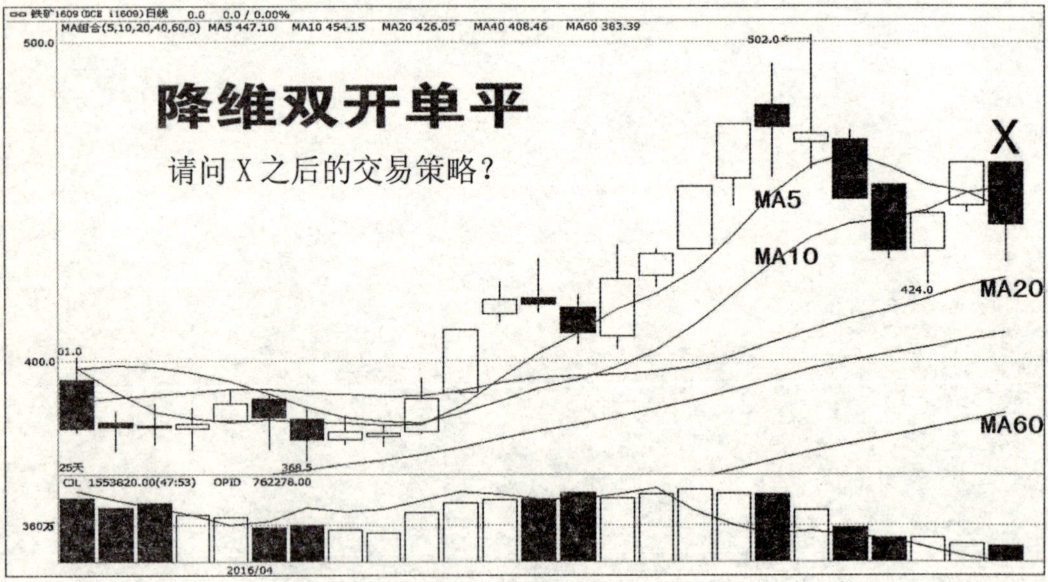

图8-1 （后续走势分时图见图8-2）

图8-1解析

第一，拐点双预警，很可能有一波大的下跌，机会不容错过；

第二，交易方向，不见反转信号，坚定不移做空；

第三，无论多么自信，临盘都必须按交易信号执行。

降维，按15分钟K线，下双破开仓，最值反向上破平仓。

图8-2　铁矿1609合约2016.05.03—2016.05.09(15分钟)K线图

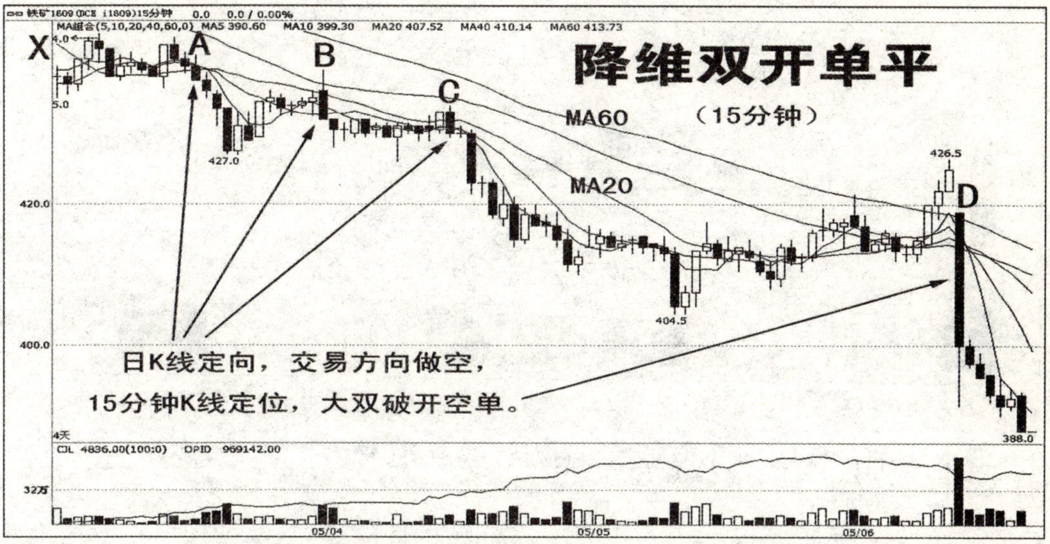

图8-2 （图8-1后续走势图）

图8-2解析：

之前日K线确定了大方向和大区间，降维，以小级别定位。

X次根K线开盘，守必由点，抢或由点，抢双破开仓。

反弹没有出现明显的伍顶。

A点大双破，可开空单，按预定仓位。

B点大双破，可开空单，可加仓。

C点大双破，可开空单。

D点大双破，防一跳踏空。

按高级别周K线、月K线，寻找大机会，按分时控制风险。

降维双开单平，做对了，则隔夜，做错了，就成了日内。

随后两天，反向波动，止损止盈，就成了短线。

随后两天，顺势而行，脱离了风险区，继续持仓守线，就成了中线。

降维双开单平，只是把握起动点、控制风险的有效手段。

(二)顺大两点必缠

降维双开，但不得逆势，交易方向由大级别确定。

图8-3 IF当月2015.02.05—2015.03.30日K线图

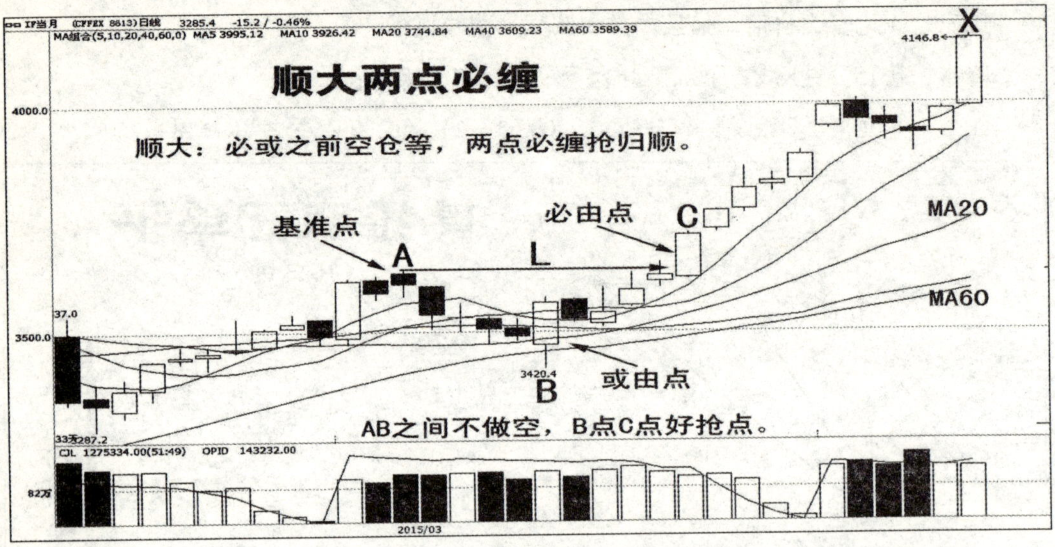

图8-3

图8-3解析：顺大，则不得利用回调做空，空仓等，抢B点或C点做多。

图8-4 欧元美元2014.11.27—2015.01.06日K线图

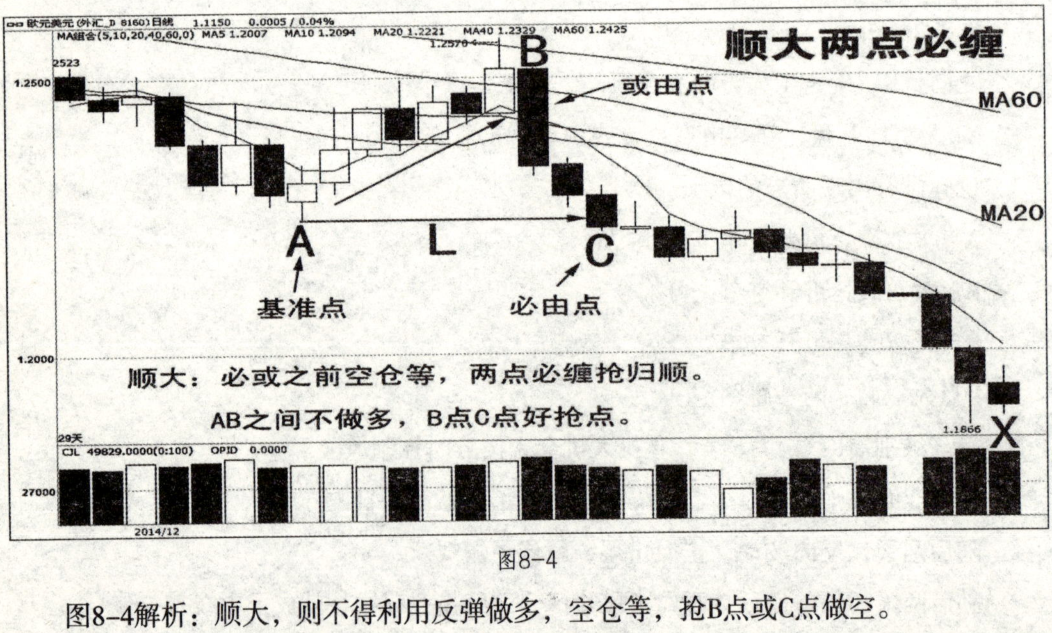

图8-4

图8-4解析：顺大，则不得利用反弹做多，空仓等，抢B点或C点做空。

必或之前空仓等，是大格局，是定心守信，是专注于两点必缠。

二、三五双缠一组，十缠双破一局

(一)三五双缠一组

双缠：抓住双破信号不放。双，指双破，包括大双破、小双破和双夹双破。缠，抓住信号不放。

三五双缠一组：指为捕捉某大机会，如短黏长翘、短黏长压等蓄势充分的共振形态，之前可能会出现数次假突破，一般3到5次。在设好止损的前提下，不放过每一次突破的机会，以确保不错过大行情。

三五双缠，无缝围猎：三五双缠一组，不要去预测哪一次是真突破哪一次是假突破，每一次见双破信号都要开仓，不存在任何踏空的可能。

至少日K级别的大行情，才值得三五双缠，否则得不偿失。

图8-5　IF当月2010.07.26—2010.10.26日K线图

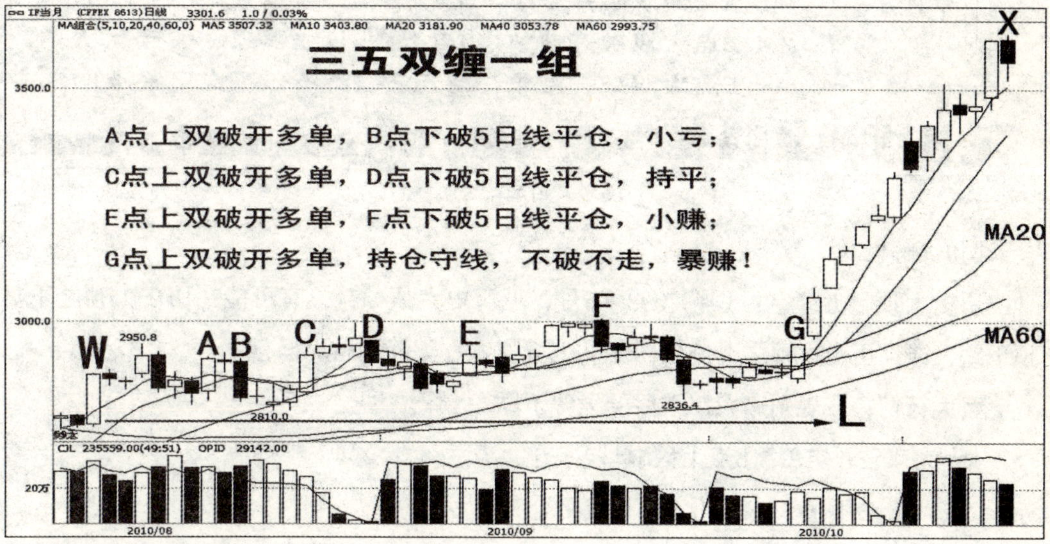

图8-5

图8-5解析：

定向：中长期均线托底，交易方向为做多。

定心线：W双夹上破，大阳线，为定心线，不破W开盘线，趋势不变。

赌大行情：均线短黏长翘，按规则赌逼空上涨。

A点上双破开多单，B点下破5日线平仓，小亏；

C点上双破开多单，D点下破5日线平仓，不赚不亏；

E点上双破开多单，F点下破5日线平仓，小赚；

G点上双破开多单，双破守线，不破不走，暴赚！

为捕捉一次短黏长翘的大机会，之前三次起动，三次开仓，却是三次假突破。第四次大双破开仓，真突破，逼空走势，一去不返。

双线不破：以定心线W的开盘线L为止损线，滚动操作，也是上策。

图8-6　豆粕主连2012.07.06—2012.10.15日K线图

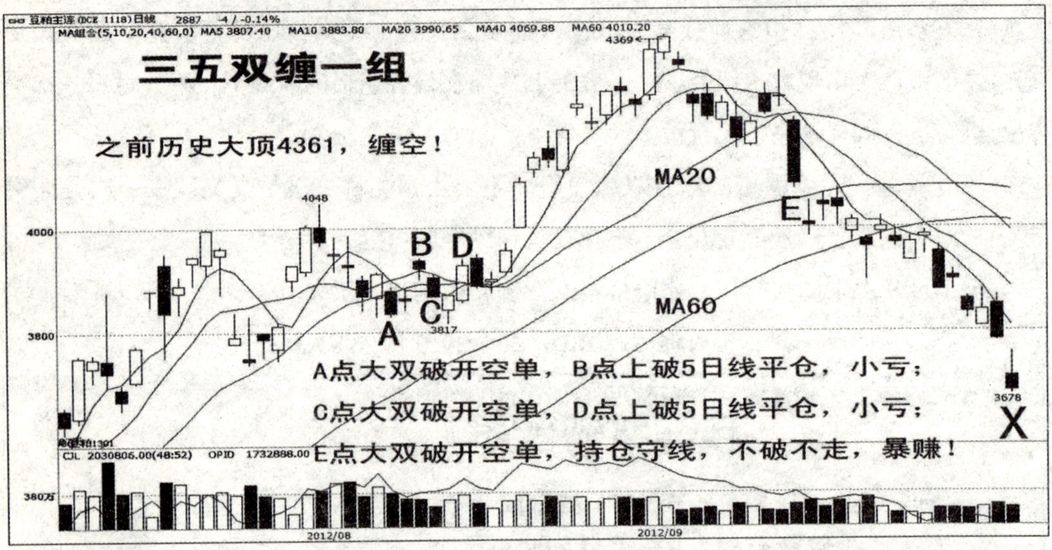

图8-6

图8-6解析

历史大顶附近缠空：豆粕2008年6月，见历史大顶4361，有可能在历史大顶之下见顶下跌，或在历史大顶之上见顶回落。三五双缠，无缝围猎。

赌大行情：按规则赌大双破后的大幅下跌。

A点大双破开空单，B点上破5日线平仓，小亏；

C点大双破开空单，D点上破5日线平仓，小亏；

E点大双破开空单，双破守线，不破不走，暴赚！

E点抢开空单，防止一跳踏空。

为捕捉一次短黏长压的历史大顶做空的大机会，缠大双破，三次成功。

看对趋势的人很多，看到大机会的人也很多，但一二次捕捉大机会不成功，大部分人就不敢再围猎，结果后悔不已。

三五双缠，无缝围猎，只为捕捉翻翻行情。开仓成功概率有30%～40%就很不错了，但丰厚的回报只属于五线三搓不乱的人。

三五双缠一组，不求一击而中。总想一击而中的，心太累。

（二）十缠双破一局

十缠双破一局：三五双缠一组，三组一局，三局一翻。无论一次、一组还是一局，都必须按交易规则执行。

十缠双破一局：选共振双破交易，做足十次，也为一局。

十缠双破，按信号交易，做次数赚钱。不要对每一次亏损斤斤计较，不要对每一组亏损耿耿于怀。重规则，重执行，好过程才有好结果。

图8-7　螺纹1609合约2016.06.17—2016.07.12（1小时）K线图

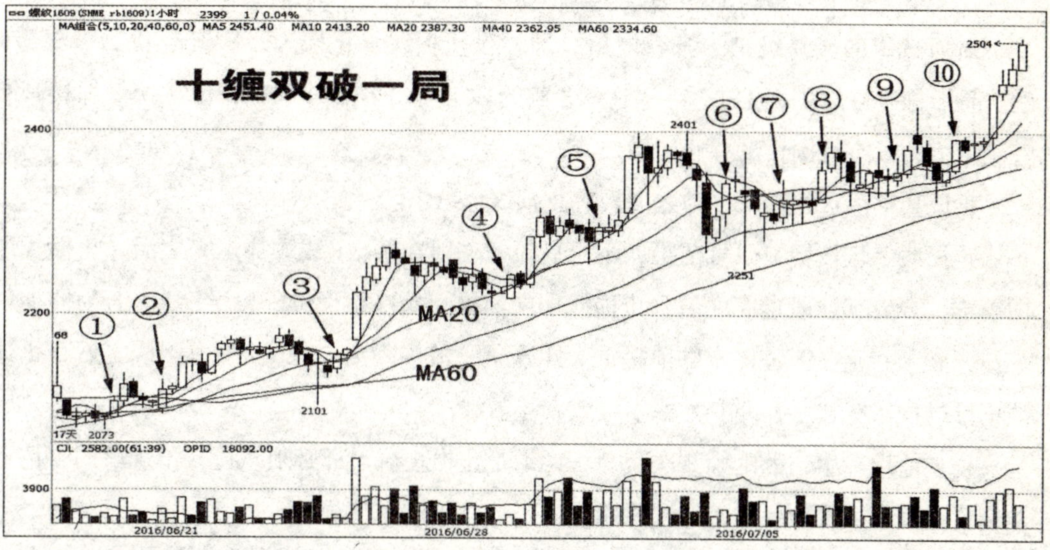

图8-7

图8-7解析：

定向：MA20、MA60多头排列，交易方向为做多。

根据分时缠双破，只选小双破或者大双破开多单。

从①—⑩，均为上双破开仓。

赚钱的次数：②、③、④、⑤、⑨、⑩，共6次。

保本的次数：①、⑦、⑧，共3次。

亏钱的次数：⑥，只1次。

很显然，按双破开仓，成功率较大，其赔率近3倍。若双破守线，则可将交易次数明显减少。

三五双缠一组，十缠双破一局，大格局，大策略，重规则，拼细节。

第二节 五线三搓我不乱

再好的交易策略，如果对价格的正常反向波动没有相应预案和心理准备，临盘也可能因三五次暂时亏损而心烦意乱，虽令不行，渐成大错。

一、根半前推一生，共振双破九倍

(一)根半前推一生

对所选定的交易级别，开仓之后，即秒设止损线，止损大小距开仓价为一根半K线，且一根半K线的亏损额不得超过总金额的1%。本止损规则对任何一次交易都具有同等约束力，没有特例，没有任何借口。

秒设止损线：即在几秒钟之内设好止损线。

止损线一旦设置，只可前推，不可后拉。一般在某根K线顺势走完之后，止损线即向前推，或者某波段走完之后，止损线即向前推，始终距现价一根半K线。若为捕捉三五波，必须在至少能够保本的前提下，距现价一波半距离。赚两根中大K线之后，止损线前推过成本线之后，即变为保本线或者止盈线。

根半前推一生，无论哪一次交易，无论是止损止盈，都必须执行。不理解的，请远离期货。理解了不执行的，请远离期货。

图8-8 铁矿1701合约2016.06.20—2016.06.24(1小时)K线图

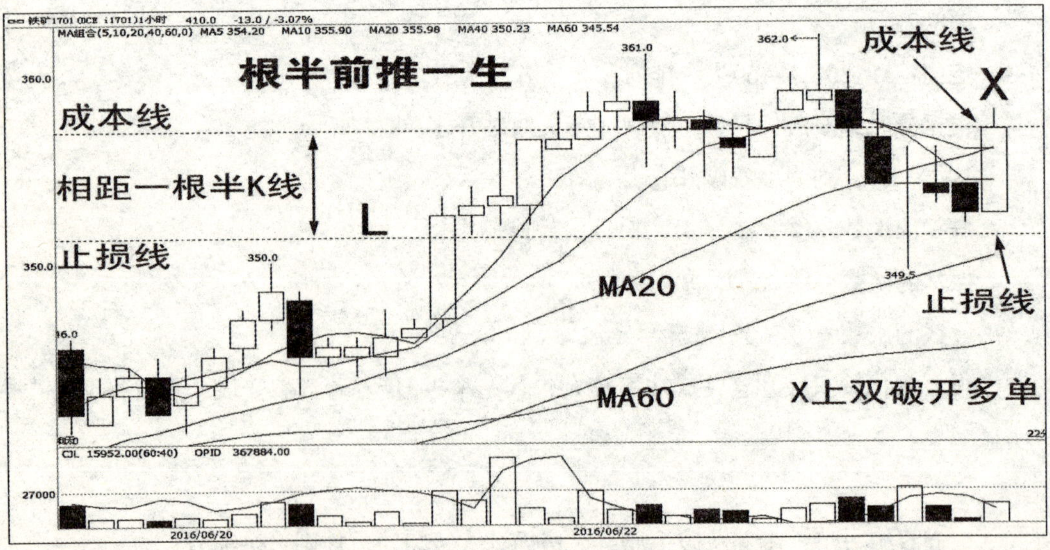

图8-8

图8-8解析：

本级别定向：根据多头缠多法则，交易方向为做多。

X为伍底大双破，本根K线收盘前抢开多单。秒设止损线，距成本线约1根半K线距离，或距X开盘价约半根K线距离。

止损线L设定只可前推，不可后拉，更不可撤消。

止损止盈，根半前推，不可后拉，一生不变。

(二)共振双破九倍

共振，包括本级别共振和多级别共振。本级别共振，一般指短黏长翘和短黏长压，多级别共振，一般指日K级别和15分钟级别。

双破，抢双破开仓，包括大双破、小双破和双夹双破。

九倍，共振开仓，追求风险回报比九倍以上，可以通过降维，以1小时K线为交易级别，控制风险，直到坐稳日线。

图8-9 PP1609合约2016.01.15—2016.03.08日K线图

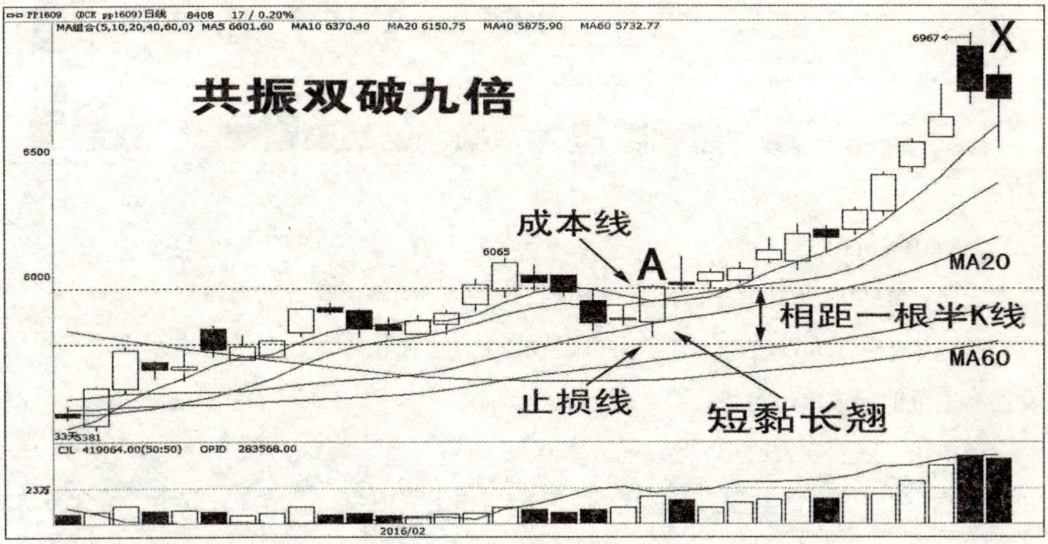

图8-9

图8-9解析：

本级别定向：根据多头缠多法则，交易方向为做多。

A点为小双破，开多单。短期均线5日、10日和20日均线基本黏合，中期均线40日、60日均线上行顶托，形成共振，是不可错过的博翻翻的机会。

做盘整，靠概率赚钱，如沙里淘金，勤劳不富；博共振，靠赔率赚钱，如顺水推舟，天翻地覆。

二、共振守大放小，双破守线不乱

(一)共振守大放小

共振，一般容易出现单边走势，逼空上涨或者快速下跌。为了守住大行情，必须放弃利用小波段打短差的机会。大，大行情，小，小波段。

守大放小，养精蓄锐，不为蝇头小利劳精费神。

图8-10　螺纹主连2015.06.03—2015.07.08日K线图

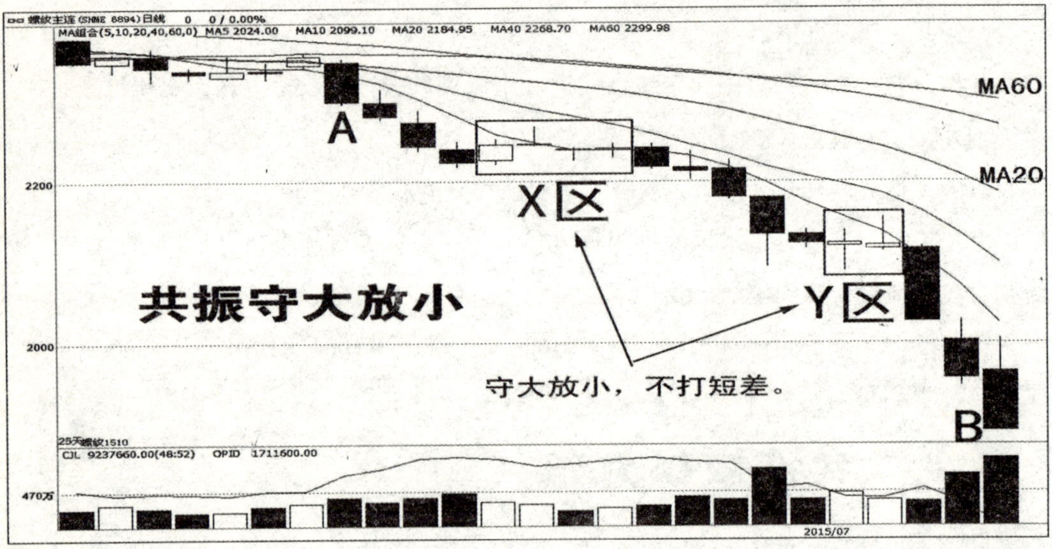

图8-10

图8-10解析：

定向：MA20、MA60空头排列，根据空头缠空法则，交易方向为做空。

A点大双破，抢点做空，临盘不可迟疑。A点短黏长压，且为伍顶大双破，本级别共振，很可能形成单边走势，符合守大放小规则。

博单边下跌，守大放小，至少守MA20。

X区：伍底，横盘震荡，上破MA5，只能当作下跌中继。必须守大放小，持仓不动，不可减仓和清仓。

Y区：伍底，连阴阳，力度小，上破MA5，只能当作下跌中继，必须守大放小，持仓不动。

B点三大阴线快速下跌，阶段探底可能性较大，按信号减仓或者清仓。

A点做空之后，设根半K线止损，进入X区后，设好保本线。当再次下跌后，平仓线设在X区上方即可，为之波半前推。

波半前推，相当于高级别的根半前推，只适用共振守大放小策略。

（二）双破守线不乱

双破守线不乱：双破开仓之后，坚守操盘线，不可三心二意打短差。不破操盘线，安心持仓。

守线，即守操盘线。操盘线的选择，按操盘线选择规则执行。

伍顶伍底大双破，可选MA20。伍顶伍底小双破，可选MA10。

只有不患得患失，志在长远，才可能守线不乱。

图8-11　棕榈1609合约2016.02.23—2016.04.08日K线图

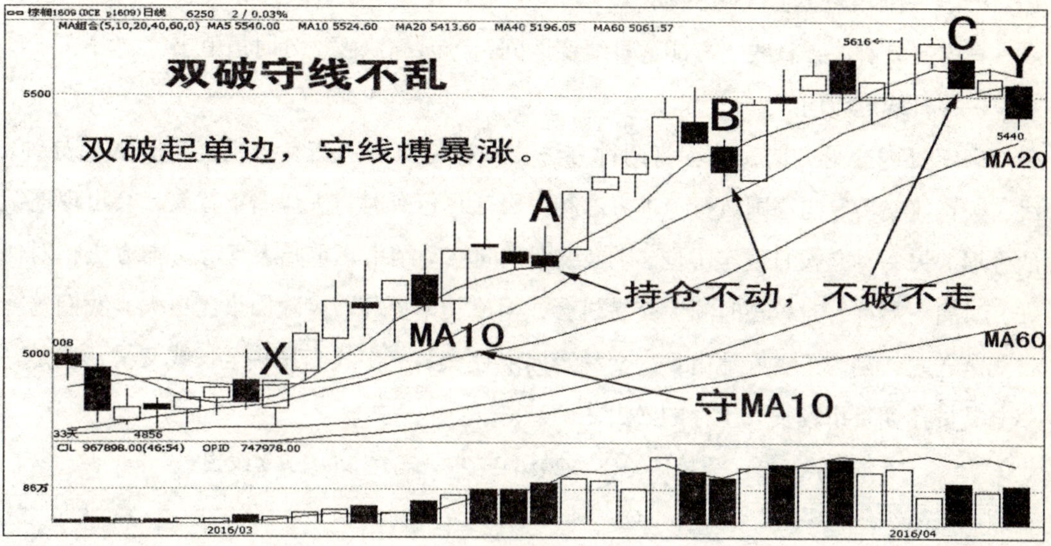

图8-11

图8-11解析：

定向：MA20、MA60多头排列，根据多头缠多法则，交易方向为做多。

X点大双破，抢点做多，临盘不可迟疑。X点短黏长翘，很可能形成单边走势，符合守大放小规则。

博单边上涨，守大放小，守10日均线做多，不破10日均线不走。

A点、B点、C点：下破5日均线，但没下破10日均线，当作上涨中继，持仓不动。

Y点下破10日均线，按操盘线规则，先平仓，见信号再回补。

双破守线不乱，即见蓄势突破形态，必须守大放小，一线定心，切不可为打短差踏空大行情。

双破守线不乱，双破为起势，守线为手段，不放过大机会才是目的，而盈利则是顺其自然的事。

第三节　日内隔夜本无间

根据持仓时间长短，将期货交易分为日内交易和隔夜交易，或者分为短线交易、中线交易、长线交易，看似差别很大，其实只是交易所选级别和风控方式有所差别，而交易规则没有差别。

一、双破最值，日内交易

日内交易心诀：日线定方向，日线定区间，分时缠双破，分时最值平。

(一)日线定方向

确定日内交易方向，基本有两种方法，一种是由所选交易级别确定，如15分钟K线，按直效交易定向法则执行。本方法相对灵活，但有时与大势严重背离，会出现连续的亏损。另一种是按日线定方向，日K级别逆向波动结束，重归大趋势。本方法相对保守，对同一品种有时较长时间无交易机会，但成功率更高，风险回报比更大。我们选择日线定方向，是为了更好地由日内交易走向隔夜交易、中线交易甚至长线交易，这是一个交易员在期货市场长久生存的必由之路。

图8-12　豆粕1609合约2016.04.29—2016.06.01日K线图

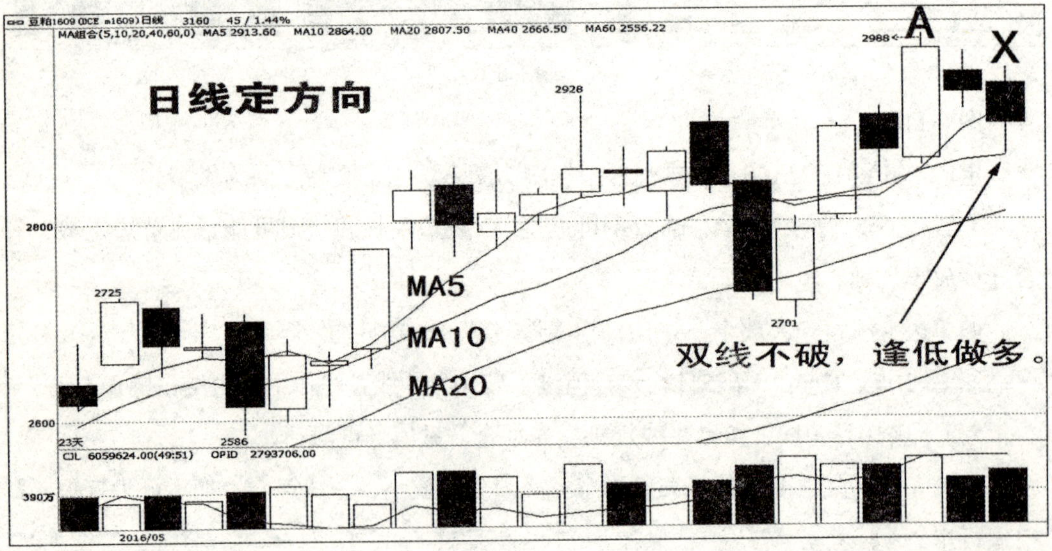

图8-12

图8-12解析：关于X点之后是做多还是做空，按直效交易定向法则，多头缠多定向，交易方向为做多。双线不破，之后的日内交易，逢低做多。

（二）日线定区间

伍底伍顶定区间。交易方向为做多，则伍底上双破定区间。交易方向为做空，则伍顶下双破定区间。

图8-13　玻璃2016.05.10—2016.06.27日K线图

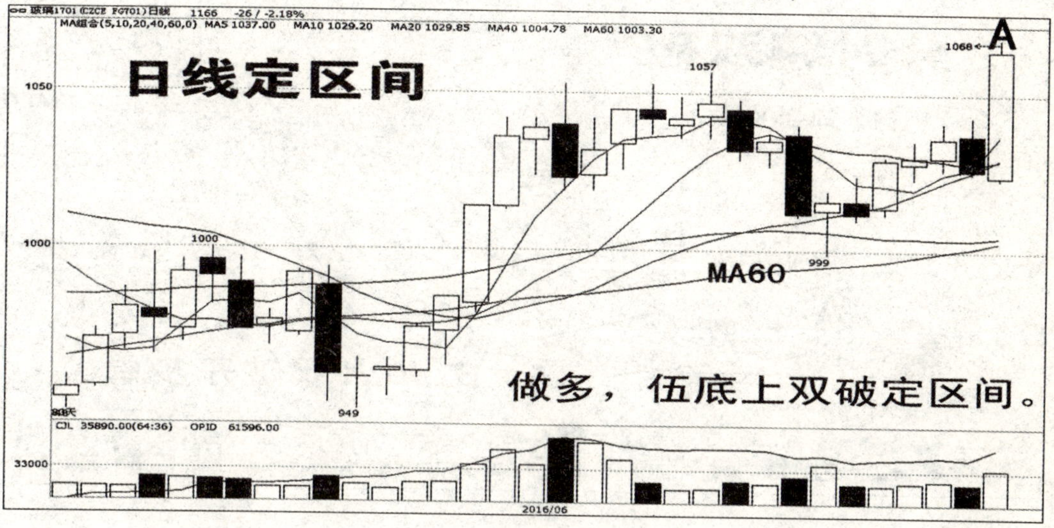

图8-13

图8-13解析：均线托底，交易方向为做多，A点上双破，则之后按低级别（如15分钟K线）逢低做多。

图8-14　沥青1612合约2016.06.22—2016.08.18日K线图

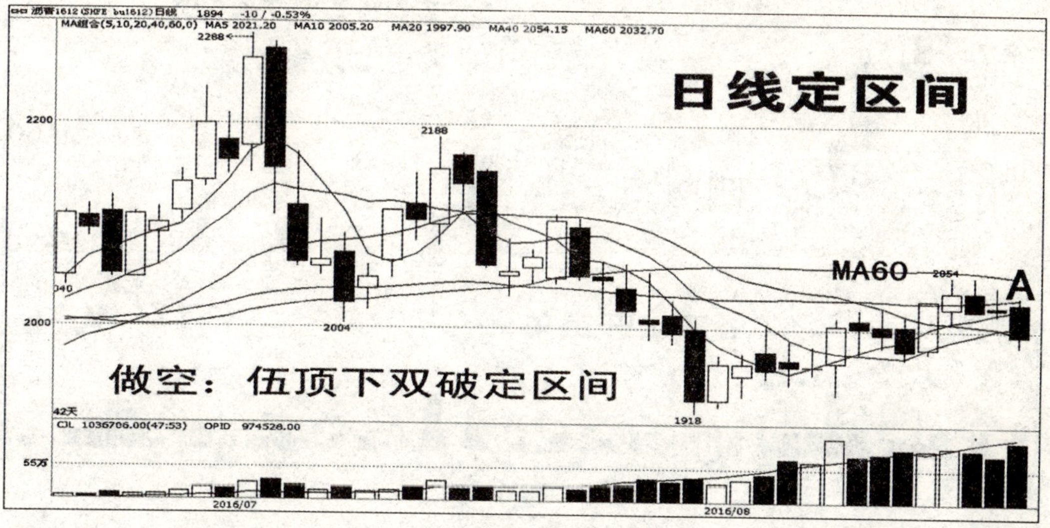

图8-14

图8-14解析：均线压顶做空，A点下双破，之后按低级别逢高做空。

(三)分时缠双破

日K线定方向，定区间，再按分时抢起动、突破和加速K线。

图8-15　PP1609合约2016.06.16—2016.06.21(15分钟)K线图

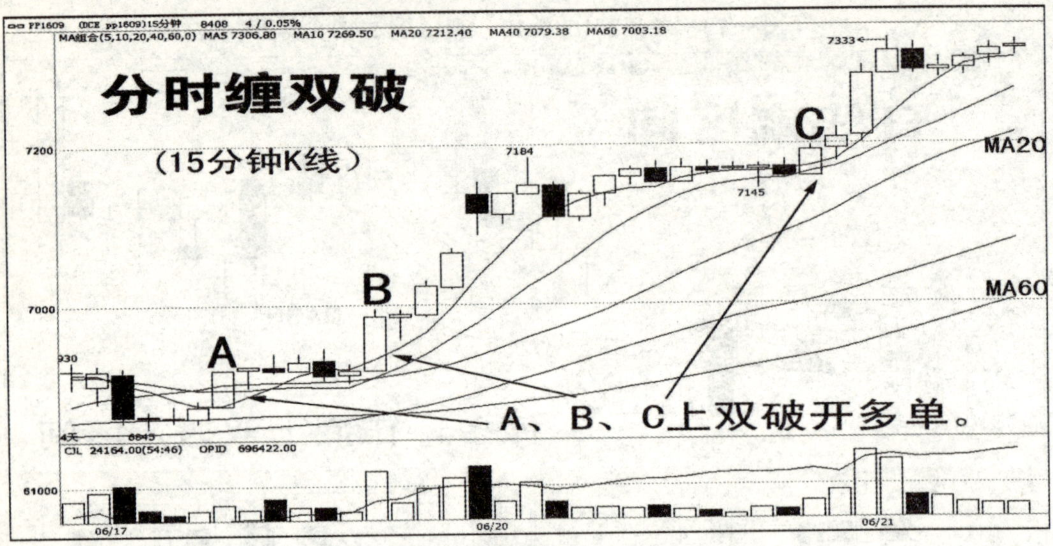

图8-15

图8-15解析：A点大双破，B点双夹双破，C点小双破，抢点做多。

图8-16　菜粕1701合约2016.08.29—2016.08.30(15分钟)K线图

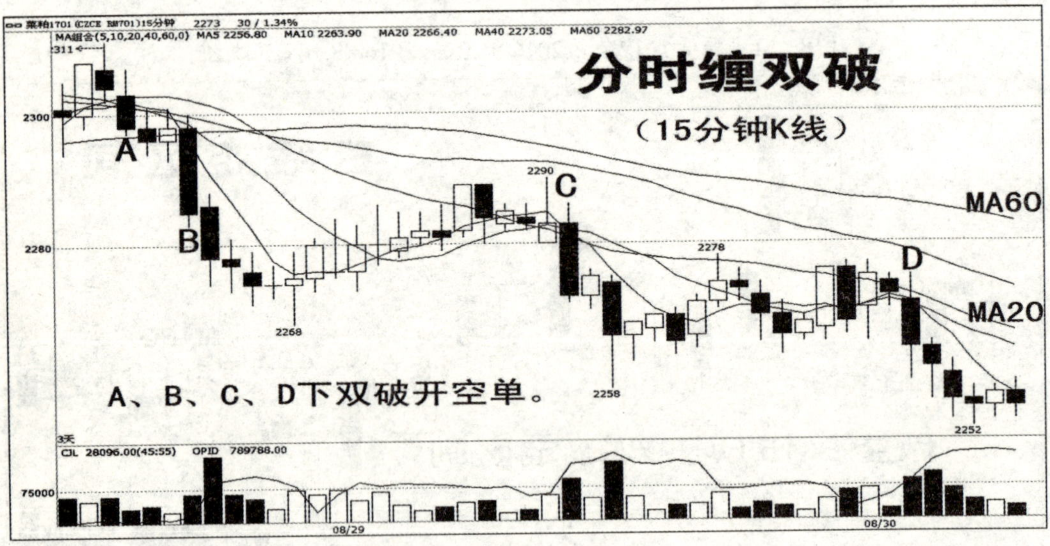

图8-16

图8-16　解析：A点大双破，B点双夹双破，C点大双破，D点小双破，抢点做空的好时机。

(四)分时最值平

日内交易，一般见最K线、最值阴线或者最值阳线就平仓。

图8-17 豆油1701合约2016.09.02—2016.09.05（15分钟)K 线图

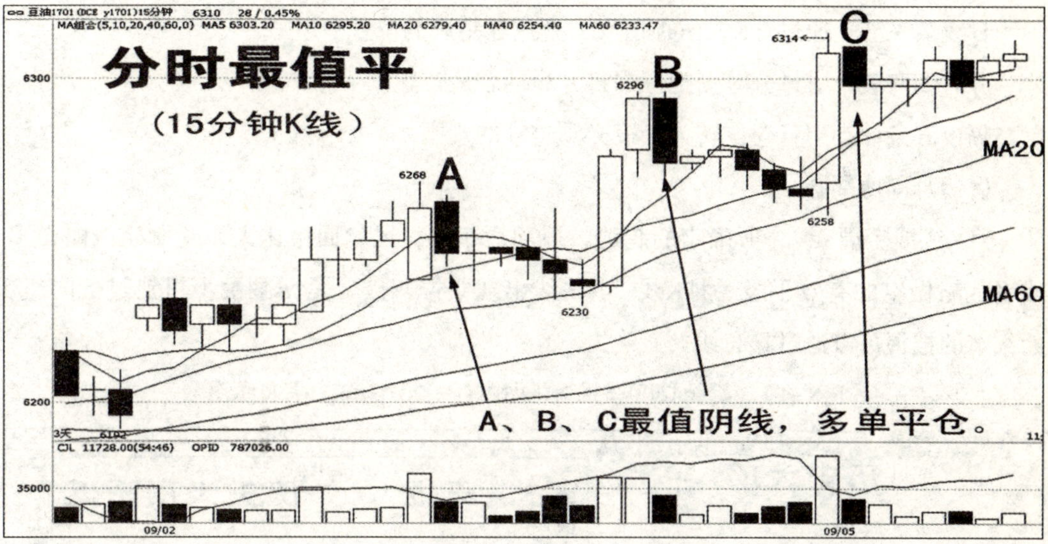

图8-17

图8-17解析：A点、B点、C点为最值阴线，多单可先平仓。

图8-18 沥青1612合约2016.08.18—2016.08.22(15分钟)K线图

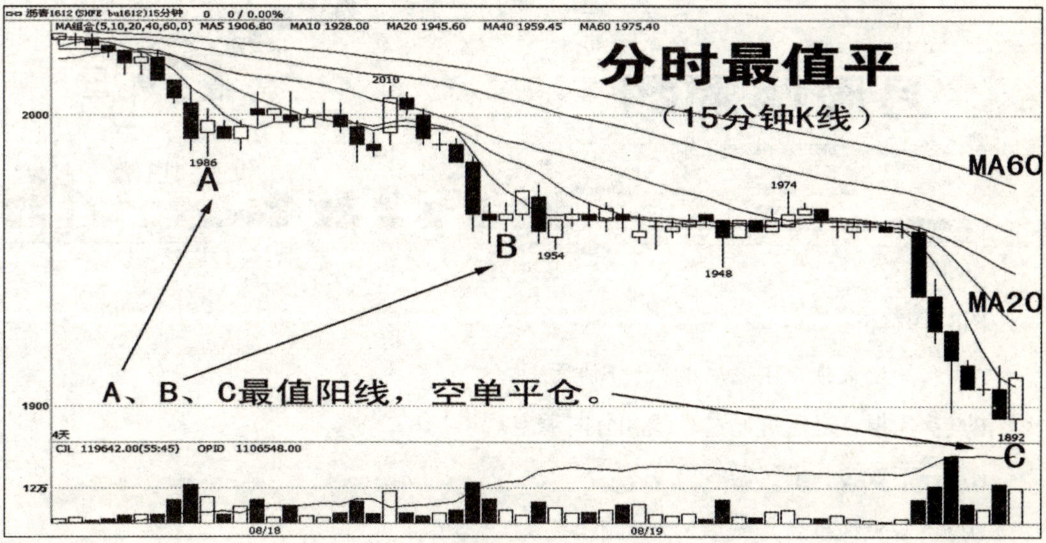

图8-18

图8-18解析：A点、B点、C点最值阳线，空单可先平仓。

二、共振双破，中短交易

短线中线交易心诀：月周博翻翻，日线熬三五，分时缠双破，隔夜五条件。

月周博翻翻：通过月K线或者周K线，确定趋势或者区间，确定战略做多或者做空。

日线熬三五：通过日K线伍顶伍底，把握较精确的位置。

分时缠双破：通过分时图把握当日开仓的合适位置。

隔夜五条件：当日仓位转为隔夜必须遵守的规则。

(一)月周博翻翻

月K线或者周K线，所确定的趋势，成功概率高，风险回报比大，是制定战略做多或者战略做空的有效手段。月K线、周K线出现共振双破，是博翻翻不可错过的时机，而细节的把握可以通过日K线。

图8-19　菜粕1609合约2012.12.31—2016.08.31月K线图

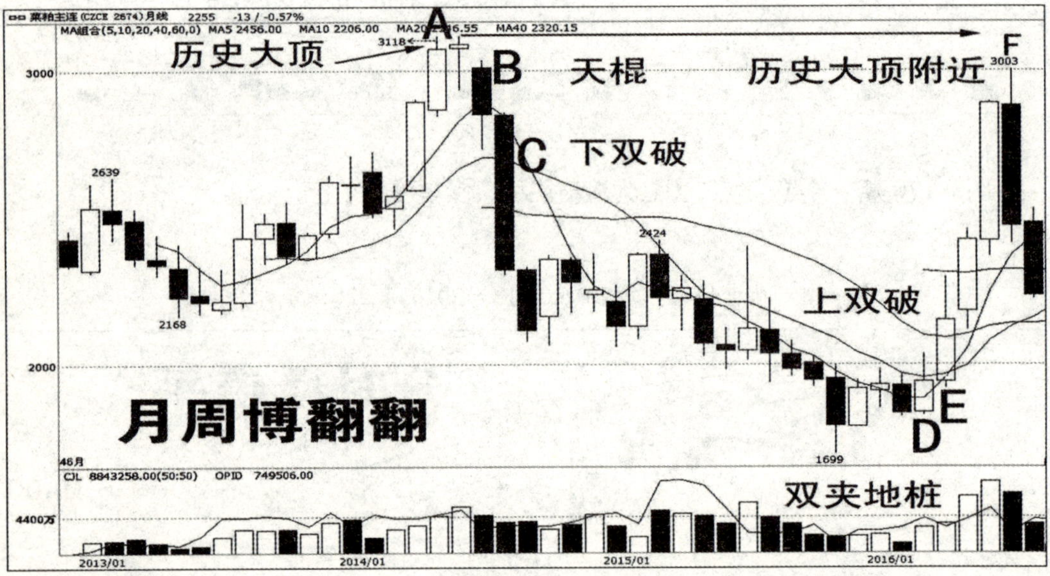

图8-19

图8-19解析：

A点：历史大顶，由之后的天棍B确定。

B点：天棍，之后可通过日线和分时缠空。

C点：下双破，继续做空。

D点：双夹地桩，是做多的好时机。

E点：上双破，继续做多。

F点：接近历史大顶，可通过日线和分时缠空。

(二)日线熬三五

日线熬三五，指日K线不到位不动手。必或之前空仓等，做多则必须为伍底上双破，做空则必须伍顶下双破。

图8-20　豆油1609合约2016.02.01—2016.03.23日K线图

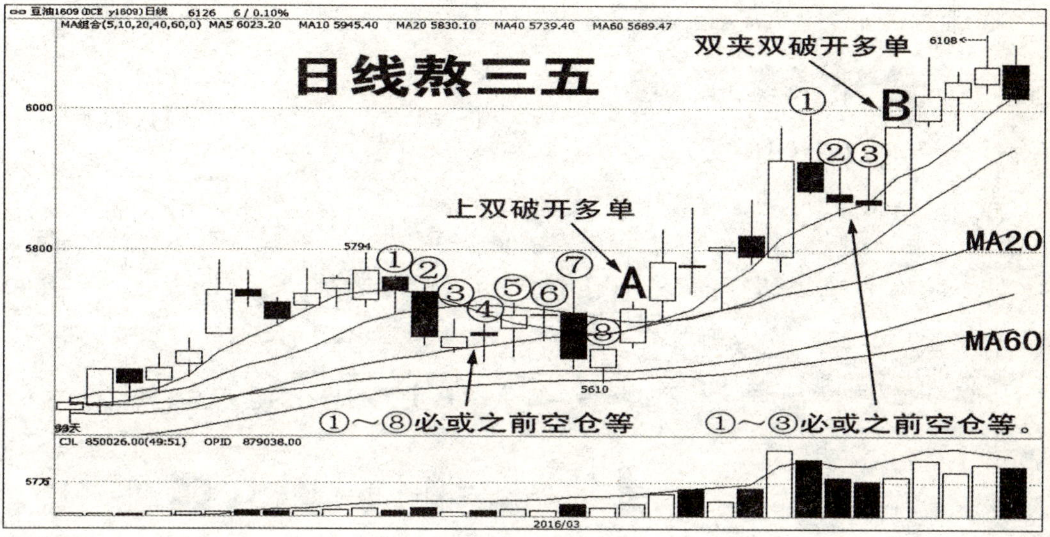

图8-20

图8-20解析：①～⑧空仓等，A点上双破抢开多单。①～③空仓等，B点双夹双破抢开多单。

图8-21　PP主连2014.08.27—2014.10.10日K线图

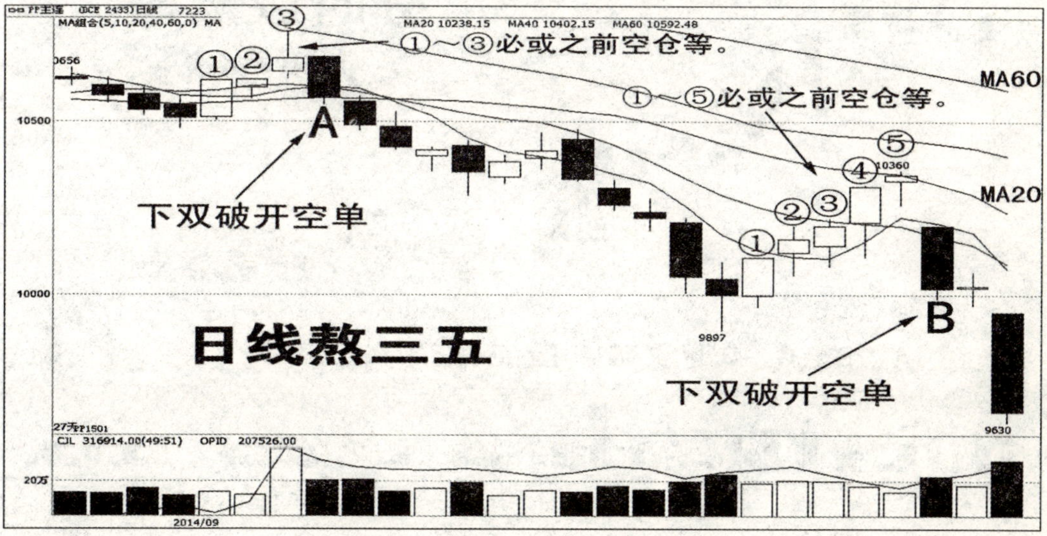

图8-21

图8-21解析：①~③、①~⑤空仓等，A、B下双破抢开空单。

(三)分时缠双破

日K线到位之后，选择分时开仓，分时级别一般不低于1小时K线。

图8-22　铁矿1609合约2016.02.25—2016.03.07(1小时)K线图

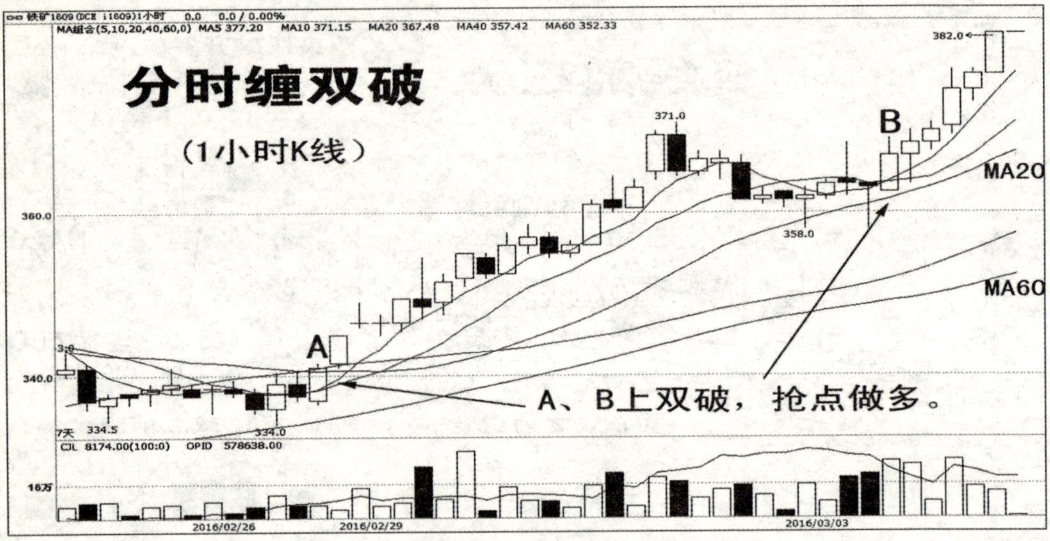

图8-22

图8-22分析：A、B均为伍底上双破，抢开多单。

图8-23　焦炭1609合约2016.05.04—2016.05.13(1小时)K线图

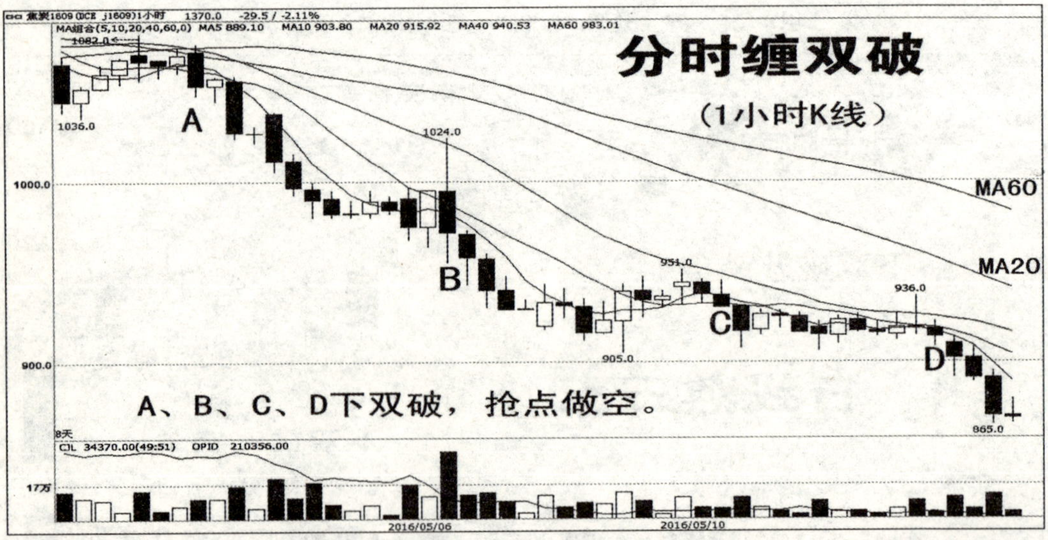

图8-23

图8-23解析：A、B、C、D四点均为伍顶下双破，抢开空单。

(四)隔夜五条件

短线或者中线交易，按规则建仓之后，当日是否保留隔夜仓，一般要满足五个条件。

1. 仓位相对轻

相比日内交易，隔夜仓必须相对轻。若仓位过重，遇隔夜开盘反向跳空暴跌，短期损失过大，心理压力过大，一般很难按交易信号进行处理，风险难以控制。

2. 中级顺势单

中级顺势单，指顺应中级趋势所开的多单或者空单。一般可用20日均线是托底上行还是压顶下行跟踪中级趋势。

3. 日K线走强

日K线走强，形成单边走势的可能性较大。如果交易方向为做多，则日K线多头走强，包括启动和加速，但没有形成伍顶迹象。如果交易方向为做空，则日K线空头强势，包括启动和加速，但没有形成伍底迹象。

4. 多级别共振

多级别共振，指日K线顺交易方向走强的前提下，60分钟K线也顺势走强，没有出现冲顶探底最K线和双预警，15分钟K线没有出现典型拐点K线。

5. 有应急预案

没有应急预案，不留隔夜仓。

应急预案指下个交易日若开盘大幅反向跳空，或者快速反向波动的紧急处理方案。无应急预案，遇突发情况，很可能会惊慌失措，造成重大损失。

只要是亏损的单子，一般当日平仓，不留隔夜单。

盈利不大，难抵次日反向跳空的损失，若留隔夜单，仓位减半为好。

日内交易、短线交易、中长线交易，没有硬性的规定，但做中长线交易，一般要按大级别开仓信号开仓。如果开仓后，按预期运行，就成了中长线。如果开仓之后，很快反向破位，必须按信号果断止损或止盈，就成了短线。所以，日内交易、短线交易，中长线交易，都必须是顺势而为的自然结果。

第四节 直效交易赢天下

把复杂的事情简单化，是大智慧，把简单的事情重复做，是执行力。创立直效交易理论，构建直效交易体系，是把复杂的事情简单化。按规则执行，按信号交易，做次数赚钱，是把简单的事情重复做。

一、规律规则，战略战术

(一)规律规则

价格的波动，看似涨涨跌跌，毫无章法，却自有其内在规律，只是必须抛开现象去看本质。对规律认识的越深刻、越全面，就越不会被表面现象所迷惑。

比如，价格由涨势转化为跌势，或者由跌势转化为涨势，都有一个转换的拐点，我们把它叫做拐点双预警，这只是为了更好的解析趋势的演变过程，拐点仅是价格变化规律的表象。

趋势的演变，必然会经过大双破，否则趋势将会永远持续下去，这是不可能的。大双破，是趋势转化的必由之路，因此，我们规定不见大双破，则交易方向不变，只有出现大双破，才可转换交易方向。这是通过对规律的认识制定的有效的交易规则。

规律，往往具有普遍性。涨势有四大暴涨形：双底地桩，短黏破长；短黏长翘，逼空抢跳；牛熊不败，长黏逼空；大顶踩顶，月线逼空。无论是期货、股票，基本如此。因为运动变化的本质是一样的。

如果我们不能认识价格涨跌的规律，就不可能制定有效的交易规则。比如，我们懂得了大双破是趋势转换的拐点，那么小双破和双夹双破呢？其实三者没有本质的区别，大双破是大级别的拐点，小双破和双夹双破只是小级别的拐点，而小级别的拐点，对大级别而言，只相当于中继而已。

规则，一旦制定，就不可轻易更改。比如，直效期货有一条简明规则，即5日线上不做空，5日线下不做多。这是规则，不可更改。直效交易定向规则，也不可更改。因为规则，是根据大数法则制定的，是长治久安的保证，不可因一时的信心爆棚而违规行事。

直效交易规则，无论是期货、外汇还是股票，均可适用。只是不同的市场会有针对性更强的直效交易规则。

规则，有很多是相通的。比如，直效交易四维心诀，即无梯不选，无桩不抢，黏空必守，双破必走。这也是规则，适合股票，也同样适合期货，只是描述的侧重点不同。交易信号，是交易规则的外在表现，不按信号交易，必然违背交易规则。

(二)战略战术

交易战略是在洞察价格发展趋势、分析自身资源的基础上制定的具有统领性、全局性的交易谋略。战术是为达到战略目标所采取的具体行动。

战略，可以是某个阶段的交易策略，如三个月、一年、三年、五年的规划，也可以是捕捉某次大行情制定的策略，都同样包括四个方面，定量、定向、定位、定心。

战术，只有为达到战略目标而进行的系列组合处理，才最有最大的整体效应，而不是随心所欲的胡乱交易。

无论是战略还是战术，都不能违背交易规则。

制定战略，必须有根有据，不能凭空臆想。我们可以根据某根均线、某组均线、某根K线、某种形态制定战略，捕捉可能潜伏的大机会，而不能一厢情愿，臆想天开。

比如，我们根据周线三波双顶大双破，制定一个做空赚翻翻的交易策略，其依据是三波双顶，大双破是拐点，也是引爆点，必然引起空头巨熊的兴奋。

比如，我们还可以根据历史大底月线地桩上双破，制定一个做多翻翻的交易策略，历史大底是大机会，月线地桩上双破，是拐点，也是引爆点，必然引起大佬们的搏杀。

战略制定好后，采取怎样的战术，选择的方法较多，但也要根据价格实际走势，依据交易规则执行。

比如，持仓守线，是比较轻松的做法，但交易者必须有相当的定力，没有定力，是守不住的。滚动操作，是比较高效的做法，但交易者必须相当敏锐、果断、坚定，否则，很容易踏空。

战术，既是技术的应用，也是规则的外化。比如，根半推，三先平，是每笔交易中都要应用的技战术，必须做到等点抢点，否则，只能事后叹息。特别是对于日内交易或者短线交易，三先平做得是否到位，对收益的影响极大。

还有，关于首开点、次开点、三开点，什么时候只能在首开点、次开点建仓，不能在三开点建仓，什么时候首开点、次开点、三开点都可建仓，不能依据技术分析和预测，也必须依规则而行。

如果定心线是涨停板，或者上双破为涨停板，则根据涨停板战法做多。如果定心线是跌停板，或者下双破为跌停板，则根据跌停板战法做空。

关于止损设置，一般以反向突破某根中大K线为止损点，或者以反向突破某种形态为止损点。开仓位正确，设置止损位就比较容易，或者说，止损不好设置的，很可能开仓就有问题，开仓过早或者开仓过迟。

战术，必须重视细节。细节不熟的人，容易眼高手低。必或四律，五线三搓，是细节和心态的极致，也是规则的极致。

关于战略战术的有效性，评估的方法很多，但有一条，就是决不能从价格的事后走势来讨论之前战略战术是否精准完美，只能看战略战术是否符合交易规则、底线策略和应急预案。

精准是空谈者的苛求，完美是理论家的空谈。

二、天地正道，无我为缠

(一)天地正道

K线的阴阳变化、串阴串阳，均线的黏合发散、多空转换，成交量的峰谷交替、最值星值，是价格变化的外在表现。循环往复，天地之道。

价格的短期走势受人为影响比较大，但价格的长期运行规律，远非人力所能左右。价格见顶与见底，非预测所能确认，须天地自见。天棍提示波段见顶，级别越大越有效，大双破快速下跌确认见大顶；地桩提示波段见底，级别越大越有效，大双破逼空上涨确认见大底。

由空转多的形成，自然连贯。直效交易定向法则，将其人为的分为两步，第一步是要符合拐点缠多法则，第二步是要符合多头缠多法则。

由多转空的形成，环环相扣。直效交易定向法则，也将其人为的分为两步，第一步要符合拐点缠空法则，第二步是要符合空头缠空法则。

量化标准的制定，是知行合一的前提，更准确地讲，是图手合一的前提。没有执行标准，就不能有效的跟踪监督执行。标准只是对规律的解读，并不影响规律客观的存在。

(二)无我为缠

经常有人谈到知行合一，什么是知行合一？我们现在也谈一下股票期货交易的知行合一。

知，包括三个层面，了解到，理解到，规划到。三到有一到不到，就不叫知。

什么叫了解到？就是看到或听到，并记住。没记住，也不叫知。比如，压顶伍顶下双破做空，你记住了，这只是知的第一个层面，与实战还相去甚远。

什么叫理解到？就是明白其中的道理。不明白其中的道理，很难主动去应用，也不具备实战能力。比如，压顶伍顶下双破，压顶，是中长期均线压顶，伍顶，是反弹见顶，下双破，是抢点做空的好时机。你理解了，你才能体会其中的玄机，从无意识到有意识到深刻感悟。

什么叫规划到？就是将你了解到的，理解到的，必须制定一个具体的执行标准和实施方案，并且将长远目标分解到每次具体的交易之中。

有了规划，才便于“行”。刚开始一般是强制执行，或者半信半疑地执行，在实盘中反复证悟，就会顺其自然了。

没有“知”的规划到，没有执行标准，“行”就不知道与谁“合”，就无法应用到实战，就会陷入空谈。

知行合一，也会遇到所谓“心态”的问题。

没有自己的交易系统，就不要谈心态，不要讲贪婪和恐惧。

什么是贪婪？没有出现开仓信号时提前开仓，出现平仓信号时仍然不平仓，即为了博取更高收益违规交易才叫贪婪。

什么叫恐惧？出现开仓信号时不敢开仓，没有出现平仓信号时提前平仓，即因为害怕亏损不敢按信号交易才叫恐惧。

是否违规交易，是判断贪婪恐惧的标准。没有自己的交易系统，根本不知道怎么开仓和平仓，根本不知道是应该清仓还是应该持有，盈亏全靠运气，与心态何干？

有了自己的交易系统，就要把注意力聚焦在执行上。

直效的系统，必赚的信念，无碍的执行。

系统，越直效越好，越长效越好。最简单高效的系统，就是一线二形三抢。赚钱，从长远规则，从全局规则，为必赚之道，则信念必强。执行，越简单越好，最好是动手不动脑。只要相信做足次数必定大赚，交易者就会把注意力聚焦在执行上，从而大大地提高执行力。

直效交易系统，可分为两个时期，筛选期和回报期。按交易系统执行，有时会出现暂时的亏损，甚至连续的亏损。那些因亏损而放弃执行交易系统的，就被淘汰了，那些仍坚守交易系统的，就被筛选出来，这段时期，称为筛选期。经过筛选期后，交易系统必然进入回报期，连续盈利和大幅盈利。

赚钱，最后比的是规则，是执行力，是信念。

信念，从有形到无形，从力行到无为。技术纪律化即为规则，规则内核化即为信念。视野越广，格局越大，信念越强。

没有大历练、大视野、大格局，哪会有坚定的信念？没有坚定的信念，怎么能够挺过筛选期？怎么能够把握大趋势、大拐点？

没有坚定的信念，就不会有斯大林格勒保卫战的伟大胜利。

没有坚定的信念，就不会有中国人民抗日战争的伟大胜利。

信念，成就大操盘手。

信念，不是入世的豪言壮语，不是出世的心灵鸡汤。信念，源于心定。心定，终须事上练。起起伏伏，阴阴阳阳，得得失失，是是非非。万千感悟，法门似开以合。一点灵光，圣杯若隐若现。十年面壁，只在此山中。一声长笑，心在天外天。胸怀天下，不做赌徒做君王。心游万仞，天翻地覆自从容。

参考文献

1. 小罗伯特 R.普莱切特，阿尔弗雷德 J.佛罗斯特，艾略特波浪理论—市场行为的关键。北京：机械工业出版社，2010。

2. 罗伯特·雷亚，道氏理论，北京：地震出版社，2008。

3. 威廉 D.江恩，江恩华尔街45年，北京：机械工业出版社，2003。

4. 史蒂夫·尼森，日本蜡烛图技术，北京：地震出版社，1998。

5. 约翰·墨菲，期货市场技术分析，北京：地震出版社，1994。

6. 杰克 D.施威格，期货交易技术分析，北京：清华大学出版社，1999。

7. 爱德温·李费佛，股票大作手回忆录，北京：地震出版社，2007。

8. 柯蒂斯·费思，海龟交易心法，北京：中国人民大学出版社，2010。

9. 迈克尔 S.萧普谢尔，交易赢家的心理优势，太原：山西人民出版社，2010。

10. 马克·道格拉斯，交易心理分析，北京：电子工业出版社，2011。

11. 斯坦利·克罗，期货交易策略，太原：山西人民出版社，2013。

12. 马丁·舒华兹，交易冠军，北京：中国青年出版社，2012。

13. 布伦特·奔富，交易圣经，北京：机械工业出版社，2013。

14. 常清，期货交易之道，北京：地震出版社，2012。

15. 郑浪涛，突破八阵图——直效操盘，北京：地震出版社，2013。

16. 郑浪涛，突破八阵图——直效期货，北京：地震出版社，2015。

后 记

本书介绍的一些鲜为人知的理念、规则、技术和心诀，为笔者首创。这些一直没有整理出版的内容，是笔者培训公司操盘手的部分内容。因培训内容和视频在圈内渐渐传开，为防止以讹传讹，保护版权，今集结出版。

书中定义了大量的专用名词，构建了完整直观的量化模型，并给出了部分模型的应用心诀。

感悟交易的真谛，笔者认为最简明的仍是四维定律：定量不危，定向不乱，定位防搓，定心守信。

比之更简明的一句话：五十上下不悖，天地之间双缠。

感谢我的学员们，为本书提供了大量的实战案例。回想当初《直效交易实战道场》培训之时，对学员要求之严，犹如军训。学员诵读直效交易心经，必须烂熟于心，必须应用于实战。学员们制定实战策略，分享实盘感悟，进步何其之快！此事仿佛就在昨天。而如今，学员们早已分散在世界各地，征战于股票、期货、外汇等各类投资品种。

特别感谢闵水波先生，将他自己的交易理念、交易感悟和实战案例进行分享，也感谢他对本书进行了细致的修改。

自从第一本书《突破八阵图——直效操盘》出版后，家人劝我不要再写，劳心费神，又耽误生意，但一点执念，难以放下。技术之砖，规则之门，信念之杯，道天下之道，谁能尽言？放下吧。

最后，特别感谢地震出版社的工作人员，是他们辛勤的努力才使本书得以出版。

郑浪涛

2016 年10月